GERD PETERSEN

Regionale Planungsgemeinschaften als Instrument der Raumordnungspolitik in Baden-Württemberg

Schriften zu Regional- und Verkehrsproblemen
in Industrie- und Entwicklungsländern

Herausgegeben von J. Heinz Müller und Theodor Dams

Band 12

Regionale Planungsgemeinschaften als Instrument der Raumordnungspolitik in Baden-Württemberg

Probleme und kritische Würdigung ihrer Planungspraxis

Von

Dr. Gerd Petersen

DUNCKER & HUMBLOT / BERLIN

Gedruckt mit Unterstützung der
wissenschaftlichen Gesellschaft Freiburg i. Br.

Alle Rechte vorbehalten
© 1972 Duncker & Humblot, Berlin 41
Gedruckt 1972 bei Buchdruckerei Bruno Luck, Berlin 65
Printed in Germany
ISBN 3 428 02667 5

Vorwort der Herausgeber

Über die Notwendigkeit einer übergemeindlichen Planung und Koordinierung der Investitionen besteht in der wissenschaftlichen und offiziellen Raumordnungspolitik Übereinstimmung. Angesichts der zunehmenden Konzentration von Bevölkerung und Produktionsstätten in relativ wenigen Teilräumen der Bundesrepublik Deutschland wird z. B. anerkannt, daß die weitgehende Freiheit der Gemeinden — etwa bei der Ausweisung von Flächennutzungsplänen — zu Fehlentwicklungen führen kann.

Mit einer solchen Übereinstimmung wird zugleich die Auffassung verbunden, daß zwischen den Ländern und den Gemeinden ein weiterer Planungsträger für die horizontale und vertikale Koordinierung der Maßnahmen der Kommunen institutionalisiert werden sollte. Jedoch gehen die Meinungen über Form und Gestaltung dieses Planungsträgers auf der „Zwischenebene" stark auseinander. In der Planungspraxis hat das dazu geführt, daß sich — zunächst ohne spezifische rechtliche Grundlage — lose Kooperationsformen übergemeindlicher Art herausgebildet haben. Je nach den örtlichen Verhältnissen kam es in den einzelnen Bundesländern dabei zu sehr unterschiedlichen Lösungen. Für die Problematik solcher Formen übergemeindlicher Zusammenarbeit und Planung ist Baden-Württemberg ein besonders gutes Beispiel; daher wurde dieses Bundesland als Untersuchungsraum ausgewählt.

Der Verfasser hat neben der relevanten Literatur umfangreiche empirische Materialien aus der Tätigkeit der regionalen Planungsgemeinschaften ausgewertet. Gespräche mit Verantwortlichen und Interessenten lieferten darüber hinaus eine breite Informationsbasis, auf der der Verfasser seine substantiierte Kritik an der Funktionsfähigkeit der Planungsgemeinschaften aufbaut. Auf der Grundlage dieser umfassenden Analyse werden Überlegungen vorgetragen, wie die Planungsinstitution auf der Ebene zwischen Ländern und Gemeinden verbessert werden könnte.

Insgesamt betrachtet, vermittelt die Arbeit somit für den Meinungs- und Willensbildungsprozeß wertvolle Einsichten und Hinweise zu einem regionalpolitischen Sachverhalt, der auch in Zukunft noch im Widerstreit der Interessen stehen wird.

Freiburg, im April 1972   *Theodor Dams   J. Heinz Müller*

Der Verfasser ist all denen zu Dank verpflichtet, die ihm bei der Anfertigung dieser Arbeit behilflich waren und Informationen und Anregungen gaben. Mein besonderer Dank gilt Herrn Professor Dr. J. Heinz Müller, Direktor des Instituts für Regionalpolitik und Verkehrswissenschaft der Universität Freiburg im Breisgau, der diese Untersuchung angeregt und gefördert hat. Die Arbeit wäre in der vorliegenden Form nicht möglich gewesen ohne die freundliche Unterstützung der Regionalplaner der Planungsgemeinschaften und der Landesplaner bei den Regierungspräsidien und im Innenministerium Baden-Württemberg; sie haben sich einer intensiven Befragung gestellt, an der Problematik orientiert und „Insider" Informationen gegeben. Hierfür bin ich ebenfalls zu Dank verpflichtet.

Freiburg i. Br., Januar 1972

Gerd Petersen

Inhaltsverzeichnis

Einleitung

Problemstellung, Methodik, Gang der Untersuchung   11

Erster Teil

Ansatzpunkte einer allgemeinen Konzeption der Raumordnungspolitik auf regionaler Ebene

I. Die Notwendigkeit der Raumordnungspolitik in der Region 14

     1. Die Hierarchie der Planungsstufen und der Träger der Raumordnungspolitik 14

     2. Die Interdependenz der raumordnungspolitischen Entscheidungen   18

II. Ziel und Bedingungen einer konsistenten Raumordnungspolitik in der Region 21

     1. Das Ziel einer konsistenten Raumordnungspolitik in der Region .. 21

     2. Bedingungen einer rationalen und konsistenten Raumordnungspolitik in der Region 23

         a) Die Elemente eines Regionalplans 23

         b) Methodische und theoretische Grundlagen eines Regionalplans   25

             ba) Situationsanalyse und Prognose 25

             bb) Konkrete und realisierbare raumordnungspolitische Ziele .. 27

         c) Koordination der örtlichen und fachlichen Teilpläne zur Durchsetzung des Regionalplans 29

Zweiter Teil

Die praktische Ausrichtung der Konzeption der regionalen Planungsgemeinschaften in Baden-Württemberg

I. Zur Entstehung und Entwicklung der Planungsgemeinschaften 32

     1. Motive und Hemmnisse bei ihrer Gründung 32

     2. Etappen der Entwicklung der Planungsgemeinschaften 37

II. Ziele, Aufgaben und Kompetenzen der regionalen Planungsgemeinschaften 40

Inhaltsverzeichnis

    1. Die Regionalkonzeption des Landesplanungsgesetzes in Baden-Württemberg 40

    2. Ziele und Aufgaben einzelner Planungsgemeinschaften 42

III. Die rechtliche und organisatorische Gestaltung der Planungsgemeinschaften 46

    1. Rechtsformen und Mitglieder der Planungsgemeinschaften 46

    2. Organisatorischer Aufbau der Planungsgemeinschaften 49

    3. Finanzierung der Planungsgemeinschaften 53

IV. Zur Größe und Abgrenzung der Planungsräume 56

    1. Vorbemerkung: Allgemeine Probleme der Abgrenzung von regionalen Planungsräumen 56

    2. Größe und Abgrenzung der Planungsgemeinschaften in Baden-Württemberg 58

V. Einige Besonderheiten der Planungsgemeinschaften in anderen Bundesländern 62

Dritter Teil

Darstellung und kritische Würdigung der Funktionen der regionalen Planungsgemeinschaften

I. Die regionalen Raumordnungs- und Entwicklungspläne 66

    1. Ausarbeitung und Aufstellungsverfahren der Regionalpläne 66

        a) Der Prozeß der Willensbildung bei der Planaufstellung 66

        b) Probleme und Konflikte bei der Planaufstellung 70

    2. Die Informationsbasis der Regionalpläne 74

        a) Vorbemerkungen 74

        b) Situationsanalyse und Diagnose 75

        c) Prognosemethoden und Prognoseergebnisse 79

            ca) Prognosemethoden 79

            cb) Konsistenz der Prognosen 84

    3. Ziele und Zielkonflikte in den Regionalplänen 89

        a) Konkretheit der Ziele 89

            aa) Operationalität der allgemeinen Ziele 89

            ab) Ziele für Sachbereiche und räumliche Bereiche 91

ac) Vergleich der Ziele des Regionalplans Breisgau mit denen des staatlichen Gebietsentwicklungsplans Südliches Oberrheingebiet 95

b) Konsistenz und Realisierbarkeit der Ziele 98

ba) Zielkonflikte und utopische Ziele in den Regionalplänen 98

bb) Die „Inflation" der zentralen Orte und Entwicklungsachsen 102

4. Ansatzpunkte zu Aktionsprogrammen 108

II. Die Koordinationsfunktion der regionalen Planungsgemeinschaften 112

1. Die regionalen Planungsgemeinschaften als Institutionalisierung der Koordination 112

a) Die Koordinationsbereiche und die Problematik der Koordination 112

b) Die Koordinationsmittel der regionalen Planungsgemeinschaften 115

2. Die regionalen Planungsgemeinschaften im Spannungsfeld zwischen Landesplanung und kommunaler Planung 118

a) Die Koordination mit der Landesplanung 118

aa) Beteiligung der regionalen Planungsgemeinschaften an der Landesplanung 118

ab) Gründe für eine unzulängliche Abstimmung zwischen Landesplanung und Regionalplanung 122

b) Möglichkeiten und Grenzen der Koordination mit der kommunalen Planung 126

ba) Ansatzpunkte und Bereiche der Einflußnahme bei einzelnen Planungsgemeinschaften 126

(1) Beratung der Gemeinden bei der Aufstellung von Flächennutzungsplänen 126

(2) Erstellung von Bereichsplänen und Gründung von Planungsverbänden 129

(3) Koordination kommunaler Infrastruktur- und Industrieansiedlungsprojekte 133

bb) Beurteilung der Einflußmöglichkeiten der regionalen Planungsgemeinschaften auf kommunale Entscheidungsträger 136

c) Die Planungsgemeinschaften als Instrument des kommunalen Interessenausgleichs 139

3. Die Koordination mit staatlichen Fachplanungsträgern 142

4. Die Abstimmung mit privaten Planungs- und Entscheidungsträgern 147

5. Die Zusammenarbeit zwischen den Planungsgemeinschaften und mit dem Ausland 150

Vierter Teil

Zusammenfassende Würdigung der Planungsgemeinschaften und Ansatzpunkte zur Reform

I. Zusammenfassende Würdigung der regionalen Planungsgemeinschaften als Instrument der Raumordnungspolitik 155

II. Reformvorstellungen 160

    1. Die Grundzüge der Reformdiskussion in Baden-Württemberg 160

    2. Darstellung und Würdigung der Regionalverbandskonzeption 164

Anhang 171

Literatur- und Quellenverzeichnis 183

Einleitung

Problemstellung, Methodik, Gang der Untersuchung

Regionalplanung und Raumordnungspolitik auf einer Ebene zwischen den Ländern und den Gemeinden und Gemeindeverbänden werden von Wissenschaft und Praxis weitgehend als notwendig angesehen. Kontrovers sind jedoch Organisationsform, Träger und Kompetenzen der Raumordnungspolitik auf regionaler Ebene. Regionale Planungsgemeinschaften als eine Alternative regionaler Organisation spielen in der aktiven Raumordnungspolitik eine bedeutende Rolle; beinahe alle Landesplanungsgesetze in der BRD sehen die Bildung regionaler Planungsgemeinschaften zwischen staatlicher Landesplanung und kommunaler Bauleitplanung vor.

Ziel und Aufgabe dieser Untersuchung ist es, die regionalen Planungsgemeinschaften in Baden-Württemberg unter dem Aspekt der Raumordnungspolitik darzustellen, ihre Probleme herauszuarbeiten, ihre Tätigkeit kritisch zu würdigen und Ansatzpunkte zur Verbesserung ihrer Funktionsfähigkeit aufzuzeigen. Damit verbunden ist der Versuch, der Praxis Anhaltspunkte für eine rationale und effiziente Regionalplanung und Raumordnungspolitik zu liefern. In Baden-Württemberg bestehen regionale Planungsgemeinschaften seit beinahe zwei Jahrzehnten, heute haben 20 Planungsgemeinschaften das Land — bis auf Stuttgart — vollständig überzogen. Es liegt nahe, die Untersuchung auf die Planungsgemeinschaften in Baden-Württemberg zu konzentrieren, da hier eine Ermittlung ihrer Möglichkeiten und Grenzen und kritische Würdigung wegen der langjährigen Praxis und weiten Verbreitung am ehesten möglich und sinnvoll erscheint[1].

Zur Behandlung der regionalen Planungsgemeinschaften in der Literatur ist zu sagen, daß es eine umfangreiche Diskussion über die rechtlich-organisatorische Gestaltung der Region gibt, zum anderen mehr theoretische Arbeiten über Koordinationsprobleme in der Raumordnungspolitik, die auch den regionalen Bereich erfassen. Der Versuch einer Würdigung der regionalen Planungsgemeinschaften unter raumordnungspolitischem Aspekt ist meines Wissens bisher nicht unternommen worden.

---

[1] Auch die Arbeitsökonomie erfordert wegen der notwendigen „Insider" Informationen eine räumliche Begrenzung.

Bei der kritischen Würdigung der praktischen Tätigkeit der regionalen Planungsgemeinschaften stützt sich die Untersuchung auf die Analyse einer vielfältigen dokumentarischen Literatur, Regionalpläne der Planungsgemeinschaften, Gutachten, Stellungnahmen, Verwaltungsakten, Tagungsprotolle u. a., in denen sich vorwiegend Ergebnisse der Tätigkeit der Planungsgemeinschaften widerspiegeln. Es soll jedoch auch untersucht werden, welche Probleme sich bei ihrer praktischen Tätigkeit ergeben (z. B. Konflikte bei der Planaufstellung), welche effektiven Wirkungen (Erfolge, Leistungen) die Planungsgemeinschaften haben und wo die Möglichkeiten und Grenzen der Koordination liegen. Um die dafür notwendigen „Insider" Informationen zu erhalten, wurde ein Interviewprogramm mit den Regionalplanern und anderen Schlüsselpersonen der Landes- und Regionalplanung in Baden-Württemberg durchgeführt[2, 3].

Zum Gang der Untersuchung noch einige Bemerkungen:

In einem ersten Teil der Arbeit sollen zunächst Kriterien für die Beurteilung der regionalen Planungsgemeinschaften als Instrument der Raumordnungspolitik erarbeitet werden. Diese Kriterien sind das Ergebnis grundsätzlicher Überlegungen. Ausgehend von der Notwendigkeit der Raumordnungspolitik in der Region, d. h. einer raumordnungspolitischen Institution auf der Ebene zwischen Land und Gemeinden, und Gemeindeverbänden, werden Bedingungen einer rationalen und konsistenten Raumordnungspolitik als Referenzrahmen für die Erfassung der Probleme der Planungsgemeinschaften und der kritischen Würdigung ihrer praktischen Tätigkeit formuliert[4]. Diese Bedingungen lassen sich ganz allgemein mit der Forderung umschreiben, daß die Planungs- und Koordinationstätigkeit der regionalen Planungsgemeinschaften wissenschaftlichen Anforderungen genügen sollte.

In einem zweiten Teil der Arbeit wird die praktische Ausrichtung der Konzeption der regionalen Planungsgemeinschaften in Baden-

---

wurden die 20 Regionalplaner (in der Regel Leiter der Planungsstelle der Planungsgemeinschaften) und Landesplaner bei den Regierungspräsidien und im Innenministerium Baden-Württemberg, die einen regelmäßigen und intensiven Kontakt mit den Planungsgemeinschaften pflegen, erfaßt.

[3] Interviewprogramm und Literaturstudium wurden Mitte 1970 abgeschlossen, eine Ausnahme bildet die aktuelle Diskussion in Baden-Württemberg bezüglich der Verwaltungsreform, hier konnte die Entwicklung bis Mitte des Jahres 1971 verfolgt und weitgehend in der Arbeit berücksichtigt werden.

[4] Das Thema wird unter dem Aspekt „praktischer" Raumordnungspolitik betrachtet, die Kriterien sollen jedoch aus der „theoretischen" Raumordnungspolitik gewählt werden, da es die Funktion der Theorie bezogen auf die Praxis ist, Probleme aufzuzeigen, kritisch zu überprüfen, zu würdigen, Anregungen zu geben und Korrekturen zu veranlassen. Vgl. *Th. Ellwein*: Politik und Planung, Stuttgart 1968, S. 9.

Württemberg dargestellt und auf Besonderheiten der Planungsgemeinschaften in anderen Bundesländern hingewiesen. Dabei wird zunächst auf die Entstehung und Entwicklung der Planungsgemeinschaften eingegangen, da so das Verständnis der heutigen Situation und ihrer Problematik erleichtert wird. Eine Darstellung der Aufgaben und Kompetenzen, der institutionellen Regelungen und der organisatorischen Struktur, der Finanzierung der Planungsgemeinschaften und der Größe und Abgrenzung ihrer Planungsräume ist von Bedeutung, da dadurch Aktionsspielraum und Leistungsfähigkeit der Planungsgemeinschaften weitgehend determiniert sind.

Die raumordnungspolitische Effizienz (Wirksamkeit, Leistungsfähigkeit) der regionalen Planungsgemeinschaften ist nicht quantifizierbar, jedoch indirekt erfaßbar über eine Würdigung der Regionalpläne als Vorbedingung rationaler Politik und eine Ermittlung ihrer Koordinationsmöglichkeiten und -grenzen. Daher sollen in einem dritten Teil der Arbeit die Regionalpläne auf ihre theoretischen und methodischen Grundlagen hin überprüft werden, wobei besonders die Frage interessiert, ob die Planungsgemeinschaften konkrete und realisierbare raumordnungspolitische Ziele aufstellen können. Danach werden die Möglichkeiten und Grenzen der horizontalen und vertikalen Koordination und die sich in der Praxis ergebenden vielfältigen Koordinationshemmnisse herausgearbeitet. Hier interessieren besonders die Fragen, ob durch die Planungsgemeinschaften das „Gegenstromprinzip" realisiert bzw. verbessert wird und inwieweit die Planungsgemeinschaften Einfluß auf die raumwirksamen Entscheidungen der Kommunen, der Fachplanungsträger und der privaten Entscheidungsträger haben, d. h. der Durchsetzungsaspekt der Regionalpläne.

Ausgehend von dem Ergebnis der Untersuchung, daß die regionalen Planungsgemeinschaften in ihrer heutigen Form in Baden-Württemberg ein nur begrenzt wirksames Instrument der Raumordnungspolitik darstellen, soll in einem abschließenden Teil die aktuelle Reformdiskussion in Baden-Württemberg aufgezeigt und der Versuch unternommen werden, die im Regionalverbandsgesetz vorgesehene Institutionalisierung der Regionalplanung in Regionalverbänden vor dem Hintergrund der bisherigen Erfahrungen mit den regionalen Planungsgemeinschaften zu würdigen.

Erster Teil

Ansatzpunkte einer allgemeinen Konzeption der Raumordnungspolitik auf regionaler Ebene

I. Die Notwendigkeit der Raumordnungspolitik in der Region[1]

1. Die Hierarchie der Planungsstufen und der Träger der Raumordnungspolitik

In der BRD besteht ein mehrstufiges System raumordnungspolitischer Entscheidungsträger, das sich in seiner Grundstruktur an den allgemeinen Verwaltungsaufbau anlehnt. Die Kompetenzen der drei Ebenen Bund, Länder und Gemeinden im Rahmen der Raumordnungspolitik liegen nach dem Grundschema des föderalistischen Staatsaufbaues auf unterschiedlichem Gebiet[2].

Der Bund hat die Rahmenkompetenz für die Raumordnung. Das Bundesraumordnungsgesetz vom 8. April 1965 enthält neben Organisations- und Verfahrensvorschriften materielle Raumordnungsgrundsätze als

---

[1] Die Abgrenzung des Begriffes Region ist in der Literatur kontrovers. Generell gibt es so viele „Regionen" wie Kriterien der Abgrenzung. Vgl. dazu den Abschnitt über die allgemeinen Probleme der Abgrenzung von Regionen dieser Arbeit. Um den Abgrenzungsschwierigkeiten auszuweichen, wird hier allgemein unter Region ein Gebietsausschnitt in der Größenordnung zwischen einem Land und einer Gemeinde bzw. einem Gemeindeverband verstanden, speziell das Gebiet einer regionalen Planungsgemeinschaft. Zu dem Problem, inwieweit die Planungsgemeinschaften in Baden-Württemberg nach Größe und Abgrenzung sinnvoll gestaltet sind, sei hier auf die Ausführungen auf S. 58 ff. dieser Arbeit verwiesen.

[2] Als weitere — und in ihrer Bedeutung zunehmende — Ebene der Raumordnungspolitik ist die EWG anzusehen. Allerdings bleibt, obwohl der EWG-Vertrag raumordnungspolitische Aspekte berücksichtigt, die Raumordnungspolitik primär Aufgabe der nationalen Institutionen. Zur Einflußnahme auf die nationalen raumordnungspolitischen Entscheidungen kann die Europäische Wirtschaftsgemeinschaft als „opinion leader" informatorisch tätig werden, indem sie die Diskussion über Ziele und Instrumente der Raumordnungspolitik fördert und versucht, eine raumordnungspolitische Konzeption für den EWG-Bereich zu erstellen. Eine direkte Möglichkeit der Einflußnahme ist durch die Kreditvergabe und die Dotationen der Europäischen Investitionsbank, des Sozialfonds und des Ausrichtungs- und Garantiefonds gegeben. Vgl. *K.-H. Hansmeyer:* Ziele und Träger regionaler Wirtschaftspolitik, in: H. K. Schneider (Hrsg.), Beiträge zur Regionalpolitik, Schriften des Vereins für Socialpolitik, NF Bd. 41, Berlin 1968, S. 51 f.

I. Notwendigkeit der Raumordnungspolitik in der Region

raumordnungspolitische Grundsatzentscheidungen, die Bindungswirkungen gegenüber allen Behörden des Bundes, der Länder, der Gemeinden und Gemeindeverbände haben, soweit es sich um Planungen und Maßnahmen handelt, durch die Grund und Boden beansprucht oder durch die die räumliche Entwicklung beeinflußt wird. Die raumordnungspolitischen Grundsatzentscheidungen des Bundes sind *abstrakt und notwendigerweise generell* („Leerformeln von hohem Allgemeinheitswert")[3], so daß ein Steuerungseffekt, d. h. eine tatsächliche Bindungswirkung besonders auf die Planungen und Maßnahmen der unteren raumordnungspolitischen Ebene, von ihnen erst dann ausgehen kann, wenn sie *räumlich konkretisiert* werden[4].

Eine erste Konkretisierung erfolgt auf der Länderebene durch Pläne und Programme der Landesplanung für das jeweilige Landesgebiet nach den Landesplanungsgesetzen. Die Länder stellen im System der raumordnungspolitischen Entscheidungsträger das wichtigste Glied dar, da sie sowohl Planungs- als auch Durchführungskompetenzen haben und über die Länderhaushalte die Möglichkeit besteht, notwendige Projekte selbst zu finanzieren oder durch finanzielle Anreize Aktivitäten anderer Entscheidungsträger (Gemeinden, Private) in der gewünschten Richtung zu beeinflussen. Die Entwicklungspläne der Länder sind Rahmenpläne und langfristige Konzepte mit Verzicht auf Einzelheiten, die als übergeordnete, überörtliche und zusammenfassende Pläne der weiteren Konkretisierung bedürfen. Im Entwurf zum Landesentwicklungsplan für Baden-Württemberg heißt es dazu: „Der Landesentwicklungsplan ist ein langfristiger großräumiger Rahmenplan; er kann insbesondere kein Investitionsprogramm für Einzelmaßnahmen sein. Seine Ziele müssen deshalb durch Gebietsentwicklungspläne und Regionalpläne räumlich konkretisiert und durch fachliche Pläne und Programme verwirklicht werden[5]."

Die unterste Ebene raumordnungspolitischer Entscheidungsträger bilden die Gemeinden mit ihrer Planungshoheit für die kommunale Entwicklungsplanung (Flächennutzungs- und Bebauungspläne) und der Möglichkeit, über den Einsatz von Haushaltmitteln etwa für kommunale Infrastrukturprojekte, direkt raumordnungspolitisch aktiv zu werden[6]. Das Charakteristikum der Bauleitplanung besteht darin, daß es

---

[3] Vgl. Th. *Ellwein*, a.a.O., S. 60.

[4] Vgl. F. *Halstenberg*: Bund und Raumordnung, in: Verfassungs- und Verwaltungsprobleme der Raumordnung und Landesplanung, Schriftenreihe der Hochschule Speyer, Bd. 27, Berlin 1965, S. 32.

[5] Innenministerium Baden-Württemberg (Hrsg.): Entwurf des Landesentwicklungsplans Baden-Württemberg, (Stand: 5. Dezember 1967), Bd. I, Stuttgart 1968, S. 51.

[6] Baden-Württemberg hatte am 31. Dezember 1968 3 378 Gemeinden, von denen 92 v. H. weniger als 5 000 Einwohner zählten. Vgl. Innenministerium

sich um Durchführungsplanung handelt; es werden bestimmte Nutzungen des Grund und Bodens festgelegt (Bodennutzungsentscheidungen) und damit die raumordnungspolitischen Ziele höherer Ebenen *weiter konkretisiert* und *realisiert*. „Mit dieser räumlich umfassenden und gleichzeitig unmittelbar rechtswirksamen Zuständigkeit ist die gemeindliche Raumordnung das grundlegende Instrument, mit dem ein wesentlicher Teil der Ziele der Landesplanung verwirklicht werden kann[7]."

Die Flächennutzungsplanung der Gemeinden hat zum Ziel, die Grundfunktionen Wohnen, Arbeiten, Erholung, Verkehr u. a. einander „optimal" zuzuordnen, sie legt die beabsichtigte Standortstruktur fest, ermöglicht jedoch noch Varianten der Entwicklung. Bebauungspläne legen dann für bestimmte Teile des Gemeindegebietes die Bodennutzung für private Entscheidungsträger verbindlich fest.

Bei den raumordnungspolitischen Grundsatzentscheidungen (Bund), der Landesentwicklungsplanung (Länder) und der Bauleitplanung (Gemeinden) ergeben sich die Planungsträger aus dem allgemeinen Verwaltungsaufbau. Anders verhält es sich bei der Regionalplanung; die „Region" als Raumordnungseinheit hat keinen Planungsträger in der allgemeinen Verwaltungshierarchie. Ihre Existenz entspringt der Notwendigkeit, zwischen Land und Kommunen eine Planungsebene zwischenzuschalten, die die raumordnungspolitischen Ziele des Bundes und der Länder unter Berücksichtigung örtlicher Gegebenheiten weiter konkretisiert, damit die Gemeinden dem Anpassungsgebot nach § 1 Abs. III BBauG, das die Gemeinden verpflichtet, ihre Bauleitpläne an die Ziele der Raumordnung und Landesplanung anzupassen, entsprechen können. Halstenberg weist darauf hin, daß der Grad notwendiger Konkretisierung erst auf der Ebene der Regionalplanung zu erreichen ist, und nicht schon durch Landesentwicklungspläne und -programme, so daß die Notwendigkeit der Regionalplanung für alle Bundesländer (Flächenländer) gilt[8]. Ausgehend von der Funktionsbedingung des Systems der Harmonisierungspflicht (vertikale Koordination), „daß die jeweils übergeordneten Planungsvorstellungen hinreichend konkretisiert sind und daß der nachgeordneten Planungsebene ein ausreichen-

---

Baden-Württemberg: Denkmodell der Landesregierung zur Kreisreform in Baden-Württemberg, Sonderbeilage des Staatsanzeigers für Baden-Württemberg, Nr. 101 vom 20. Dezember 1969, S. 35 (im folgenden zitiert als Innenministerium Baden-Württemberg: Denkmodell zur Kreisreform).

[7] *E. Herzner:* Artikel „Gemeindliche Raumordnung", in: Handwörterbuch der Raumforschung und Raumordnung, Hannover 1966, Sp. 584.

[8] Vgl. *F. Halstenberg:* Regionalplanung im Verhältnis zu Bund, Ländern und Gemeinden (Vortrag), in: Vierteljahresbericht der Planungsgemeinschaft Breisgau, 1962/4, S. 9; ähnlich auch *K. Lange:* Die Organisation der Region, Göttinger Diss. 1968, S. 35 und S. 53 f.

I. Notwendigkeit der Raumordnungspolitik in der Region

der Bewegungsraum zu von Stufe zu Stufe fortschreitender Ausfüllung des Planungsrahmens und der materiellen Planungskompetenzen verbleibt"[9] und der Unmöglichkeit, raumordnungspolitische Ziele in den Landesentwicklungsplänen hinreichend zu konkretisieren, kann auf die Notwendigkeit einer Planungsebene zwischen Land und Gemeinden geschlossen werden. Das Bundesraumordnungsgesetz[10] trägt dieser Einsicht Rechnung und verpflichtet die Länder, Rechtsgrundlagen für die Regionalplanung[11] zu schaffen.

Regionalplanung ist im Gegensatz zur Landesplanung und zur kommunalen Planung eine *relativ neue Aufgabe,* ihre Organisationsform, Träger und Kompetenzen und der räumliche Zuschnitt der Planungsräume sind noch kontrovers[12]. Die Landesplanungsgesetze verstehen unter Planung für Teile des Landes (Regionen) im allgemeinen nur partielle Landesplanung. „Die Regionalplanung ... als eigenes Bindeglied zwischen Bauleitplanung und Landesplanung, als Verwirklichung der Landesplanung, als horizontale Abstimmung der Bauleitplanungen der Selbstverwaltungskörperschaften und der vertikalen Abstimmung dieser zusammengefaßten Planung mit der übergeordneten Begrenzungsplanung des Landes wird — außer in Rheinland-Pfalz — nicht ausdrücklich angesprochen und zum Teil sogar direkt oder indirekt ausgeschlossen[13]." Notwendig scheint hingegen Regionalplanung als Verbindung staatlicher und kommunaler Planungsverantwortlichkeit und Interessen. Das SARO-Gutachten befürwortet eine starke

---

[9] *F. J. Hessing:* Regionalplanung, in: Raumordnung und Bauleitplanung im ländlichen Raum, Schriften des Instituts für Städtebau und Raumordnung Stuttgart, Bd. 1, Stuttgart 1967, S. 106.

[10] Vgl. Raumordnungsgesetz (des Bundes) vom 8. 4. 1965, Bundesgesetzblatt Teil I, Nr. 16, § 5 Abs. III, S. 306.

[11] Der Begriff Regionalplanung ist in seiner Abgrenzung ähnlich kontrovers wie der der Region. Man betrachtet in der Literatur einerseits Raumplanung, Landesplanung und Regionalplanung als Synonyma, andererseits wird Regionalplanung als spezifischer Begriff auf eine Gebietseinheit zwischen Landes- und Gemeindeebene bezogen. Das Bundesraumordnungsgesetz verwendet den Begriff Regionalplanung ohne ihn inhaltlich näher zu erläutern im Sinne einer Planung, die sich auf Teilräume eines Landes bezieht. Vgl. *K. Lange,* a.a.O., S. 5. In dieser Arbeit soll der Begriff Regionalplanung auf Teilräume eines Landes bezogen werden; die Raumplanung als Oberbegriff wird nach dem Gesichtspunkt der räumlichen Ausdehnung in Landes-, Regional- und Ortsplanung untergliedert. Vgl. auch *W. Weber:* Raumordnung und Raumplanung, Die öffentliche Verwaltung, 16. Jg. (1963), H. 21/22, S. 786. Hingewiesen sei darauf, daß wesentliche organisatorische, rechtliche und inhaltliche Differenzen auch andere Abgrenzungen sinnvoll erscheinen lassen.

[12] Vgl. dazu u. a. *K. Becker-Marx:* Die Regionalplanung, in: Verfassungs- und Verwaltungsprobleme der Raumordnung und Landesplanung, Schriftenreihe der Hochschule Speyer, Bd. 27, Berlin 1965, S. 54.

[13] *E. Klotz* und *W. Bielenberg:* Zuständigkeiten der kommunalen Selbstverwaltungskörperschaften in der Regionalplanung, Die öffentliche Verwaltung, 20. Jg. (1967), H. 6, S. 189.

Betonung der kommunalen Planungskompetenzen in der Regionalplanung mit dem Hinweis auf das „Gegenstromprinzip" und die Verwirklichung der regionalen Ziele[14]. Wie das staatliche und kommunale Element in der Regionalplanung zu gewichten sind, mag hier offen bleiben, da es sich primär um ein politisches Problem handelt.

2. Die Interdependenz der raumordnungspolitischen Entscheidungen

Eine allgemein anerkannte Definition der Raumordnungspolitik haben weder Theorie noch Praxis entwickelt; in der Literatur konnte auch keine Einigung über die Abgrenzung der Begriffe Raumordnungspolitik und Regionalpolitik erzielt werden[15]. Es kann nicht Aufgabe dieser Untersuchung sein, die unterschiedlichen Standpunkte zu diskutieren; vielmehr soll nur ein kurzer Versuch einer Umschreibung des Begriffes Raumordnungspolitik unternommen werden, mit dem Ziel, eine für diese Untersuchung zweckmäßige Definition zu skizzieren, die eine Verständigung über den Inhalt des Begriffes Raumordnungspolitik erlaubt. In Anlehnung an die Definition im SARO-Gutachten[16] läßt sich Raumordnungspolitik umschreiben als Gesamtheit von Bestrebungen, Handlungen und Maßnahmen, die darauf gerichtet sind, die räumliche Ordnung und Entwicklung eines Gebietes in Richtung auf bestimmte Zielvorstellungen zu verändern[17].

Die Notwendigkeit einer Raumordnungspolitik in der Region läßt sich mit den bestehenden Inkongruenzen von Verwaltungsstruktur und sozialökonomischer Struktur und der Interdependenz der raumordnungspolitischen Entscheidungen begründen. Auf den gleichen Raum wirken ein und beeinflussen dessen Struktur und Entwicklung nicht nur die staatlichen Planungsbehörden und die kommunalen Planungsträger (Gemeinden, Stadt- und Landkreise mit ihren verschiedenen

---

[14] Vgl. Sachverständigenausschuß für Raumordnung: Die Raumordnung in der Bundesrepublik Deutschland (Gutachten), Stuttgart 1961, S. 87.

[15] Vgl. *N. Kloten:* Alternative Konzeptionen der Regionalpolitik, in: Beiträge zur Regionalpolitik, a.a.O., S. 18. Zur Problematik, Regionalpolitik oder regionale Wirtschaftspolitik als „ökonomischen Bereich" aus dem Komplex der Raumordnungspolitik herauszutrennen, vgl. *J. H. Müller:* Wirtschaftliche Grundprobleme der Raumordnungspolitik, Berlin 1969, S. 13 ff.

[16] Vgl. Sachverständigenausschuß für Raumordnung: Die Raumordnung in der Bundesrepublik Deutschland, a.a.O., S. 9.

[17] Zu eng erscheint die praxisorientierte Definition von W. Ernst, Raumordnung bzw. Raumordnungspolitik ist „die Koordination von Verwaltungstätigkeiten unter dem Gesichtspunkt der Wirkung dieser Tätigkeit auf die räumliche Ordnung eines Gebietes". *W. Ernst:* Raumordnung als Aufgabe der planenden Gesetzgebung und Verwaltung, in: J. H. Kaiser (Hrsg.): Planung III, Mittel und Methoden planender Verwaltung, Baden-Baden 1968, S. 149.

I. Notwendigkeit der Raumordnungspolitik in der Region

Selbstverwaltungsorganisationen), sondern auch die privaten Planungsträger (private Unternehmen, Verbände, Kammern u. a.). Die sich bei tendenziell rascherem Strukturwandel vermehrenden raumordnungspolitischen Aktivitäten eines relativ großen Kreises der Instanzen lassen das Problem einer Desintegration des Raumes auftauchen[18]. Das gilt besonders für die Situation, daß die raumordnungspolitischen Entscheidungsträger von unterschiedlichen Zielen und Informationen über die Lage und die zukünftige Entwicklung ausgehen, während ihre Aktionen weitgehend interdependent sind und sich in ihren Ergebnissen gegenseitig beeinflussen[19]. Die mit den Interdependenzen verbundene Unbegrenztheit der Wirkungen von Entscheidungen in einem mehrstufigen System raumordnungspolitischer Entscheidungsträger begründet die *Notwendigkeit vertikaler und horizontaler Koordination*[20].

Der Arbeitsteilung entspricht in der räumlichen Beziehung eine Spezialisierung und räumliche Trennung der Daseinsfunktionen Wohnen, Arbeiten, Erholung, Bildung u. a. durch die modernen Verkehrsmittel. Isbary spricht von einer Tendenz zur Funktionsgesellschaft, die durch dezentralisierte und voneinander getrennte Hauptlebensfunktionen charakterisiert wird[21]. Diese Funktionen können heute nicht mehr innerhalb einer Gemeinde und oft auch nicht im Rahmen der Kreise geplant werden. Die Regionalplanung hat hier die Aufgabe, die Funktionen aus überörtlicher Sicht einander so zuzuordnen, daß sie kapazitätsmäßig optimal dimensioniert und im Raume sinnvoll verteilt sind.

Kommunale wie staatliche Planungsträger sind bei stärkeren Interdependenzen der Gefahr der Fehlplanung ausgesetzt. Eine Interdependenz der raumwirksamen Entscheidungen und damit Koordinationsnotwendigkeit ergibt sich zwischen kommunalen Planungen, etwa bei der Industrieansiedlung, aber auch zwischen staatlichen Fachplanungen und kommunaler Entwicklungsplanung. So sind etwa Agrarstrukturverbesserung und Industrieansiedlung über die Zahl und Qualifikation der aus der landwirtschaftlichen Beschäftigung freigesetzten Arbeits-

---

[18] Vgl. R. *Eberle:* Aufgaben und Arbeitsmethoden in der Regionalplanung, dargestellt am Beispiel der Planungsgemeinschaft Hochrhein, Informationen des Instituts für Raumforschung, 9. Jg. (1959), H. 9, S. 371.

[19] Vgl. H. K. *Schneider:* Plankoordinierung in der Regionalpolitik, in: derselbe (Hrsg.): Rationale Wirtschaftspolitik und Planung in der Wirtschaft von heute, Schriften des Vereins für Socialpolitik, NF Bd. 45, Berlin 1967, S. 248.

[20] Vgl. R. *Krüger:* Die Koordination von gesamtwirtschaftlicher, regionaler und lokaler Planung, Gedanken zur Einordnung regionaler und lokaler Planung und Politik in die nationale Wirtschaftspolitik, Volkswirtschaftliche Schriften, H. 134, Berlin 1969, S. 33 (im folgenden zitiert als R. *Krüger:* Die Koordination von gesamtwirtschaftlicher, regionaler und lokaler Planung).

[21] Vgl. G. *Isbary:* Regionale Probleme der Raumordnung, Gutachten herausgegeben vom Landkreis Saarbrücken, o. O., 1963, S. 11.

kräfte voneinander abhängig; soll ein Gebiet zum Fremdenverkehrsgebiet ausgebaut werden, dann dürfen kommunale Planungen keine verstärkte Industrieansiedlung in diesem Raum vorsehen. Die sich aus den Interdependenzen ergebende Koordinierungsaufgabe zwischen Fachplanungen ist eine überfachliche, zwischen den Ortsplanungen eine überörtliche Aufgabe, die nicht — oder nur begrenzt — „bilateral" zwischen Fachressorts bzw. Gemeinden erfolgen kann. Sie ist nur sinnvoll zu lösen auf regionaler Ebene im Rahmen eines Gesamtkonzepts[22]. Eine Koordinationsinstanz ist notwendig, die einen *regionalen Gesamtplan* aufstellt und realisiert und die dafür erforderlichen ständigen Kontakte, Informationen und Verhandlungen zwischen den örtlich und fachlich zuständigen Planungsträgern ermöglicht.

Die Notwendigkeit regionaler Planung läßt sich auch damit begründen, daß bestimmte raumordnungspolitische Ziele, etwa das einer ausgewogenen Wirtschaftsstruktur, nur sinnvoll in räumlichen Einheiten anzustreben sind, die größer sind als die herkömmlichen Landkreise. Ähnlich verhält es sich mit bestimmten Konzepten, etwa dem der aktiven Sanierung in strukturschwachen Gebieten, die nur im Rahmen größerer Gebietseinheiten realisierbar erscheinen und eine räumliche, zeitliche und sachliche Koordination und Konzentration öffentlicher Investitionen erfordern. Einen Hinweis auf die Größe und Abgrenzung der Planungsebene zwischen Land und Gemeinden liefert das Argument, daß man den Verflechtungsbereich von Oberzentren als Basis für eine an einheitlichen Zielvorstellungen orientierte Raumordnungspolitik wählen sollte[23].

In den vorangegangenen Ausführungen wurde versucht, die Notwendigkeit einer raumordnungspolitischen Institution (raumplanerischen Ebene) zwischen Land und Gemeinden zu begründen mit dem Hinweis auf die Erfordernisse einer *Konkretisierung der Ziele* der Landesentwicklungspläne und der *Koordinierung*, die sich aus der Interdependenz der raumordnungspolitischen Entscheidungen ergeben. Durch die Darstellung der Hierarchie der Planungsebenen und der raumordnungspolitischen Entscheidungsträger sollte zugleich der Problemhintergrund aufgezeigt werden, vor dem die Institution der regionalen Planungsgemeinschaft und ihre raumordnungspolitischen Aktivitäten zu sehen sind.

---

[22] Diese Auffassung vertritt mit Nachdruck B. Dietrichs. Vgl. *B. Dietrichs:* Regionalpolitische Konzeptionen, Informationsbriefe für Raumordnung, Hrsg.: Der Bundesminister des Innern, (R. 3. 1.6), Stuttgart 1969, S. 9.

[23] Vgl. *N. J. Lenort:* Entwicklungsplanung in Stadtregionen, Köln und Opladen 1961, S. 168 f.

II. Ziel und Bedingungen einer konsistenten Raumordnungspolitik in der Region

1. Das Ziel einer konsistenten Raumordnungspolitik in der Region

Ausgehend von der Notwendigkeit der Raumordnungspolitik in der Region bzw. einer raumordnungspolitischen Institution zwischen Land und Gemeinden, soll jetzt versucht werden, Kriterien zu entwickeln, die als Referenzrahmen zur kritischen Würdigung der praktischen Tätigkeit der regionalen Planungsgemeinschaften herangezogen werden können. Unter regionalen Planungsgemeinschaften werden hier verstanden: „Zusammenschlüsse öffentlich-rechtlicher oder privat-rechtlicher Art von Gemeinden bzw. Landkreisen zwecks Ausarbeitung und Durchführung von Regionalplänen zur Ordnung und Entwicklung übergemeindlicher Gebiete[1]."

Die Betrachtung der regionalen Planungsgemeinschaften als Instrument der Raumordnungspolitik, speziell die Überprüfung der Zweckmäßigkeit dieser Organisationsform, setzt Ziele und Maßstäbe voraus, an denen ihre praktische Tätigkeit gemessen werden kann[2]. Wenn das Thema der Untersuchung lautet: „Regionale Planungsgemeinschaften als Instrument der Raumordnungspolitik", dann wird unter Raumordnungspolitik konkretes politisches Handeln verstanden, also „praktische" Raumordnungspolitik. Zur Beurteilung der „praktischen" Raumordnungspolitik müssen jedoch Elemente der „theoretischen" Raumordnungspolitik herangezogen werden[3, 4]. Die aus grundsätzlichen Überlegungen gewonnenen Kriterien dürfen nicht „utopisch" sein. „Wird... durch die Fragestellung und die Methode des Antwortens der ausschließlich theoretische Bezug konstitutiv, dann kann auch die Praxis

---

[1] G. Ziegler: Artikel „Regionale Planungsgemeinschaften", in: Handwörterbuch der Raumforschung und Raumordnung, Hannover 1966, Sp. 1654.

[2] Vgl. R. Mayntz: Soziologie der Organisation, Reinbek 1963, S. 136 ff.

[3] Vgl. J. H. Müller: Wirtschaftliche Grundprobleme der Raumordnungspolitik, a.a.O., S. 10. Nur so können Bedingungen (Kriterien) herausgearbeitet werden, die als Maßstab für die kritische Würdigung der raumordnungspolitischen Aktivität regionaler Organisationen und speziell der regionalen Planungsgemeinschaften in Baden-Württemberg dienen können.

[4] Das Verhältnis zwischen „theoretischer" und „praktischer" Raumordnungspolitik kann derart umschrieben werden, daß die „praktische" Raumordnungspolitik der wissenschaftlichen Disziplin das Erfahrungsmaterial und die Problemstellung liefert. Die wissenschaftliche Raumordnungspolitik zeigt dann durch die Kritik der raumordnungspolitischen Praxis Anhaltspunkte für eine Politik auf, die als rational bezeichnet werden kann. Vgl. H. Ohm: Allgemeine Volkswirtschaftspolitik, Bd. I: Systematisch-theoretische Grundlegung, Berlin 1962, S. 17.

aus dem Anspruch der Theorie entlassen werden[5]." Es soll daher bei der Formulierung der Kriterien darauf geachtet werden, daß diese nicht zu theoretisch sind oder politische Implikationen enthalten, die auf eine Zentralisierung der Macht in einer Institution hinauslaufen, also die Rahmenbedingung des Föderalismus verletzen.

Da den Kriterien entscheidende Bedeutung zukommt — sie bestimmen letztlich das Ergebnis der Untersuchung —, sei hier kurz auf die möglichen Bezugsrahmen, das „pragmatische" und das „synoptische" Ideal der Raumordnungspolitik eingegangen. Das „pragmatische" Ideal und daraus abgeleitete Kriterien sehen *jede* Verbesserung der Ausgangssituation für einen Fortschritt an; das „synoptische" Ideal ist unter den heutigen politischen Bedingungen eine Utopie, da es zentrale Koordination durch eine Entscheidungsinstanz impliziert[6]. In dieser Untersuchung soll daher ein Mittelweg zwischen den beiden Extremen gewählt werden, der durch das „Mögliche" charakterisiert ist, d. h. die „vernünftigerweise" zu beachtenden Grenzen der Reform respektiert, die föderalistische Struktur nicht aufhebt, jedoch eine auf Dauer angelegte und institutionell gesicherte Zusammenarbeit voraussetzt.

Es soll nun zunächst das Ziel einer *konsistenten Raumordnungspolitik* in der Region (Raumordnungspolitik „aus einem Guß") näher erläutert werden. Das umfassendere Ziel ist das der rationalen Raumordnungspolitik, Konsistenz ist Nebenbedingung der Rationalität bei einem dezentralen System von Entscheidungsträgern. Koordination[7] dient der Verfolgung des Rationalprinzips in der Raumordnungspolitik. Ohne Zweifel ist eine Raumordnungspolitik „aus einem Guß", d. h. eine koordinierte und damit konsistente Raumordnungspolitik, effizienter als eine unkoordinierte in dem Sinne, daß das Verhältnis zwischen Mittelaufwand und Erfolg geringer ist[8]. Begründet werden kann das Ziel einer konsistenten Raumordnungspolitik auch durch die Tatsache, daß lokale und fachliche Pläne, die lokale und fachliche Partialziele formulieren, für den gesamten Raum *suboptimale Partiallösungen* darstellen[9].

---

[5] *Th. Ellwein*, a.a.O., S. 9.

[6] Vgl. *R. Jochimsen*: Strategie der wirtschaftspolitischen Entscheidung, Weltwirtschaftliches Archiv, 1967/II, S. 57.

[7] Unter Koordination wird hier in Anlehnung an die Definition von H. K. Schneider die sachliche, zeitliche und räumliche Abstimmung von Entscheidungen verstanden. Vgl. *H. K. Schneider*: Plankoordinierung in der Regionalpolitik, a.a.O., S. 239. Dabei wird in dieser Arbeit der Entscheidungsbegriff so weit gefaßt, daß er Pläne und Maßnahmen umfaßt, d. h. nicht auf politische Entscheidungen im engeren Sinne begrenzt ist.

[8] Vgl. *R. Krüger*: Die Koordination von gesamtwirtschaftlicher, regionaler und lokaler Planung, a.a.O., S. 165.

[9] Vgl. ebd., S. 43. R. Jochimsen und P. Treuner bezeichnen daher die Lösung des Koordinationsproblems als zentrale Frage der Effizienzsteigerung

Regionale Planungsgemeinschaften sind Hilfsmittel organisatorischer Art, um bei föderalistischem Staatsaufbau und Gemeindeautonomie über die Verwaltungsgrenzen hinweg die räumliche Ordnung und Entwicklung bestimmter Gebiete nach einheitlichen Zielsetzungen zu beeinflussen. Bei einer Vielzahl von dezentralen Entscheidungsträgern, die auf die räumliche Struktur der Region und deren Entwicklung einwirken, und deren Aktionen zum Teil interdependent sind, soll eine konsistente Raumordnungspolitik ermöglicht werden[10]. Dieses Ziel läßt sich auch umschreiben als eine bestmögliche Zuordnung der Teile ohne Friktionen, d. h. ohne sichtbare Widersprüche[11].

Das Ziel einer konsistenten Raumordnungspolitik in der Region setzt eine konsistente Politik für das Land voraus und impliziert, daß Friktionen intraregional wie interregional abgebaut werden; es begründet die Notwendigkeit vertikaler Koordination zwischen Land und Gemeinden und horizontaler Koordination zwischen Gemeinden und Gemeindeverbänden. Unter diesem Aspekt läßt sich die Hauptaufgabe der regionalen Planungsgemeinschaften als *umfassende Koordinierungsaufgabe* beschreiben, die darin besteht, die Ziele und Maßnahmen der Einzelplanungen sachlich, zeitlich und räumlich auf ein regionales Leitbild oder konkretisiertes Zielsystem auszurichten.

2. Bedingungen einer rationalen und konsistenten Raumordnungspolitik in der Region

a) Die Elemente eines Regionalplans

Die raumordnungspolitische Effizienz der regionalen Planungsgemeinschaften ist nicht quantifizierbar, d. h. durch quantitative Maßstäbe direkt erfaßbar; es lassen sich jedoch Bedingungen formulieren, die es ermöglichen, ihre Leistungsfähigkeit indirekt zu erfassen. Sie beziehen sich im wesentlichen auf die Regionalpläne als Vorbedingung rationaler Politik und die Koordination, speziell unter dem Gesichtspunkt der Durchsetzung der Regionalpläne[12].

---

der Raumordnungspolitik. Vgl. *R. Jochimsen* und *P. Treuner:* Strategie am Scheideweg, Der Volkswirt, Nr. 15, 10. April 1970, S. 49.

[10] In der Praxis (Satzungen der Planungsgemeinschaften, Äußerungen der Politiker) ist das Ziel der Konsistenz nur implizit vorhanden, die Mehrzahl der befragten Regionalplaner sieht jedoch eine konsistente Raumordnungspolitik als übergeordnete Zwecksetzung der regionalen Planungsgemeinschaften in Baden-Württemberg an.

[11] Konsistenz, extensiv interpretiert, impliziert ein Mindestmaß an Koordination, jedoch keine vollkommene Koordination, wie es das „synoptische" Ideal der Raumordnungspolitik vorsieht.

[12] Die Bedingungen einer rationalen und konsistenten Raumordnungspolitik haben Rahmencharakter, daher zielen die folgenden Ausführungen nicht auf Vollständigkeit, vielmehr sollen nur grundlegende Elemente herausge-

Notwendige Grundlage rationaler Raumordnungspolitik auf regionaler Ebene ist ein Regionalplan (Raumordnungs- und Entwicklungsplan), der den komplexen regionalen Entwicklungsproblemen Rechnung trägt. Die Entwicklung der Bevölkerung, der Wirtschaft, des Verkehrs, der Flächennutzung nach Art und Umfang sind interdependent und bedürfen einer *integrierten* Planung, also eines regionalen Gesamtplans. Dabei ist weniger ein sehr umfassender Gesamtplan notwendig, als der Wille und die Fähigkeit zu einem Gesamtkonzept[13]. Unter der Bedingung, daß sich die regionalen Gesamtpläne in den übergeordneten Landesentwicklungsplan einpassen, ist auch die Konsistenz auf Landesebene gewährleistet. Eine Raumordnungspolitik, die von einer Vielzahl von selbständigen Entscheidungsträgern betrieben wird, beschränkt sich in der Regel auf die Beseitigung von Notständen und Engpässen. Es besteht eine Tendenz zu punktuellen, nur kurzfristig orientierten Entscheidungen. Notwendig hingegen ist eine zukunftsorientierte Planung. „Die Prädikate ‚rational' und ‚systematisch' sind regionalpolitischen Entscheidungen erst zuzusprechen, wenn sie in einer vorausschauenden Planung (die sich auf Situationsanalysen und Prognosen stützt) verankert sind[14]."

Aus der Aufgabe der praktischen Raumordnungspolitik, eine tatsächliche oder erwartete Situation einer Programmsituation anzunähern, ergeben sich bestimmte Anforderungen an den Regionalplan. Er sollte nicht nur die wichtigsten Sachgebiete umfassen, sondern auch den Anforderungen einer „comprehensive planning"[15] genügen, d. h. die Elemente der raumordnungspolitischen Konzeption enthalten, realisierbar und realitätsbezogen sein, um so seine Informations- und Koordinationsfunktion erfüllen zu können.

Ein Regionalplan sollte — wie jedes rationale zukunftsbezogene Handeln — (1) zur Grundlage eine *Situationsanalyse* und *Prognose* der für die Entwicklung der Region relevanten Größen haben, (2) ein umfassendes, möglichst *konkretisiertes* und in einem bestimmten Zeitraum *reali-*

---

arbeitet werden. Die Bedingungen formulieren Ergebnisse der wissenschaftlichen Forschung, ihre Übertragung auf die raumordnungspolitische Praxis läuft letztlich auf die Frage hinaus, ob die beteiligten Planungsgemeinschaften in ihrer praktischen Tätigkeit wissenschaftliche Erkenntnisse berücksichtigen.

[13] Vgl. *Th. Ellwein,* a.a.O., S. 44; ähnlich auch *H. K. Schneider:* Plankoordinierung in der Regionalpolitik, a.a.O., S. 265.

[14] *N. Kloten, J. H. Müller* und Mitarbeiter: Regionale Strukturpolitik und wirtschaftliches Wachstum in der Marktwirtschaft (Untersuchung im Auftrage des Wirtschaftsministeriums), Tübingen und Freiburg 1965, S. 225, vervielfältigtes Manuskript.

[15] Vgl. *P. G. Jansen:* Infrastrukturinvestitionen als Mittel der Regionalpolitik, Beiträge zur Regionalpolitik, hrsg. vom Zentralinstitut für Raumplanung an der Universität Münster, Bd. 3, Gütersloh 1967, S. 127.

sierbares Zielsystem enthalten, das Teilziele in sachlicher, zeitlicher und räumlicher Hinsicht spezifiziert und (3) durch ein *Aktionsprogramm* (Strategie) zur Maßnahmenkoordination und zur Angleichung von „Ist-Soll"-Differenzen (Abweichungen zwischen wahrscheinlicher und gewünschter Entwicklung) ergänzt werden[16]. Da diese Elemente eines Regionalplans für die Beurteilung der Pläne der regionalen Planungsgemeinschaften herangezogen werden sollen, seien sie ein wenig ausführlicher behandelt[17].

b) Methodische und theoretische Grundlagen eines Regionalplans

ba) Situationsanalyse und Prognose

Die Erarbeitung ausreichender, wissenschaftlichen Anforderungen genügender Planungsunterlagen, also eine möglichst vollständige und exakte Erfassung der Situation und der wesentlichen Entwicklungstendenzen, ist von ausschlaggebender Bedeutung für die Effizienz der auf sie gründenden Raumordnungspolitik[18]. Ergebnisse der Situationsanalyse und Prognose und deren Beurteilung haben Einfluß auf die Zielformulierung und die Strategie des Mitteleinsatzes; sie zu berücksichtigen ist Voraussetzung für die Aufstellung realitätsbezogener und realisierbarer Regionalpläne. Als Informationsbasis eines Regionalplans kann eine einfache Bestandsaufnahme nicht ausreichen, vielmehr ist die Kenntnis der regionalen Strukturzusammenhänge und der strukturbestimmenden Faktoren erforderlich, um eine fundierte Diagnose und Prognose zu erstellen[19]. Die angewendeten Methoden der Regionalanalyse sind insofern von Bedeutung, als die Intensität von Diagnose und Prognose wesentlich von den angewendeten diagnostischen und prognostischen Methoden abhängen. Strukturkennziffern einer Region sollten mit denen anderer Regionen verglichen werden, da so eine Beurteilung der Situation erleichtert bzw. erst möglich wird.

---

[16] Vgl. Sachverständigenausschuß für Raumordnung, a.a.O., S. 70 ff.; ähnlich auch R. *Krüger:* Das wirtschaftspolitische Instrumentarium, Einteilungsmerkmale und Systematisierung, Berlin 1967, S. 23 ff.; und J. H. *Müller* und P. *Klemmer:* Baden-Württembergs verwässerte Raumstrategien. Der Entwurf des Landesentwicklungsplanes läßt viele Fragen offen, Der Volkswirt, Nr. 41, 11. Oktober 1968, S. 39.

[17] Ein Eingehen auf die Elemente eines Regionalplans erscheint an dieser Stelle auch sinnvoll, da so eine konzentrierte Darstellung zusammenhängender Probleme möglich ist.

[18] Vgl. H. *Ohm,* a.a.O., S. 43. Dabei ist allerdings auf eine Grenze der Informationsgewinnung hinzuweisen: Auch die Kosten zusätzlicher Informationen unterliegen dem Rationalitätsprinzip.

[19] Vgl. H. K. *Schneider:* Über einige Probleme und Methoden regionaler Analyse und Prognose, in: ders. (Hrsg.): Regionalplanung, Köln 1966, S. 16.

Eine langfristige Prognose des regionalen Entwicklungsprozesses ist notwendig, damit künftige Entwicklungen und Tendenzen auf wirtschaftlichem und demographischem Gebiet in ihren Determinanten, Wechselwirkungen und Folgen erkannt und Fehlentwicklungen vermieden werden, indem man sich auf künftige Bedürfnisse und Anforderungen in der Planung ausrichtet[20]. Aussagen über die längerfristigen Entwicklungstendenzen und die künftige Struktur der Region, gewonnen durch eine Prognose der Bevölkerung und Wirtschaft, sind unentbehrlich für die Feststellung, ob ein raumordnungspolitisches Tätigwerden erforderlich ist, für den Mitteleinsatz nach Richtung, Art und Ausmaß und die Abstimmung der örtlichen und fachlichen Teilpläne.

Da Rationalität und Effizienz der Raumordnungspolitik maßgeblich von der Qualität (Methodik, Treffsicherheit) der ihr zugrundeliegenden Prognosen abhängen, soll hier noch auf einige Probleme der Regionalprognose eingegangen werden. Grundlage einer fundierten Regionalprognose bildet die Prognose der Gesamtbevölkerung und der strukturellen Gesamtentwicklung der Wirtschaft, wobei die Prognose der Bevölkerung und der Wirtschaft *simultan* erfolgen sollte[21]. Eine Bevölkerungsprognose ist erforderlich, um die zukünftige Nachfrage nach Gütern und das Arbeitskräfteangebot zu ermitteln, die Sozialproduktsprognose erlaubt Aussagen über den zukünftigen Wohlstand und das Arbeitsplatzangebot (Arbeitskräftenachfrage)[22].

Da die Prognose der Bevölkerung und des Sozialprodukts Grundlage für raumordnungspolitische Entscheidungen sein soll, kann sie diese nicht schon vorwegnehmen und in ihren Ergebnissen berücksichtigen, es sollte sich daher um eine „Status-quo-Prognose" handeln[23].

Bei der Hierarchie der Planungsebenen und dem Ziel einer konsistenten Raumordnungspolitik gilt der Grundsatz der Konsistenz der Prognosen, d. h. die Prognosen für Teilräume (Regionen) sollten sich in die für den Gesamtraum (Land) einpassen, also untereinander abgestimmt sein. Damit kann die Gefahr viel zu optimistischer Prognoseergebnisse umgangen werden, die oft Folge isolierter Prognosen sind,

---

[20] Vgl. H. *Gerfin:* Wirtschaftliche und demographische Grundlagen der Regionalplanung, Der Städtetag, 15. Jg. (1962), Nr. 12, S. 626.

[21] Vgl. D. *Schröder:* Was leisten Regionalprognosen? Der Volkswirt, Nr. 22, 31. März 1968, S. 40.

[22] Zu den Anforderungen, die an eine regionale Prognose zu stellen sind, vgl. die ausführliche Diskussion bei J. H. *Müller:* Wirtschaftliche Grundprobleme der Raumordnungspolitik, a.a.O., S. 84 ff.

[23] Die Grenzen zwischen „Status-quo-Prognose" und „Zielprognose" sind allerdings nicht eindeutig bestimmbar, bzw. die Abgrenzung zwischen „Status-quo-Prognose" und „Zielprognose" ist ein definitorisches Problem. Vgl. dazu J. H. *Müller:* Wirtschaftliche Grundprobleme der Raumordnungspolitik, a.a.O., S. 83.

d. h. wenn für jeden Planungsraum mit unterschiedlichen Methoden und Prämissen ohne Rücksicht auf die anderen Planungsräume prognostiziert wird. Die Gefahr unsinniger Prognoseergebnisse bei isolierten Projektionen ist um so größer, je kleiner die räumliche Einheit und je stärker die Verflechtungen mit angrenzenden Räumen sind. Voraussetzung für eine konsistente Raumordnungspolitik ist daher auch, daß die Ausdehnung des Planungsgebietes nicht zu klein ist und die Abgrenzung sozialökonomische Strukturen berücksichtigt.

bb) Konkrete und realisierbare raumordnungspolitische Ziele

Eine zentrale Aufgabe auf regionaler Ebene besteht darin, im vertikalen Prozeß des Informationsaustausches und der Willensbildung die *Strukturziele der Landespläne für die Region zu konkretisieren*. Konkretisierte Ziele sind Voraussetzung dafür, daß die raumordnungspolitisch relevanten Ziele der Gemeinden und Fachplanungsträger untereinander abgestimmt und an die landesplanerischen Ziele angepaßt werden können[24]. Konsistenztests werden nur dann möglich und Regeln der Zielabstimmung nur dann anwendbar, wenn die allgemeinen Zielvorstellungen konkretisiert sind[25].

Eine rationale und konsistente Raumordnungspolitik auf regionaler Ebene setzt nicht nur ein konkretes, sondern auch ein *realisierbares* und möglichst *operationales* Zielsystem voraus[26]. Wegen der möglichen Zielkonflikte und der Konsistenzforderung sollte das regionale Zielsystem eine Rangfolge der Ziele enthalten. Eine entscheidende Voraussetzung für die Formulierung realisierbarer Ziele besteht darin, daß sowohl die Situation bzw. die zukünftige Entwicklung wie die zur Verfügung stehenden Mittel berücksichtigt werden. Eine Überprüfung der Ziele unter dem Aspekt der vorhandenen Mittel und der Finanzierungsmöglichkeiten bewahrt vor der Formulierung utopischer Ziele, die keine geeignete Koordinierungsgrundlage darstellen, unter Umständen

---

[24] Ohne ein konkretes Zielsystem, das die regionale Struktur in der Zukunft fixiert, werden öffentliche und private Investoren die aktuelle Situation als Ausgangspunkt und Datenkonstellation für ihre Entscheidungen nehmen. Mit der ex-post-Orientierung der Planungen (Ausbau von vorhandenen Engpässen) ist eine Fortsetzung historischer Zufälligkeiten verbunden, bei Agglomerationstendenzen eine Verstärkung der Polarisierung der Standortstruktur.

[25] Vgl. *N. Kloten:* Alternative Konzeptionen der Regionalpolitik, a.a.O., S. 31.

[26] Der Forderung nach Operationalität der Ziele liegt die Vorstellung zugrunde, daß die Zielerreichung grundsätzlich nachprüfbar sein sollte. Sie impliziert damit die Forderung nach einer möglichst weitgehenden Quantifizierung der Ziele.

gar nicht erst zu verwirklichen begonnen werden und damit die Gefahr des Scheiterns der Raumordnungspolitik heraufbeschwören.

Nicht nur die Konsistenzforderung, sondern auch die Realisierbarkeit der regionalen Ziele erfordert wegen der Knappheit der zur Verfügung stehenden Mittel in der Regel die Aufstellung von Prioritäten und Rangordnungen, d. h. zeitliche, sachliche und räumliche Entscheidungen. Dadurch, daß konkrete und realisierbare Ziele in der Regel allokationspolitische Entscheidungen enthalten, ist das Problem der politischen Qualität der Ziele und Pläne gestellt. Offensichtlich ist, daß die Aufstellung konkreter und realisierbarer regionaler Ziele, die sich häufig nur als *Kompromiß zwischen divergierenden Interessen* bestimmen lassen, eine politische Aufgabe ist. Daraus ergibt sich die Forderung (Bedingung), daß die Institution auf regionaler Ebene so konzipiert sein sollte, daß sie *politische Entscheidungen* fällen kann.

Die Zielkonkretisierung sollte durch eine *Maßnahmenkoordinierung im Rahmen eines Aktionsprogramms*[27] als Strategie des Mitteleinsatzes ergänzt werden, da nur so ein Höchstmaß an Effizienz in der Raumordnungspolitik erreichbar ist[28]. Ein Aktionsprogramm als Strategie des Planvollzugs ist erforderlich, um Ziele und Mittel zu harmonisieren und die Maßnahmen der einzelnen Entscheidungsträger zu koordinieren. In dem Aktionsprogramm sollten konkrete Aussagen über die zeitlichen Etappen bei der Verwirklichung des Regionalplans, über den Finanzbedarf und den Umfang der vorhandenen Mittel gemacht werden. Eine interne Koordinierung und Festlegung von Prioritäten ist bei der Zielformulierung wie bei der Festlegung der Maßnahmen erforderlich. Entwicklungs- bzw. Aktionsprogramme als notwendige Ergänzung der Regionalpläne sind Rahmenpläne und damit Orientierungsmittel über Intensität und Richtung raumwirksamer Maßnahmen; „erst mit solchen Programmen gewinnt die regionale Entwicklungsplanung eine zuverlässige Basis"[29].

---

[27] Zum Begriff des Aktionsprogramms vgl. *N. Kloten, J. H. Müller* und Mitarbeiter: Regionale Strukturpolitik und wirtschaftliches Wachstum in der Marktwirtschaft, a.a.O., S. 201.

[28] Regionale Aktionsprogramme oder Maßnahmenpläne sollen den Mitteleinsatz rationalisieren. Daß diese Erkenntnis in der praktischen Landes- und Regionalplanung noch relativ neu ist, deutet folgender Hinweis Halstenbergs an: „Die heute verbreitete Erkenntnis, daß der regionale Mitteleinsatz als Instrument zur Verwirklichung der Landesplanung praktiziert wird, verdient als wesentlicher methodischer und praktischer Fortschritt anerkannt zu werden." *F. Halstenberg:* Leistungssteigerung durch Regionalplanung, H. 93 der Arbeitsgemeinschaft für Rationalisierung des Landes Nordrhein-Westfalen, Dortmund 1967, S. 14.

[29] *J. N. Lenort:* Entwicklungsplanung in Stadtregionen, a.a.O., S. 186.

c) Koordination der örtlichen und fachlichen Teilpläne zur Durchsetzung des Regionalplans

Die raumordnungspolitische Praxis hat die Aufgabe, eine tatsächliche (heutige oder über eine Prognose ermittelte zukünftige) Situation einer gewünschten Situation (Programmsituation) anzunähern. Voraussetzung dafür ist nicht nur, daß die Regionalpläne in ihren theoretischen und methodischen Grundlagen wissenschaftlichen Anforderungen genügen und konkrete und realisierbare Ziele formulieren, sondern auch, daß die Regionalpläne auch *realisiert* werden. Eine rationale Raumordnungspolitik schließt die Durchsetzung der Raumordnungs- und Entwicklungspläne ein[30], sie ist nur möglich, wenn das Koordinierungsproblem nicht nur von der Planungsseite her gelöst ist, d. h. bei der Aufstellung der regionalen Ziele (Konkretisierung übergeordneter Landesziele und Berücksichtigung örtlicher und fachlicher Interessen), sondern auch die hinreichende Bedingung der Umsetzung der Rahmenpläne in politische Entscheidungen und Durchführungsmaßnahmen gegeben ist[31]. Das kann nur geschehen durch ein Einfließen der Ziele und Maßnahmen des Regionalplans in die Pläne und Aktionen der Gemeinden und Gemeindeverbände, der staatlichen Fachplanungsträger und der privaten Entscheidungsträger. Zur Durchsetzung des Regionalplans muß die regionale Organisation die örtlichen und fachlichen Detailpläne untereinander und auf das regionale Gesamtkonzept hin koordinieren.

Die Koordination bei der Durchsetzung der Regionalpläne sollte umfassend sein und sich auf die Aktivitäten der raumordnungspolitischen Entscheidungsträger während aller Phasen des Entscheidungsprozesses beziehen[32], also auf die *Planungsgrundlagen*, besonders die Diagnose und Prognose und die *Ziele* und *Maßnahmen*. Bei der Koordination von Zielen und Maßnahmen der verschiedenen Entscheidungsträger ist nur eine ex-ante Koordination dazu geeignet, der Rationalitätsforderung zu genügen, nicht hingegen die sich nach erzwungenen Anpassungsprozessen ergebende ex-post Koordination[33].

---

[30] Vgl. R. *Funk:* Instrumente der Regionalpolitik, in: H. K. Schneider (Hrsg.): Beiträge zur Regionalpolitik, Schriften des Vereins für Socialpolitik, NF Bd. 41, Berlin 1968, S. 116.

[31] Niemeier und Müller weisen zu Recht darauf hin, daß die großen Probleme und Schwierigkeiten nicht in der Erstellung regionaler Rahmenpläne liegen, sondern in deren Durchsetzung. „In der Diskussion um die Region wird das immer noch, wegen der dahinter stehenden Tabus vielleicht sogar bewußt und willentlich verkannt und verschwiegen." H. *Niemeier* und G. *Müller:* Raumplanung als Verwaltungsaufgabe, Hannover 1964, S. 38.

[32] Vgl. H. *Ohm:* Allgemeine Volkswirtschaftspolitik I, a.a.O., S. 37 ff.

[33] Vgl. R. *Krüger:* Die Koordination von gesamtwirtschaftlicher, regionaler und lokaler Planung, a.a.O., S. 94. Jürgensen weist darauf hin, daß ein

Eine effektive Koordination, speziell unter dem Aspekt der Durchsetzung der Regionalpläne, hängt von dem Koordinierungswillen der beteiligten Entscheidungsträger ab. Widersprüche und Konflikte zwischen Zielen und Maßnahmen der einzelnen Entscheidungsträger sind in der raumordnungspolitischen Praxis die Regel. „Nur wenn man von einer Theorie durchgängig rationalen Handelns ausginge und eine unbedingt logische (und identische d. Verf.) Präferenzstruktur aller Ziele unterstellt, müßte man auch die Überwindbarkeit jener Widersprüche annehmen. Andernfalls stellt sich die Frage nach dem Maß der notwendigen Koordination, hinter der dann die nach dem Maß der Macht auftaucht, die zu solcher Koordination unvermeidlich gehört[34]." Effiziente horizontale und vertikale Koordination ist nur möglich durch adäquate Koordinationsformen, sie bedarf der „Institutionalisierung"[35]. Das kann geschehen durch eine Anweisung zur Kommunikation und die Errichtung einer Informationszentrale, die die einzelnen Planungsträger über die gegenwärtige Situation und die zukünftige Entwicklung, die bestehenden räumlichen und fachlichen Teilpläne und die Ziele der Regional- und Landespläne unterrichtet. Erfolgreich wird diese schwache Koordinationsform jedoch nur sein, wenn die Interessenlagen und Zielsetzungen der Planungsträger sich ergänzen. Hier wird die Information über die Vorteile einer Koordination auch zur Abstimmung der Entscheidungen der betroffenen Planungsträger führen. Bei konkurrierenden Interessenlagen und Interessengegensätzen, die nicht durch freiwillige Vereinbarung gelöst werden können, ist zur Erreichung des Zieles einer konsistenten Raumordnungspolitik zumindest der *Zwang zum Kompromiß* erforderlich[36]. Besonders eine Lösung der Probleme der horizontalen Koordination zwischen den Gemeinden als gleichberechtigten Partnern und die Abstimmung ihrer Planungen auf den Regionalplan setzen verbindliche Regionalpläne voraus[37, 38].

Reagieren auf autonome Entwicklungen der Wirtschafts- und Sozialstrukturen, also eine Politik der Strukturanpassung, meist ex-post und ex-ante Koordination erforderlich macht, während eine aktive Raumordnungspolitik im Sinne einer Strukturgestaltungspolitik stets ex-ante Koordination erfordert. Vgl. *H. Jürgensen:* Lohnwert — Wohnwert — Freizeitwert, Optimierungsparameter einer produktivitätsorientierten Regionalpolitik, Schriftenreihe der Gesellschaft für Wohnungs- und Städtebau e. V., Vereinigung zur Förderung von Strukturforschungen, Städtebau und Raumordnung, Hannover 1966, S. 23.

[34] *Th. Ellwein*, a.a.O., S. 45.

[35] Vgl. *R. Krüger:* Die Koordination von gesamtwirtschaftlicher, regionaler und lokaler Planung, a.a.O., S. 138 und S. 185.

[36] Vgl. *H. K. Schneider:* Plankoordinierung in der Regionalpolitik, a.a.O., S. 263 und 290.

[37] Vgl. *J. H. Müller:* Wirtschaftliche Grundprobleme der Raumordnungspolitik, a.a.O., S. 135.

[38] Die Diskussion der horizontalen und vertikalen Koordinationsprobleme nimmt in der neueren Literatur einen relativ breiten Raum ein. Dabei

II. Bedingungen einer konsistenten Raumordnungspolitik

Für die Koordinierungsinstitution zwischen Land und Gemeinden läßt sich folgern, daß diese Koordinierungskompetenz haben und mit entsprechenden Sanktionsmitteln ausgestattet sein sollte, um die verschiedenen Teilplanungsträger zur Zusammenarbeit und bei divergierenden Interessenlagen zu Kompromissen zu zwingen und so ein Mindestmaß an Koordination und damit an Wirksamkeit des Regionalplans zu erreichen.

Die Ausführungen über die Bedingungen einer rationalen und konsistenten Raumordnungspolitik auf regionaler Ebene können als allgemeiner Referenzrahmen zur Erfassung und Beurteilung der raumordnungspolitischen Aktivitäten regionaler Organisationen herangezogen werden; in dieser Untersuchung soll jedoch eine Beschränkung auf die regionalen Planungsgemeinschaften in Baden-Württemberg erfolgen. Bevor der Versuch unternommen wird, die praktische Tätigkeit der regionalen Planungsgemeinschaften einer kritischen Würdigung zu unterziehen, sollen ihre Aufgaben und Kompetenzen und die institutionellen und organisatorischen Regelungen dargestellt werden, da durch sie weitgehend die Leistungsfähigkeit der regionalen Planungsgemeinschaften als Instrument der Raumordnungspolitik determiniert wird.

---

stimmen die Untersuchungen weitgehend in dem Ergebnis überein, daß eine effiziente Koordination nur durch irgendeine Form der Unterordnung der nachgeordneten raumordnungspolitischen Entscheidungsträger erreicht werden kann. „Die Entscheidungsträger der jeweils unteren Ebene müssen bereit sein oder gezwungen werden können, die eigenen Ziele aufzugeben und die Ziele für die Gesamtheit zu akzeptieren, soweit kompetitive Interdependenzen vorliegen." *H. K. Schneider:* Plankoordination in der Regionalpolitik, a.a.O., S. 249.

Zweiter Teil

Die praktische Ausrichtung der Konzeption der regionalen Planungsgemeinschaften in Baden-Württemberg

I. Zur Entstehung und Entwicklung der Planungsgemeinschaften

1. Motive und Hemmnisse bei ihrer Gründung

Um die augenblickliche Situation der regionalen Planungsgemeinschaften in Baden-Württemberg, ihre Probleme und aktuellen Möglichkeiten besser sichtbar werden zu lassen, soll zunächst ein Blick auf ihre Entstehung und Entwicklung geworfen werden. Einige Daten und Entwicklungstendenzen werden dargestellt, ohne daß hier schon eine Analyse der raumordnungspolitischen Tätigkeit der Planungsgemeinschaften beabsichtigt ist. Dabei interessieren zunächst die Motive, die zur Gründung der Planungsgemeinschaften geführt haben und die Probleme und Konflikte, die bei ihrer Gründung aufgetreten sind.

Als erste Planungsgemeinschaft in Baden-Württemberg wurde die rechtlich sehr locker organisierte Kommunale Arbeitsgemeinschaft Rhein-Neckar GmbH im Ballungs- und Verdichtungsraum Mannheim/Ludwigshafen gegründet, die sich auch auf hessisches und rheinland-pfälzisches Gebiet erstreckte[1]. Nach dieser ersten Gründung im Jahre 1951 entstanden über die Jahre verteilt bis 1969 weitere 19 regionale Planungsgemeinschaften als freiwillige kommunale Organisationen, so

---

[1] Hingewiesen sei auf eine gewisse Tradition der übergemeindlichen Planung in den Verdichtungsräumen in Baden-Württemberg vor dem Kriege. Der Bezirksplanungsverband Stuttgart zum Beispiel bestand von 1931 bis 1937 und umfaßte das Wirtschaftsgebiet um Stuttgart mit 700 000 Einwohnern. Dieser Verband setzte sich zum Ziel, die übergemeindlichen Aufgaben in dem wirtschaftlich zusammengehörigen Gebiet um Stuttgart zu lösen. Seiner Gründung lag die — auch heute noch aktuelle — Erkenntnis zugrunde, „daß Kirchturmspolitik und parteiische Gegnerschaft in Stadt und Land der nach neuer räumlicher Verteilung drängenden Wirtschaft Fesseln anlegen, die zu nicht mehr gutzumachenden Fehlanlagen und Fehlleistungen führen müßten." Bezirksplanungsverband Stuttgart (Hrsg.): Der Bezirksplanungsverband Stuttgart e. V. 1931 bis 1937, Ein Abschlußbericht, o. O., Mai 1937, S. 5.

I. Zur Entstehung und Entwicklung

daß heute bis auf die Stadt Stuttgart das Land Baden-Württemberg vollständig durch 20 Planungsgemeinschaften überzogen ist[2].

Es kann als Zeichen der Notwendigkeit der Regionalplanung und der erfolgreichen Tätigkeit der Planungsgemeinschaften gewertet werden, daß sie sich in Baden-Württemberg relativ schnell ausbreiteten, so daß heute alle Stadt- und Landkreise Mitglied einer Planungsgemeinschaft sind[3]. Beachtenswert ist, daß in dem Zeitraum von 1951 bis 1962, also vor Inkrafttreten des Landesplanungsgesetzes in Baden-Württemberg und der darin enthaltenen rechtlichen Sanktionierung der Planungsgemeinschaften, bereits 14 regionale Planungsgemeinschaften auf *freiwilliger* Basis durch Gemeinden und/oder Kreise gegründet wurden. Die Initiative zur Gründung der Planungsgemeinschaften lag in der Regel bei den Kommunalpolitikern des jeweiligen Gebietes (Bürgermeister, Landräte); das Innenministerium (Abteilung Landesplanung) hat den Prozeß der Bildung von Planungsgemeinschaften besonders nach Verabschiedung des Landesplanungsgesetzes gefördert. Dabei hat die staatliche Landesplanung jedoch wegen der starken kommunalpolitischen Vorbehalte so wenig wie möglich direkten Einfluß auf Zusammensetzung, Abgrenzung und Arbeitsweise der Planungsgemeinschaften genommen[4, 5].

Die Gemeinden und Kreise betrachteten die interkommunale Planung und die Regionalplanung als vorwiegend kommunale Aufgabe, d. h. als Ausfluß des Selbstverwaltungsrechts der Gemeinden. Es bestanden daher auf kommunaler Seite starke Animositäten gegen eine

---

[2] Vgl. zur Größe und räumlichen Verteilung der Planungsgemeinschaften in Baden-Württemberg die Karte 1 und zur Reihenfolge ihrer Gründung die Tabelle 1 im Anhang dieser Arbeit.

[3] Von der relativ frühen Gründung der Planungsgemeinschaften in Baden-Württemberg gingen Impulse auf andere Bundesländer aus. Die regionalen Planungsgemeinschaften in Baden-Württemberg haben als Vorbild bei der Gründung ähnlicher Organisationen in anderen Bundesländern gedient und ihre Einrichtung und Aktivität wurde im ganzen Bundesgebiet als vorbildlich anerkannt. Vgl. *H. Reiff:* Regionale Planungsgemeinschaften, Vortrag gehalten auf der 7. Tagung der Regionalplaner des Landes Baden-Württemberg in Eberbach am 22. Juni 1965, Innenministerium Baden-Württemberg (Hrsg.), o. O., o. J., S. 2 ff., Hektographie (im folgenden zitiert als *H. Reiff:* Regionale Planungsgemeinschaften).

[4] Wenn das Innenministerium direkten Einfluß genommen hätte, dann wäre die Bildung der Planungsgemeinschaften verzögert, wenn nicht gar verhindert worden. Nach einer Mitteilung des Innenministeriums Baden-Württemberg.

[5] Ein im Auftrage des Landesplanungsrates erstelltes Gutachten betont die Koalitionsfreiheit der Gemeinden und Landkreise: „Den Gemeinden und Landkreisen steht es nicht nur frei, ob sie eine regionale Planungsgemeinschaft bilden wollen, sie können auch frei darüber befinden, mit welchen anderen Gemeinden oder Landkreisen sie sich zusammenschließen wollen und wie sie ihre Organisation wählen." Innenministerium Baden-Württemberg: Rundbrief Nr. 4 für die Landesplanung in Baden-Württemberg vom 15. April 1967, S. 13, Hektographie.

Einflußnahme des Landes, und man befürchtete, durch die Gründung regionaler Planungsgemeinschaften einem verstärkten staatlichen Einfluß in der kommunalen Planung ausgesetzt zu sein.

Durch die Gründung privatrechtlich organisierter Planungsgemeinschaften wollten die Gemeinden die Wirksamkeit der Raumplanung, die bisher von Gemeinden, Kreisen und dem Land mehr oder weniger isoliert und wenig systematisch betrieben wurde, erhöhen, ohne jedoch dadurch die Verwaltungsstruktur und damit die Machtverteilung zu ändern. Regionale Differenzen in der Motivation bei der Gründung der Planungsgemeinschaften sind erkennbar, sie knüpfen an die jeweiligen aktuellen Probleme des Gebietes an[6]. In den Ballungs- und Verdichtungsgebieten waren es vor allem Ordnungsprobleme im Stadt-Umland-Bereich (Abstimmung der Flächennutzungspläne, der Infrastrukturpläne u. a.), die zur Gründung von Planungsgemeinschaften als *kommunale Selbsthilfeorganisationen* führten[7]. Diese Planungsgemeinschaften in den Zentren wirtschaftlicher Entwicklung konzentrierten sich der aktuellen Problemlage entsprechend auf eine Förderung der *interkommunalen Zusammenarbeit* und entwickelten Siedlungskonzepte, um der Gefahr einer ringförmigen Entwicklung des Kernbereiches und einer „Zersiedlung" der Landschaft zu begegnen.

Ein nicht unwesentliches Motiv in Ballungs- und Verdichtungsgebieten bestand auch darin, daß man durch die Gründung von Planungsgemeinschaften hoffte, die Stadt-Umland-Probleme durch verstärkte interkommunale Zusammenarbeit lösen zu können, ohne Eingemeindungen vornehmen zu müssen[8].

Das Beispiel der Planungsgemeinschaft Breisgau ist typisch für die erste Gruppe von Planungsgemeinschaften, also die Entstehung aus der Notwendigkeit einer verstärkten interkommunalen Zusammenarbeit in Verdichtungsgebieten. Anlaß zur Gründung der Planungsgemeinschaft war die Notwendigkeit, den 1953 erstellten Generalbebauungsplan der Stadt Freiburg i. Br. mit den Nachbargemeinden der Stadt abzustimmen. Daraufhin wurde 1954 von der Stadt Freiburg i. Br. und sieben Umlandgemeinden ein lockerer Planungsverband mit dem Ziel einer verbesserten *interkommunalen* Planabstimmung gegründet.

---

[6] Hingewiesen sei hier auf das methodische Problem einer empirischen Arbeit, die systematisieren muß und viele Einzelheiten zusammenfassend darstellen, also von einer Vielzahl von Einzelaspekten abstrahieren, wobei dieses Vorgehen dem Einzelfall u. U. nicht gerecht wird.

[7] Als Beispiel seien die Kommunale Arbeitsgemeinschaft Rhein-Neckar und die Planungsgemeinschaften Breisgau, Donau-Iller-Blau und Württemberg-Mitte genannt.

[8] Vgl. *V. Frhr. v. Malchus:* Zehn Jahre Planungsgemeinschaft Breisgau, Freiburg i. Br., 3. November 1969, S. 7, unveröffentlichtes Manuskript.

Dieser Planungsverband wurde 1958 durch die Planungsgemeinschaft Breisgau abgelöst, da man erkannte, daß eine interkommunale Planabstimmung die Probleme nicht lösen kann, daß vielmehr ein Regionalplan für den Gesamtraum Breisgau notwendig ist[9].

Die Entwicklungsprobleme in den strukturschwachen und wirtschaftlich zurückgebliebenen Gebieten bildeten den Ansatzpunkt zur Bildung einer weiteren Gruppe von Planungsgemeinschaften[10]. Das Gründungsmotiv war bei diesen Planungsgemeinschaften nicht die Lösung des Stadt-Umland-Problems mit eigenen Mitteln, man wollte vielmehr durch den Zusammenschluß der Gemeinden und Kreise des Gebietes eine größere *„politische Plattform"* errichten, um so über eine Konzentration der Stimmen und ein gemeinsames Auftreten Förderungsmittel des Staates zu mobilisieren. Hauptmotiv der Gründung der Planungsgemeinschaften ist hier eine *gemeinsame Interessenvertretung* gegenüber dem Staat. Als typisches Beispiel für diese zweite Gruppe von Planungsgemeinschaften kann die Planungsgemeinschaft Odenwald angesehen werden, die im Anschluß an ein landesplanerisches Gutachten über das strukturschwache Gebiet Odenwald gegründet wurde[11]. Das Untersuchungsgebiet, das deckungsgleich mit der späteren Planungsgemeinschaft Odenwald ist, wurde in das Landesprogramm für die Förderungsgebiete aufgenommen[12].

Regionale Interessenvertretung gegenüber staatlichen Planungsinstitutionen war auch ein wesentliches Motiv bei der Gründung der Planungsgemeinschaft Neckar-Alb. Die Kreise Reutlingen, Tübingen, Hechingen und Balingen hatten gemeinsame Interessen bezüglich der geplanten Autobahn Stuttgart — westlicher Bodensee, während Interessenkonflikte mit anderen Landkreisen und staatlichen Instanzen bestanden. Mit der Gründung einer Planungsgemeinschaft wollten die Gemeinden und Kreise ein Forum schaffen, um ihre Linienführungswünsche nachhaltiger zur Geltung zu bringen[13].

---

[9] Vgl. V. *Frhr. v. Malchus:* Zehn Jahre Planungsgemeinschaft Breisgau, a.a.O., S. 1 ff.

[10] Hierzu sind zu zählen die Planungsgemeinschaften Odenwald, Hohenlohe, Schwarzwald-Baar-Heuberg, Östlicher Bodensee-Allgäu, Württemberg-Ost und Donau-Riß.

[11] Vgl. Innenministerium Baden-Württemberg (Hrsg.): Raumordnungsbericht der Landesregierung von Baden-Württemberg, Stuttgart 1966, S. 98. Auch im Raum Hohenlohe gab ein landesplanerisches Gutachten über die Struktur und die Erwerbsmöglichkeiten dieses Gebietes den Anstoß zur Gründung einer Planungsgemeinschaft im Jahre 1964.

[12] Vgl. *A. Schwan:* Die Planungsgemeinschaft Odenwald, Aufbau, Arbeit, Erfahrungen, o. O., o. J., S. 1, vervielfältigtes Manuskript.

[13] 1956/57 wurde die Linienführung der Autobahn in diesem Gebiet zuerst diskutiert, die Planungsgemeinschaft Neckar-Alb wurde 1958 gegründet. Nach einer Auskunft der Planungsgemeinschaft Neckar-Alb.

Neben diesen beiden Hauptmotivgruppen gaben noch andere, mehr örtlich bestimmte Probleme Anlaß zur Gründung einer Planungsgemeinschaft. Bei der Planungsgemeinschaft Hochrhein war es z. B. das Anliegen, eine Abstimmung mit schweizer Regionalplanungsinstitutionen herbeizuführen und dafür eine kompetente Institution zu haben[14]. Ein wesentliches Ziel bei der Gründung der Planungsgemeinschaft Donau-Iller-Blau bestand darin, Divergenzen und Koordinationshemmnisse an der Landesgrenze nach Bayern zu beseitigen, die durch autonome Planungen auf baden-württembergischem und bayerischem Gebiet des Ballungs- und Verdichtungsraumes Ulm/Neu-Ulm entstanden[15].

Ein Haupthemmnis bei der Gründung der regionalen Planungsgemeinschaften bestand darin, daß man keine klaren Vorstellungen über deren Aufgaben und Zielrichtung hatte[16]. Die Planungsgemeinschaft Breisgau wurde erst nach längerer Vorbereitungszeit gegründet, „da man sich zunächst über die Aufgaben und die Finanzierung der Planungsgemeinschaft nicht einigen konnte"[17]. Auch kommunalpolitische Rivalitäten und Konflikte behinderten die Gründung von Planungsgemeinschaften; so traten z. B. erhebliche Schwierigkeiten in den Fällen auf, wo die Initiative zur Gründung einer Planungsgemeinschaft von den größeren Städten ausging. Die Umlandgemeinden hatten kommunalpolitische Vorbehalte und befürchteten, daß sich die Tätigkeit der Planungsgemeinschaft einseitig zu Gunsten der zentralen Städte auswirken könnte[18].

---

[14] Nach einer Auskunft der Planungsgemeinschaft Hochrhein.

[15] Nach einer Auskunft der Planungsgemeinschaft Donau-Iller-Blau.

[16] Die Bildung von regionalen Planungsgemeinschaften wurde in einigen Gebieten verzögert, da die Gemeinden der Meinung waren, daß sie ihre eigene Verwaltung und Zusammenarbeit mit Nachbargemeinden und dem Landkreis nur besser zu organisieren brauchten, um so jene Aufgaben zu erfüllen, die auch die Planungsgemeinschaften lösen sollten. Vgl. *G. Ziegler:* Zweck und Aufgaben von regionalen Planungsgemeinschaften, Vortrag zur Gründung einer Planungsgemeinschaft Württembergisches Unterland e. V. am 12. Juli 1963 in Heilbronn, S. 5, vervielfältigtes Manuskript.

[17] *V. Frhr. v. Malchus:* Zehn Jahre Planungsgemeinschaft Breisgau, a.a.O., S. 3.

[18] Vgl. *Schiess:* Erfahrungen bei der regionalen Zusammenarbeit im westlichen Bodenseegebiet, Vortrag gehalten auf der 3. Tagung der Regionalplaner des Landes Baden-Württemberg in Weinheim/Bergstraße am 9. und 10. Juni 1960, S. 2 ff., vervielfältigtes Manuskript. Aus diesem Grunde ist auch die zunächst angestrebte Planungsgemeinschaft für den Großraum Stuttgart nicht zustande gekommen. Der Oberbürgermeister der Stadt Stuttgart hatte in der als Vorstufe gedachten kommunalen Arbeitsgemeinschaft den Vorsitz, so daß die umliegenden Gemeinden und Kreise sich benachteiligt fühlten. Die Arbeitsgemeinschaft mit Stuttgart wurde aufgelöst, da die an Stuttgart angrenzenden Gemeinden und Landkreise sich zunächst organisatorisch zusammenschließen und in Planungsgemeinschaften gemeinsame Ziele erarbeiten wollten, um dann Stuttgart gegenüber als gleichwertiger Partner auftreten zu können.

2. Etappen der Entwicklung der Planungsgemeinschaften

Es soll hier nicht versucht werden, einen chronologischen Überblick über die Entwicklung der regionalen Planungsgemeinschaften in Baden-Württemberg zu geben, vielmehr ist nur beabsichtigt, einige Etappen ihrer Entwicklung herauszuarbeiten. Die beiden entscheidenden Zäsuren werden durch das Inkrafttreten des Landesplanungsgesetzes (1963) und die damit verbundene *rechtliche Institutionalisierung* der Planungsgemeinschaften und die 1968 erfolgte Veröffentlichung des Entwurfs zum Landesentwicklungsplan markiert.

Die Eigenart der Entwicklung in Baden-Württemberg besteht darin, daß zunächst von kommunaler Seite regionale Planungsgemeinschaften gegründet wurden, ohne daß geklärt war, ob das Land oder die Gemeinden und Gemeindeverbände die Kompetenz zur Regionalplanung hatten[19]. Die Planungstätigkeit der regionalen Planungsgemeinschaften litt daher von Anfang an unter Kompetenzkonflikten, die zu einer breiten Zuständigkeitsdiskussion führten[20]. Dabei ging es einerseits um die Frage, ob Regionalplanung staatliche oder kommunale Aufgabe sei, zum anderen um die rechtliche Qualifikation der Regionalplanung.

Die Planungsgemeinschaften haben schon vor Inkrafttreten des Landesplanungsgesetzes und bevor staatliche Raumordnungspläne erarbeitet wurden, in der Regionalplanung erstaunliche Initiativen ergriffen und den eigentlich einzig gangbaren Weg beschritten, indem sie ohne rechtliche Zuständigkeiten auf dem Gebiete der Regionalplanung gearbeitet haben, „sozusagen am Range der Legalität"[21]. Das Landesplanungsgesetz hat das Ergebnis der Entwicklung der Planungsgemeinschaften nachträglich rechtlich sanktioniert und die bestehenden 14 Planungsgemeinschaften anerkannt[22]; verbunden damit war eine Festlegung der Aufgaben der Planungsgemeinschaften von staatlicher Seite[23].

---

[19] „Zuerst erkannte man das Bedürfnis nach einer überörtlichen Planung, daraus ergab sich die Notwendigkeit eines Planungsträgers; schließlich suchte man eine rechtliche Zuordnung der inzwischen gegründeten Planungsgemeinschaften." E. D. *Rasch:* Rechtsfragen der Regionalplanung, Die Verwaltungspraxis, 34. Jg. (1968), H. 4, S. 74.

[20] Vgl. G. *Ziegler:* Die kommunale Planung in der Landesplanung, Städtebauliche Beiträge, hrsg. vom Institut für Städtebau und Wohnungswesen der Deutschen Akademie für Städtebau und Landesplanung München, H. 2, München 1963, S. 3.

[21] So ein Lanndesplaner im Innenministerium Baden-Württemberg.

[22] Vgl. G. *Jonak:* Rechtsfragen der Regionalplanung, Referat gehalten auf der Regionalplanertagung am 14. Juli 1964 in Obermarchtal, S. 2, vervielfältigtes Manuskript.

[23] Zugleich ging von dem Landesplanungsgesetz ein Impuls und indirekter Zwang aus, regionale Planungsgemeinschaften auch in jenen Landesteilen zu gründen, in denen sich die Gemeinden und Kreise noch nicht zur Zusammenarbeit in der Regionalplanung entschließen konnten.

2. Teil: Konzeption der regionalen Planungsgemeinschaften

Durch das Landesplanungsgesetz, das im wesentlichen Organisationsvorschriften enthält, werden die Planungsgemeinschaften in das Organisationsgefüge der Landesplanung einbezogen; sie erhalten jedoch *keine Kompetenz zur Regionalplanung* und damit die Möglichkeit, verbindliche Regionalpläne aufzustellen. Regionalplanung ist nach dem Landesplanungsgesetz partielle Landesplanung und damit staatliche Aufgabe[24]. Man kann von einer tendenziell restriktiven Wirkung des Landesplanungsgesetzes auf den Aktionsspielraum der Planungsgemeinschaften sprechen, zumindest bezüglich dessen, was sich die kommunale Seite von den Planungsgemeinschaften erhoffte[25]. Gestützt wird diese These auch durch die Absicht der staatlichen Landesplanung, Baden-Württemberg durch 11 Gebietsentwicklungspläne lückenlos zu überdecken und damit *„staatliche Regionalpläne"* an Stelle der Regionalpläne der Planungsgemeinschaften zum tragenden Element der Landesplanung zu machen[26].

Die Situation nach Inkrafttreten des Landesplanungsgesetzes wird durch die Frage eines Regionalplaners charakterisiert, die als Ausdruck nicht erfüllter Hoffnungen der regionalen Planungsgemeinschaften anzusehen ist: „Wird es überhaupt möglich sein, eine zügige Verwirklichung des Regionalplans weiterhin ins Auge zu fassen oder muß sich zwangsläufig die gesamte Tätigkeit der regionalen Planungsgemeinschaften in Baden-Württemberg in Zukunft in der *vorbereitenden Materialsammlung* und einer mehr *gutachterlich-unverbindlichen Mitwirkung* bei der Aufstellung staatlicher Gebietsentwicklungspläne bzw. des Landesentwicklungsplans erschöpfen[27, 28]?"

---

[24] Auf die Konzeption der Planungsgemeinschaften, wie sie dem Landesplanungsgesetz zugrunde liegt, soll im nächsten Abschnitt näher eingegangen werden.

[25] Daß auch die Landesregierung einmal Landesplanung als staatlich-kommunale Gemeinschaftsaufgabe ansah, geht daraus hervor, daß sie schon 1959 dem Landtag einen — allerdings abgelehnten — Entwurf zum Landesplanungsgesetz vorlegte, der die Landesplanung einer aus staatlichen und kommunalen Mitgliedern bestehenden Landesplanungsgemeinschaft übertragen wollte. Vgl. *E. D. Rasch:* Das Landesplanungsgesetz für Baden-Württemberg vom 19. Dezember 1962, Praxis der Gemeindeverwaltung, 71. Lieferung Baden-Württemberg (April-Juni 1969), Wiesbaden, S. 6 (im folgenden zitiert als *E. D. Rasch:* Das Landesplanungsgesetz).

[26] Die Existenzberechtigung staatlicher Gebietsentwicklungspläne des beabsichtigten Zuschnitts neben dem staatlichen Landesentwicklungsplan und den 20 Regionalplänen der Planungsgemeinschaften wurde besonders von kommunaler Seite bezweifelt. Das Land will daher heute Gebietsentwicklungspläne nur für bestimmte Problemgebiete aufstellen und für Gebietsteile, in denen die Planungsgemeinschaften keinen Regionalplan aufstellen können bzw. wollen. Nach Auskunft des Innenministeriums Baden-Württemberg.

[27] *W. Schütte:* Erfahrungs- und Tätigkeitsbericht der Planungsgemeinschaft Breisgau 1959—1966, Halbjahresbericht der Planungsgemeinschaft Breisgau, 1966/I—II, S. 67.

I. Zur Entstehung und Entwicklung

Ähnliche Bedeutung wie das Landesplanungsgesetz für die rechtliche Institutionalisierung und die Aufgaben der regionalen Planungsgemeinschaften, haben die staatlichen Landesentwicklungs- und Gebietsentwicklungspläne für ihre praktischen Tätigkeiten. Bis zur Veröffentlichung des Entwurfs zum Landesentwicklungsplan 1968 stellten die Planungsgemeinschaften weitgehend *isolierte* Regionalpläne auf, ohne auf den Datenkranz der Landesplanung zurückgreifen zu können. Mit der Veröffentlichung des Landesentwicklungsplans, der zum ersten Mal raumordnungspolitische Ziele für das Land Baden-Württemberg konzentriert darstellt, werden die Voraussetzungen für eine verstärkte vertikale Koordination zwischen Zielvorstellungen der Landesplanung und den Regionalplänen der Planungsgemeinschaften geschaffen. Das Anhörungsverfahren zu dem Landesentwicklungsplan, das im Rahmen der Planungsgemeinschaften durchgeführt wurde, hat auch zu einer Festigung der Position der Planungsgemeinschaften als *Koordinationsinstanz* zwischen Landesplanung und kommunaler Planung beigetragen.

Schon im Jahre 1965 wurde für die beiden Regionalpläne Breisgau und Östlicher Bodensee-Allgäu die Unbedenklichkeitserklärung beantragt, die allerdings zunächst (mit dem Hinweis auf Form- und Sachmängel) verweigert wurde[29]; als erster Regionalplan erhielt 1970 der Regionalplan Breisgau die Unbedenklichkeitserklärung durch das Innenministerium.

Die Entwicklung der regionalen Planungsgemeinschaften ist auch heute noch nicht abgeschlossen, die Regionalplanung bzw. die regionale Raumordnungspolitik hat ihren „optimalen" Standort in Baden-Württemberg noch nicht gefunden. Das gilt für die *rechtlich-organisatorische Struktur* und die *Kompetenzen* der Planungsgemeinschaften wie für ihre *praktische Tätigkeit*[30]. Die Diskussion in Baden-Württemberg befaßt sich vorwiegend mit der rechtlich-organisatorischen Struktur der Planungsgemeinschaften und den Beziehungen der Regionalplanung zum allgemeinen Verwaltungsaufbau[31].

---

[28] Im Innenministerium bestand nach Verabschiedung des Landesplanungsgesetzes die Tendenz, die Funktionen der Planungsgemeinschaften möglichst auf die einer Informationsquelle der staatlichen Landesplanung zu beschränken. Nach der Aufstellung des Landesentwicklungsplans hat man jedoch erkannt, daß die Planungsgemeinschaften ein notwendiges Instrument zur Konkretisierung landesplanerischer Ziele sind. Nach einer Auskunft des Innenministeriums Baden-Württemberg.

[29] Der Gebietsentwicklungsplan Südliches Oberrheingebiet und der Landesentwicklungsplan wurden nach Form und Inhalt für die Regionalpläne zum Vorbild erklärt; dadurch ausgelöst wurde 1969/1970 eine Welle von Neuaufstellungen und Überprüfungen bestehender Regionalpläne.

[30] Rasch weist darauf hin, daß besonders die rechtliche und organisatorische Gestaltung der regionalen Planungsgemeinschaften in Baden-Württemberg neu ist und sich erst noch in der Praxis bewähren muß. Vgl. *E. D. Rasch:* Rechtsfragen der Regionalplanung, a.a.O., S. 73.

[31] Siehe dazu die Ausführungen S. 160 ff. dieser Arbeit.

II. Ziele, Aufgaben und Kompetenzen der regionalen Planungsgemeinschaften

1. Die Regionalkonzeption des Landesplanungsgesetzes in Baden-Württemberg

Die Aufgaben und Kompetenzen, die rechtliche und organisatorische Gestaltung, die finanzielle und personelle Ausstattung und die Größe und Abgrenzung der Planungsräume bestimmen weitgehend die Möglichkeiten und Grenzen der raumordnungspolitischen Tätigkeit der regionalen Planungsgemeinschaften. Daher erscheint es sinnvoll, vor einer Darstellung und Beurteilung der raumordnungspolitischen Aktionen der Planungsgemeinschaften ihre Struktur, d. h. ihre *institutionellen* Regelungen etwas näher zu betrachten[1, 2].

Die Aufgaben und Kompetenzen der Planungsgemeinschaften, wie sie von *staatlicher* Seite in Baden-Württemberg durch das Landesplanungsgesetz festgelegt wurden, bilden den Rahmen für die speziellen Aufgaben, die sich die Planungsgemeinschaften in ihren Satzungen selbst gestellt haben oder faktisch wahrnehmen. Es soll daher zunächst die Regionalkonzeption des Landesplanungsgesetzes dargestellt werden, d. h. die organisatorische Einbeziehung der regionalen Planungsgemeinschaften in das System der Landesplanung.

Das Bundesraumordnungsgesetz läßt die Frage offen, ob Regionalplanung durch staatliche Instanzen unter Beteiligung der Kommunen oder durch kommunale Zusammenschlüsse erfolgen soll. Für Baden-Württemberg hat das Landesplanungsgesetz den rechtlichen und organisatorischen Rahmen der Landesplanung festgelegt. „Die regionalen Planungsgemeinschaften sind ein wesentlicher, für Baden-Württemberg kennzeichnender Teil der Organisation der Landesplanung[3]." Das Landesplanungsgesetz bezieht die zum Teil schon vorher entstandenen

---

[1] Organisation, Rechtsform und Arbeitsweise der Planungsgemeinschaften in Baden-Württemberg zeigen ein zum Teil recht unterschiedliches Bild. Die Planungsgemeinschaften versuchen unter der spezifischen regionalen Bedingungskonstellation (politische Machtverhältnisse, kommunalpolitische Rivalitäten usw.) mit unterschiedlichen organisatorischen, methodischen und sachlichen Mitteln ihre Aufgaben zu erfüllen. Aus der Vielfalt der Erscheinungsformen lassen sich jedoch gemeinsame Grundzüge herausarbeiten und damit charakteristische Merkmale der Regionalplanung in Baden-Württemberg.

[2] Eine Darstellung der institutionellen Regelungen erscheint auch sinnvoll, da „die regionalen Planungsgemeinschaften in der Form und in der Funktion, wie sie sich in der Praxis entwickelt haben und wie sie vom Landesgesetzgeber ausgestaltet sind, ein Spezifikum des Landes Baden-Württemberg darstellen". *H. Reiff:* Regionale Planungsgemeinschaften, a.a.O., S. 2.

[3] Innenministerium Baden-Württemberg (Hrsg.): Raumordnungsbericht der Landesregierung von Baden-Württemberg, a.a.O., S. 101.

II. Ziele, Aufgaben und Kompetenzen

Planungsgemeinschaften in die Landesplanung ein und räumt ihnen gewisse Mitwirkungsrechte ein. „Entgegen dem früheren Regierungsentwurf sieht das Landesplanungsgesetz die Landesplanung nicht als Gemeinschaftsaufgabe von Staat und Kommunen, sondern als reine Staatsaufgabe an. Allerdings erhalten die Gemeinden und Landkreise das Recht auf Anhörung bei staatlichen Planungen und auf überörtliche Planung im Rahmen regionaler Planungsgemeinschaften[4, 5]."

Die Befugnisse der regionalen Planungsgemeinschaften im Rahmen der Landesplanung sind nach dem Landesplanungsgesetz im einzelnen[6]:

(1) Mitwirkung an der Landesplanung durch die Aufstellung von Regionalplänen[7]. Diese Regionalpläne können auf Antrag vom Land (Innenministerium) für unbedenklich erklärt werden[8], sie sind Vorar-

---

[4] *E. D. Rasch:* Das Landesplanungsgesetz, a.a.O., S. 8.

[5] Eine terminologische Schwierigkeit besteht bei der Darstellung und Interpretation des Landesplanungsgesetzes insofern, als man bei der Verabschiedung des Gesetzes von einer weitgehenden Gleichsetzung der Begriffe „Raumordnung" und „Landesplanung" ausging. Vgl. dazu *E. D. Rasch:* Das Landesplanungsgesetz, a.a.O., S. 4. Eine inhaltliche oder organisatorische Abgrenzung zwischen Landesplanung und Regionalplanung enthält das Gesetz nicht, es kennt auch nicht den Begriff Regionalplanung; Landesplanung ist inhaltlich jede überörtliche und überfachliche Raumplanung. Regionalplanung, so kann man das Landesplanungsgesetz interpretieren, ist partielle Landesplanung, gehört zur staatlichen Aufgabe der Landesplanung und wird von den regionalen Planungsgemeinschaften freiwillig übernommen. In der späteren Interpretation des Gesetzes wird die Regionalplanung als eigenständige Planungsebene stärker betont, das zeigt u. a. folgende Definition von Ministerpräsident Filbinger: „Im Sinne des Baden-Württembergischen Landesplanungsgesetzes ... ist Regionalplanung überörtliche und übersachliche Rahmenplanung der regionalen Planungsgemeinschaften." *H. Filbinger:* Die Regionalplanung aus der Sicht des Landes Baden-Württemberg unter besonderer Berücksichtigung des südlichen Oberrheingebietes, Schriften der Regio 3, internationale Regio Planertagung 1965, Tagungsbericht über die internationale Tagung für Stadt- und Regionalplanung, September 1965 in Basel, Basel 1965, S. 119.

[6] Vgl. dazu die ausführliche Darstellung bei *E. D. Rasch:* Das Landesplanungsgesetz, a.a.O., S. 21 ff.

[7] „Die regionalen Planungsgemeinschaften können für ihr Planungsgebiet oder Teile ihres Planungsgebietes Pläne ausarbeiten (Regionalpläne)." Landesplanungsgesetz Baden-Württemberg vom 19. 12. 1962, Gesetzblatt für Baden-Württemberg, Nr. 1, 1963, § 17 Abs. 1.

[8] Nach dem Landesplanungsgesetz sind allein staatliche Pläne Entwicklungspläne und nur diese können für verbindlich erklärt werden. Die Möglichkeit, Regionalpläne für verbindlich zu erklären besteht durch ihre Aufnahme in einen staatlichen Gebietsentwicklungsplan; durch Verwaltungsanordnung der Landesregierung kann der Regionalplan im Rahmen des staatlichen Entwicklungsplans dann für die Landesbehörden, durch Gesetz des Landtags auch für kommunale Planungsträger für verbindlich erklärt werden. Vgl. Landesplanungsgesetz Baden-Württemberg, a.a.O., § 16 Abs. 2 u. 3. Die Übernahme eines Regionalplans in einen staatlichen Gebietsentwicklungsplan ist allerdings als Ausnahmeregelung gedacht und wurde bisher noch nicht in Erwägung gezogen.

beiten für die staatliche Landesplanung[9]. (2) Beteiligung an der Aufstellung staatlicher Entwicklungspläne[10] und (3) Entsendung von vier Vertretern der Planungsgemeinschaften in den Landesplanungsrat[11]. Neben diese Befugnisse tritt das Recht auf Beratung durch die Landesplanungsbehörden, d. h. das Recht, über landesplanerische Ziele und Pläne informiert zu werden.

Nach dem Landesplanungsgesetz in Baden-Württemberg sind die regionalen Planungsgemeinschaften *keine raumordnungspolitischen Entscheidungsträger;* sie haben keine eigentliche Regionalplanungskompetenz, können also keine verbindlichen Ziele für ihr Gebiet aufstellen, wenn ihnen auch die Aufstellung von Regionalplänen als Aufgabe zugewiesen wird. Kompetenzen zur Durchsetzung der Regionalpläne sieht das Landesplanungsgesetz für die regionalen Planungsgemeinschaften nicht vor[12].

Im Landesplanungsgesetz von Baden-Württemberg hat sich deutlich die *„staatliche"* Vorstellung von der Regionalplanung durchgesetzt. Die regionalen Planungsgemeinschaften werden als Mittel angesehen, um die nachgeordneten raumordnungspolitischen Entscheidungsträger (Gemeinden, Kreise) zu erfassen und sich ihre Mitwirkung in Form von Stellungnahmen und Anregungen zu sichern. Regionalpläne dienen dabei als Vorbereitung und Informationsquelle staatlicher Entwicklungspläne, sie sind Hilfsmittel der Landesplanung. Die Vorstellung einzelner Kreise und Gemeinden ging vor und nach Inkrafttreten des Landesplanungsgesetzes dahin, daß die Planungsgemeinschaften eine klare Kompetenz für Raumordnungsentscheidungen auf regionaler Ebene erhalten sollten.

2. Ziele und Aufgaben einzelner Planungsgemeinschaften

Das Landesplanungsgesetz bestimmt mit seinen Organisationsvorschriften und Kompetenzregelungen den allgemeinen Rahmen für die Tätigkeit der Planungsgemeinschaften auf landesplanerischem Gebiet, wobei der Akzent auf der *„Mitwirkung"* bei der Landesplanung liegt. Dieser Rahmen wird durch die Aufgaben spezifiziert, die sich die Pla-

---

[9] Vgl. *E. D. Rasch:* Das Landesplanungsgesetz, a.a.O., S. 8.
[10] Vgl. Landesplanunngsgesetz Baden-Württemberg, a.a.O., § 14 Abs. 2.
[11] Vgl. ebd., § 5 Abs. 1.
[12] Bei der Beratung des Landesplanungsgesetzes wurde auch darüber diskutiert, die regionalen Planungsgemeinschaften in Baden-Württemberg als *sondergesetzliche* Verbände nach dem Vorbild des Siedlungsverbands Ruhrkohlenbezirks auszugestalten. Damit hätten die Planungsgemeinschaften eine stärkere rechtliche Position erhalten und neben Planungs- auch Durchführungskompetenzen. Nach Auskunft des Innenministeriums Baden-Württemberg.

II. Ziele, Aufgaben und Kompetenzen

nungsgemeinschaften in ihren Satzungen selbst gestellt haben. Es soll daher versucht werden, diese Aufgaben zu systematisieren, wobei jene Aufgaben besonders herausgestellt werden, die einen engen Bezug zur Regionalplanung und Raumordnungspolitik haben[13].

In der Satzung der Planungsgemeinschaft Neckar-Fils heißt es: „Der Planungsgemeinschaft obliegt die Aufgabe, die natürlichen, baulichen, wirtschaftlichen, verkehrspolitischen, kulturellen und sozialen Verhältnisse des Planungsgebietes zu untersuchen, aufgrund der Erkenntnisse einen Entwicklungs- und Raumordnungsplan zu erarbeiten, die dazu notwendigen Maßnahmen aufzuzeigen und auf eine entsprechende Entwicklung des Planungsgebietes hinzuwirken. Die Planungsgemeinschaft arbeitet mit den benachbarten Planungsträgern, den zuständigen Behörden und Organisationen zusammen mit dem Ziel, den Entwicklungs- und Raumordnungsplan mit den übrigen Planungsträgern in Einklang zu bringen[14]."

Eine ausdrückliche Erwähnung der Strukturanalyse als Aufgabe der Planungsgemeinschaft enthält die Mehrzahl der Satzungen, praktisch sehen alle Planungsgemeinschaften in der „Bestandsaufnahme" ihres Planungsgebietes eine wesentliche Aufgabe. Die Erstellung eines Regionalplans aufgrund der durch die Strukturanalyse gewonnenen Kenntnisse ist neben der Satzung der Planungsgemeinschaft Neckar-Fils in 13 weiteren als Aufgabe enthalten, in den restlichen ist die weniger präzise Aufgabenstellung eines gemeinsamen Vorgehens bezüglich der überörtlichen Raumplanung zu finden. Das Aufzeigen der für die Verwirklichung des Raumordnungs- und Entwicklungsplanes notwendigen Maßnahmen wird in den Satzungen der Planungsgemeinschaften Breisgau, Westlicher Bodensee-Linzgau-Hegau und Hohenlohe besonders als Aufgabe herausgestellt.

Die Koordinationsaufgabe ist in der Mehrzahl der Satzungen ausdrücklich aufgeführt, allerdings mit unterschiedlicher Präzisierung und unterschiedlichem Schwerpunkt. Eine vertikale Abstimmung zwischen Planungsgemeinschaft und Landesplanung wird besonders in der Sat-

---

[13] Auch die Satzungen der Planungsgemeinschaften geben kein umfassendes Bild von den tatsächlich wahrgenommenen Aufgaben, sie zeigen jedoch Aufgabenschwerpunkte auf. In der praktischen Aufgabenstellung der Planungsgemeinschaften ist heute vieles im Fluß, der Aufgabenbereich ändert sich mit der Meinungsbildung im Innenministerium und differiert zwischen den einzelnen Planungsgemeinschaften. Einzelne Aufgabenbereiche sind kontrovers sowohl zwischen Land und Gemeinden wie zwischen den Mitgliedern der Planungsgemeinschaften. Wegen der mangelnden Kompetenzen der Planungsgemeinschaften und dem zum Teil nicht bestehenden Konsensus über ihre Aufgaben sind die tatsächlich wahrgenommenen Aufgaben manchmal nur *informelle Aktionen*.

[14] Satzung der Planungsgemeinschaft Neckar-Fils vom 20. 9. 1961, § 4 Abs. 1 u. 2, o. O., Hektographie.

zung der Planungsgemeinschaft Breisgau angesprochen: „Die Planungsgemeinschaft arbeitet mit den Dienststellen und Organen der Landesplanung zusammen, insbesondere mit dem Zweck, eine Übereinstimmung der Landesplanung mit den im Regionalplan gesetzten Zielen zu erreichen (Gegenstromverfahren)[15]." Die Planungsgemeinschaft Neckar-Alb stellt sich die Aufgabe einer Vereinfachung, Verbesserung, Beschleunigung und Abstimmung der Planungsaufgaben im Planungsgebiet durch einheitliche Richtlinien und einer Koordinierung der Planung der einzelnen Planungsträger[16]. Ähnlich wie bei der Planungsgemeinschaft Neckar-Alb ist auch bei der Planungsgemeinschaft Zentrales Oberrheingebiet die Koordinationsaufgabe neben der Planungsaufgabe in der Satzung ausdrücklich angesprochen: „Die Planungsgemeinschaft stellt einen Regionalplan auf. Sie legt hierfür die Planungsziele fest und koordiniert die Planungen im Zentralen Oberrheingebiet[17]."

Bei einigen Planungsgemeinschaften, besonders in den Ballungs- und Verdichtungsgebieten, liegt ein Schwerpunkt der Aufgabenstellung in der Förderung der interkommunalen Zusammenarbeit, wobei besonders jene kommunalen Aufgaben im Vordergrund stehen, die einer interkommunalen Planung und Abstimmung infolge der „Maßstabsvergrößerung" bedürfen. In der Satzung der Planungsgemeinschaft Württembergisches Unterland wird festgelegt, daß es Aufgabe der Planungsgemeinschaft ist, die Zusammenarbeit ihrer Mitglieder zu fördern und Aufgaben von überörtlicher Bedeutung, insbesondere auf dem Gebiet des Siedlungswesens, des Verkehrs, der Wasser- und Versorgungswirtschaft sowie des Schul- und Gesundheitswesens gemeinsam zu behandeln[18].

Eine Beratung der Kommunen bei kommunalen Planungen und Förderung speziell der Flächennutzungsplanung sieht die Mehrzahl der Satzungen der Planungsgemeinschaften vor. Die Aufgabenstellung reicht dabei von der allgemeinen Beratung und der gutachterlichen Stellungnahme zu Flächennutzungsplänen[19] über die Erarbeitung von

---

[15] Satzung der Planungsgemeinschaft Breisgau vom 1. Januar 1969, o. O., § 3.
[16] Vgl. Satzung der Regionalen Planungsgemeinschaft „Neckar-Alb", Tübingen, o. J., § 3, Ziff. 3 u. 4, Hektographie.
[17] Satzung der Regionalen Planungsgemeinschaft „Zentrales Oberrheingebiet" vom 6. März 1969, o. O., § 3 Abs. 1, Hektographie.
[18] Vgl. Satzung der Regionalen Planungsgemeinschaft Württembergisches Unterland e. V. vom 23. 11. 1967, o. O., § 1 Abs. 3, Hektographie. Ähnliche Bestimmungen finden sich auch in den Satzungen der Planungsgemeinschaften Rems-Murr, Rhein-Neckar und Württemberg-Mitte.
[19] Vgl. dazu die Satzungen der Planungsgemeinschaften Breisgau, Odenwald, Rems-Murr, Hohenlohe, Donau-Iller-Blau und Schwarzwald-Mitte.

II. Ziele, Aufgaben und Kompetenzen

Flächennutzungsplänen durch die Planungsgemeinschaft bis zur Erstellung von Bebauungsplanentwürfen und die Standortberatung bei Einzelprojekten[20].

In beinahe allen Satzungen der Planungsgemeinschaften findet sich der Hinweis, daß die Planungsgemeinschaft nur Empfehlungen in Planungsangelegenheiten geben kann und daß die Entscheidung über die Durchführung der Planung Aufgabe der einzelnen Mitglieder bzw. der nach geltendem Recht zuständigen Stellen bleibt[21]. Das Schwergewicht der Aufgaben der Planungsgemeinschaften liegt nach den Satzungen und der Planungspraxis bei einer *umfassenden Raumplanung* für das Planungsgebiet und der *Koordination der Interessen und Planungen* im Planungsraum, wobei in den Ballungs- und Verdichtungsgebieten die interkommunale Koordination eine besondere Betonung erfährt[22].

Geht man von dem Endzustand der regionalen Organisation mit Regionalplanungs-, Entscheidungs- und Durchführungskompetenzen (Investitions- und Finanzierungskompetenzen) aus, so stellen die Planungsgemeinschaften in Baden-Württemberg mit ihren Aufgaben eine *untere Stufe der Integration* dar, mit Informations- und zum Teil Konsultationspflicht, aber ohne vollzugsverbindliche Regionalpläne, abgesehen von der freiwilligen Selbstbindung ihrer Mitglieder.

---

[20] Die Erstellung von Bebauungsplanentwürfen und die Beratung der Gemeinden bei Standortfragen für öffentliche Bauten und bei Ortssanierungen werden nur in der Satzung der Planungsgemeinschaft Württemberg-Mitte festgelegt. Vgl. Satzung der Regionalen Planungsgemeinschaft Württemberg-Mitte e. V., Leonberg, 2. November 1961, § 1 Abs. 4.

[21] In der Satzung der Planungsgemeinschaft Hochrhein wird bezüglich der Durchsetzung des Regionalplans „vorsichtig" formuliert, daß sich die Planungsgemeinschaft im Rahmen der gegebenen Möglichkeiten für die Verwirklichung der von ihr erarbeiteten Planungskonzeption einsetzt. Vgl. Satzung der Planungsgemeinschaft Hochrhein e. V., Säckingen, vom 8. 10. 1956 in der Fassung vom 3. Dezember 1968, § 3 Abs. 2, Hektographie. Hingewiesen sei auf die Parallele zu dem — allerdings schon 1931 gegründeten — Bezirksplanungsverband Stuttgart, der es „ängstlich" vermeiden wollte, in die Einzelabsichten der Gemeinden einzugreifen und sich mit der Durchführung der Planungsvorschläge zu befassen. Vgl. Bezirksplanungsverband Stuttgart (Hrsg.): Der Bezirksplanungsverband Stuttgart e. V., 1931—1937, a.a.O., S. 7.

[22] Die Aufgabenstellung der regionalen Planungsgemeinschaften, wie sie in den Satzungen festgelegt wird, rechtfertigt somit auch den Ansatz der Untersuchung, die regionalen Planungsgemeinschaften als Instrument der Raumordnungspolitik zu betrachten. Eine Überprüfung ihrer Wirksamkeit bedeutet weitgehend, sie an ihren selbst gestellten Aufgaben zu messen.

III. Die rechtliche und organisatorische Gestaltung der Planungsgemeinschaften

1. Rechtsformen und Mitglieder der Planungsgemeinschaften

Eine Darstellung und Analyse der rechtlichen und organisatorischen Regelungen der Planungsgemeinschaften erscheint notwendig, da hier wesentliche Voraussetzungen und Grenzen für eine effektive Gestaltung der Regionalplanung und Raumordnungspolitik liegen[1]. Generell kann gesagt werden, daß für *privatrechtlich* organisierte Planungsgemeinschaften, die nur lockere Zusammenschlüsse darstellen, andere Möglichkeiten und Grenzen ihrer praktischen Tätigkeit gelten, als für *öffentlich-rechtlich* organisierte. Da die Planungsgemeinschaften in Baden-Württemberg keine Regionalplanungskompetenz in dem Sinne haben, daß sie verbindliche Regionalpläne aufstellen können, stehen ihnen auch nur Rechtsformen des privaten Rechts offen. Vom Land werden bis auf die Auflage, daß die Planungsgemeinschaften nicht öffentlich-rechtlich organisiert werden können, keine bestimmten Rechtsformen vorgeschrieben. „Die Rechtsform der regionalen Planungsgemeinschaften ist im Rahmen des privaten Rechts bewußt offen gelassen, um eine Anpassung an die jeweiligen örtlichen Gegebenheiten zu ermöglichen[2]." In der Praxis haben sich sehr verschiedenartige Rechtsformen der Planungsgemeinschaften in Baden-Württemberg herausgebildet. Die Spanne reicht von dem nicht rechtsfähigen Verein, über den eingetragenen Verein bis zur Arbeitsgemeinschaft als kommunale Vereinbarung[3].

Eine besondere Stellung unter rechtlichem und organisatorischem Aspekt nimmt die grenzüberschreitende Regionalplanung im Rhein-Neckar-Raum ein. Im Jahre 1970 wurde die Kommunale Arbeitsgemeinschaft Rhein-Neckar GmbH von dem öffentlich-rechtlich organisierten grenzüberschreitenden Raumordnungsverband Rhein-Neckar abgelöst[4]. Die Raumordnungsverbandslösung wurde durch den 1969 abgeschlossenen Staatsvertrag zwischen Baden-Württemberg, Rheinland-Pfalz und Hessen möglich, der den Versuch darstellt, die unter-

---

[1] Im Verlauf der Untersuchung soll an Hand der praktischen Tätigkeit der regionalen Planungsgemeinschaften versucht werden zu zeigen, wo die besondere rechtliche und organisatorische Gestaltung ihre Aufgabenerfüllung ermöglicht bzw. hemmt.

[2] *E. D. Rasch:* Das Landesplanungsgesetz, a.a.O., S. 21.

[3] Siehe dazu die zusammenfassende Darstellung der Rechtsformen der regionalen Planungsgemeinschaften in Tabelle 2 im Anhang dieser Arbeit.

[4] Als Untergliederung des Raumordnungsverbandes haben sich in den jeweiligen Landesgrenzen drei Planungsgemeinschaften gebildet. Die 1968 gegründete Planungsgemeinschaft Unterer Neckar auf baden-württembergischem Gebiet ist wie alle anderen Planungsgemeinschaften in Baden-Württemberg privatrechtlich organisiert. Vgl. Satzung der Regionalen Planungsgemeinschaft Unterer Neckar, o. O., o. J., S. 1, Hektographie.

III. Die rechtliche und organisatorische Gestaltung 47

schiedlichen Systeme der Regionalplanung in diesem Ballungs- und Verdichtungsgebiet zu integrieren. Die Schwierigkeit bei der Neuorganisation der Regionalplanung im Rhein-Neckar-Raum bestand darin, daß in Rheinland-Pfalz und Hessen die Träger der Regionalplanung öffentlich-rechtlich organisiert sind — in Rheinland-Pfalz sind es durch Landesgesetz festgelegte Regionen, in denen Planungsgemeinschaften als öffentlich-rechtliche Körperschaften wirken, in Hessen sind die Landkreise Planungsträger —, während in Baden-Württemberg die Planungsgemeinschaften keine Planungsträger sind und nur privatrechtlich organisiert werden können[5].

Die Rechtsformen der Planungsgemeinschaften in Baden-Württemberg sind das Ergebnis von Zweckmäßigkeitsüberlegungen und der politischen Konstellation, die nur lockere Rechtsformen zuließ[6]. Gemeinden und Kreise befürchteten, daß durch verbindliche Regionalpläne der Planungsgemeinschaften eine Beeinträchtigung ihrer Planungshoheit erfolgen könnte; aber auch die staatliche Landesplanung (Innenministerium) hat z. B. die Umwandlung der Planungsgemeinschaft Breisgau in einen Zweckverband zur besseren Durchführung des Regionalplans mit der Begründung abgelehnt, daß dadurch die Planungshoheit der Gemeinden weiter eingeengt und der sehr liberale Charakter des Landesplanungsgesetzes geschmälert würde[7, 8].

Wie schwach die Rechtsform der Planungsgemeinschaften ist, zeigt der Hinweis, daß die privatrechtlich organisierten Planungsgemein-

---

[5] Vgl. *K. Becker-Marx:* Grenzüberschreitende Regionen, in: Raumordnung und Verwaltungsreform, Tagungsbericht, Hrsg.: Institut für Raumordnung, Bad Godesberg 1968, S. 118.

[6] Vgl. dazu *K. Heppner:* Die regionalen Planungsgemeinschaften in Baden-Württemberg, in: Polis und Regio, von der Stadt- zur Regionalplanung, Frankfurter Gespräch der List-Gesellschaft vom 4. bis 10. Mai 1967, Veröffentlichungen der List-Gesellschaft e. V., Bd. 67, Basel und Tübingen 1967, S. 162.

[7] Vgl. dazu die Diskussion auf der Regionalplanertagung am 28. November 1966 in Kirchzarten zwischen Bürgermeister Zens und Ministerialrat Reiff, Innenministerium Baden-Württemberg: Rundbrief Nr. 3 für die Landesplanung in Baden-Württemberg, a.a.O., S. 6 ff.; vgl. auch *E. Schill:* Neuorganisation der Planungsgemeinschaft Breisgau, Freiburg, den 31. Oktober 1969, S. 4 ff., maschinengeschriebenes Manuskript.

[8] Eine Entwicklungstendenz der Planungsgemeinschaften von privat-rechtlicher zu öffentlich-rechtlicher Organisation, hinter der eine *durch die Aufgabenstellung bedingte Zwangsläufigkeit* zu vermuten ist, kann auch in anderen Bundesländern beobachtet werden, nur ist dort heute die Entwicklung zum Teil schon weiter fortgeschritten. So wurde etwa die Regionalplanung im Ballungs- und Verdichtungsgebiet um Frankfurt zunächst im Rahmen einer lockeren Arbeitsgemeinschaft durchgeführt, später wurde eine privatrechtliche Gesellschaft gegründet, der 1965 die Regionale Planungsgemeinschaft Untermain als Zweckverband und öffentlich-rechtliche Körperschaft folgte. Vgl. *H. Sander:* Regionale Planungsgemeinschaft Untermain, Kommunalwirtschaft, 1968, H. 4, S. 121.

2. Teil: Konzeption der regionalen Planungsgemeinschaften

schaften in Baden-Württemberg etwa die Rechtsstellung eines mit öffentlichen Aufgaben betrauten privaten Unternehmers haben[9, 10].

Ein Zusammenhang zwischen den unterschiedlichen Rechtsformen der Planungsgemeinschaften in Baden-Württemberg und der Art und Zahl der gewählten Aufgaben ist nicht erkennbar, eher zwischen der Rechtsform und der Mitgliederzahl[11]. Der Kreis der Mitglieder der Planungsgemeinschaften in Baden-Württemberg ist weit gespannt und in den einzelnen Planungsgemeinschaften unterschiedlich. Einen Rahmen liefert das Landesplanungsgesetz: „Zu regionalen Planungsgemeinschaften können sich Gemeinden und Landkreise zusammenschließen. Als weitere Mitglieder können ihnen sonstige Körperschaften, Anstalten und Stiftungen des öffentlichen Rechts, natürliche und juristische Personen und andere Vereinigungen angehören, die an der regionalen Planung Anteil haben[12]." Die Konzeption des Landesplanungsgesetzes sieht eine umfassende Mitarbeit auch nicht kommunaler Planungsträger an der Regionalplanung vor. Im Rahmen der regionalen Planungsgemeinschaften sollen die raumordnerischen Auffassungen *möglichst vieler Gruppen* der Gesellschaft, z. B. bäuerlicher Berufsverbände und gewerkschaftlicher Organisationen, zur unmittelbaren Geltung kommen[13].

Die Einbeziehung der Gemeinden und sonstiger an der Regionalplanung interessierter Stellen ist nicht nur unter dem Aspekt der Interessenvertretung, sondern auch unter dem Aspekt der Wirksamkeit

---

[9] Vgl. *E. D. Rasch:* Das Landesplanungsgesetz, a.a.O., S. 21.

[10] Nicht übersehen werden soll, daß privatrechtlich organisierte Planungsgemeinschaften auch bestimmte Vorzüge haben können; dazu gehören u. a. (1) die relativ große Elastizität, die eine Anpassung an Gebietsänderungen und Änderungen der Aufgabenstellung leichter ermöglicht, (2) die Möglichkeit, daß neben Gemeinden und Kreisen auch juristische und private Personen Mitglied sein können und schließlich (3) die eher gegebene Möglichkeit einer informellen Koordination und Zusammenarbeit über Landes- und Bundesgrenzen hinweg.

[11] In den Arbeitsgemeinschaften auf Grund kommunaler Vereinbarung (Östlicher Bodensee-Allgäu, Donau-Riß und Schwarzwald-Baar-Heuberg) sind nur Kreise Mitglied.

[12] Landesplanungsgesetz Baden-Württemberg vom 19. 12. 1962, a.a.O., § 7 Abs. 2.

[13] Ursprüngliche Mitglieder der Planungsgemeinschaften sind die Gemeinden und Kreise als die wichtigsten Gebietskörperschaften mit der Befugnis, raumwirksame Planungen und Maßnahmen durchführen zu können. Inwieweit kommunale Zweckverbände, Verbände der gewerblichen Wirtschaft, Energieversorgungsunternehmen u. a. in die Planungsgemeinschaft aufgenommen werden können, entscheiden die Planungsgemeinschaften selbst. Allerdings hat sich der Landesplanungsrat in einer Empfehlung vom 25. November 1965 dafür ausgesprochen, daß *alle gesellschaftlichen Kräfte* an der Regionalplanung beteiligt werden sollten. Vgl. Innenministerium Baden-Württemberg: Rundbrief Nr. 3 für die Landesplanung in Baden-Württemberg, a.a.O., S. 14.

III. Die rechtliche und organisatorische Gestaltung

der Regionalpläne zu sehen. Von der Landesplanung in Baden-Württemberg wird der Beteiligung von Verbänden und privaten Planungsträgern an der Regionalplanung unter drei Aspekten Bedeutung zugemessen:

(1) Unter *planungstechnischen* Gesichtspunkten erhofft man sich eine größere Realitätsbezogenheit der Pläne, (2) *planungspolitisch* soll die Durchführung der Regionalpläne effektiver erfolgen und (3) unter *staatspolitischem* Aspekt sieht man in der Beteiligung von Verbänden und privaten Planungsträgern einen Integrationsansatz[14].

Eine Mitgliedschaft der Gemeinden in den Planungsgemeinschaften und ihre intensive Mitarbeit in den Planungsgremien hat auch den Vorteil, daß sie ihre eigenen Interessen besser formulieren und in die regionale Konzeption einfließen lassen können, daß eine Abstimmung kommunaler Interessen im Rahmen der Planungsgemeinschaft möglich ist, und die Information über regionale Strukturdaten und Planziele verbessert werden kann und damit auch die Durchsetzungschance der Regionalpläne[15].

Die Übersicht über die Mitglieder zeigt, daß alle Stadt- und Landkreise des jeweiligen Planungsgebietes Mitglied der Planungsgemeinschaft sind[16]. In der Regel sind auch Gemeinden Mitglied; ihre Zahl ist unterschiedlich, doch ist die Tendenz erkennbar, möglichst alle Gemeinden des jeweiligen Planungsgebietes über eine Mitgliedschaft direkt an der Regionalplanung zu beteiligen. Neben den Gemeinden und Kreisen sind in einigen Planungsgemeinschaften auch gesellschaftliche Gruppen vertreten, so sind z. B. bei der Planungsgemeinschaft Hochrhein die IHK Schopfheim und einige privatwirtschaftliche Unternehmen[17], bei der Planungsgemeinschaft Westlicher Bodensee-Linzgau-Hegau, die IHK Konstanz und der Kreisverband Konstanz des DGB Mitglied[18].

2. Organisatorischer Aufbau der Planungsgemeinschaften

Unter raumordnungspolitischem Aspekt bedeutsame Faktoren der organisatorischen Gestaltung der Planungsgemeinschaften sind: (1) Die

---

[14] Vgl. H. *Reiff*: Regionale Planungsgemeinschaften, a.a.O., S. 4 ff.

[15] Vgl. V. v. *Malchus*: Planungsgemeinschaft Breisgau, Freiburg, September 68, S. 5, maschinengeschriebenes Manuskript.

[16] Siehe dazu die Tabelle 4 im Anhang dieser Arbeit.

[17] Folgende privatrechtliche Unternehmen sind Mitglied der Planungsgemeinschaft Hochrhein: (1) Badenwerk AG, Karlsruhe, (2) Schluchsee AG, Freiburg, (3) Kraftübertragungswerk Rheinfelden und (4) die Mechanische Buntweberei Brennet.

[18] Die Planungsgemeinschaft Odenwald sieht in ihrer Satzung auch die Mitgliedschaft der im Planungsraum gewählten Abgeordneten des Landtags und des Bundestags vor.

Aufgaben der einzelnen Organe (speziell: in welchen Organen werden die für die Regionalplanung wichtigen Entscheidungen getroffen?), (2) die Vertretung der einzelnen Gebietsteile in den Organen der Planungsgemeinschaften, speziell den Entscheidungsorganen und (3) die Formen der Entscheidung, d. h. gelten als Entscheidungsprinzipien einfache oder qualifizierte Mehrheiten, Einstimmigkeit, bestehen Vetorechte?

Bei der Mehrzahl der Planungsgemeinschaften ist die Organisationsstruktur dreistufig. Oberstes und umfassendstes Organ ist die Mitgliederversammlung (Verbandsversammlung). Der Verwaltungsrat (in einigen Planungsgemeinschaften auch der Planungsrat, die Planungskommission oder der Hauptausschuß) fungiert als ein aus der Mitgliederversammlung gebildetes kollegiales Organ mit beschließenden Funktionen, während der Vorstand als geschäftsführendes Organ tätig ist. Neben diese Organe treten in den einzelnen Planungsgemeinschaften als besondere organisatorische Einrichtungen noch die Planungsstelle und Gremien (Planungsbeiräte, gemischte Ausschüsse) mit beratenden Funktionen.

Die *Mitgliederversammlung* als oberstes Organ der Planungsgemeinschaft entscheidet über Angelegenheiten von grundsätzlicher Bedeutung, dazu gehören neben der Entscheidung über die Aufstellung, Änderung und Ergänzung des Regionalplans und der Teilpläne auch Entscheidungen über besonders wichtige Einzelfragen, die von wesentlichem Einfluß auf die Regionalplanung sind[19]. Die Entscheidungen der Mitgliederversammlung, die in der Regel nur einmal im Jahr zusammentrifft, werden wesentlich mitbestimmt und beeinflußt durch die Tätigkeit des Verwaltungsrates (Planungsrates) und des Vorstands der Planungsgemeinschaft.

Eine praktikable Lösung des *Willensbildungs- und Entscheidungsproblems* ist — neben einer ausgewogenen Vertretung der Mitglieder in den Planungsgremien — von Bedeutung für eine erfolgreiche Zusammenarbeit in der Planungsgemeinschaft; zugleich besteht für die Planungsgemeinschaften ein schwieriges Problem darin, einen Entscheidungsmodus zu finden, der den Interessen aller Mitglieder entspricht und dennoch die Funktionsfähigkeit der Entscheidungsorgane gewährleistet. Die Form der Entscheidung in der Mitgliederversammlung ist in den einzelnen Planungsgemeinschaften unterschiedlich geregelt, die Mehrzahl der Satzungen sieht einfache Mehrheiten für die Abstimmung über den Regionalplan vor. Einige Planungsgemeinschaften haben durch Einführung qualifizierter Mehrheiten und/oder Sperr-

---

[19] Zum Aufgabenkatalog der Mitgliederversammlung vgl. etwa die Satzung der Planungsgemeinschaft Breisgau, a.a.O., § 6 Abs. 4.

III. Die rechtliche und organisatorische Gestaltung

minoritäten versucht zu verhindern, daß bestimmte Mitgliedergruppen (z. B. zentrale Städte) der Region majorisiert werden[20]. Die Satzung der Planungsgemeinschaft Breisgau geht hier am weitesten, indem sie festlegt, daß Beschlüsse über den Regionalplan in der Mitgliederversammlung drei Viertel der Stimmenzahl erfordern, wobei noch ein Minderheitenschutz vorgesehen ist, der praktisch einer Einstimmigkeit gleichkommt[21]. Nicht viel weniger restriktiv ist die Bestimmung der Planungsgemeinschaft Mittelbaden, die für Beschlüsse über den Regionalplan und wichtige planerische Einzelfragen eine Zweidrittelmehrheit der Mitglieder jedes Landkreises vorsieht, da damit eine Überstimmung sehr erschwert wird[22].

Der *Verwaltungsrat* bereitet als kollegiales Beschlußorgan die planerischen Entscheidungen u. a. der Mitgliederversammlung vor, er fungiert als eigentliches *Planungs- und Koordinationsgremium*. Mitglieder des Verwaltungsrates sind die Landräte der Kreise, Bürgermeister der Kreisstädte und Vertreter der Gemeinden; in der Regel wird versucht, die Gewichte einzelner Mitgliedergruppen im Verwaltungsrat auszubalancieren. Entscheidungen über regionalplanerische Angelegenheiten können ähnlich wie bei den Mitgliederversammlungen in der Mehrzahl der Fälle mit Stimmenmehrheit getroffen werden. Praktisch sind die Entscheidungsgremien der Planungsgemeinschaften jedoch darauf angewiesen, eine *Einstimmigkeit* ihrer Beschlüsse — etwa über die regionalen Ziele — herbeizuführen, da kein Mitglied gezwungen werden kann, Entscheidungen einer Mehrheit zu akzeptieren und sich bei eigenen Planungen daran zu halten. Diese Tendenz hat, in Verbindung mit der Regelung, daß in den Entscheidungsgremien kein Beschlußzwang

---

[20] Bei der Gründung der Planungsgemeinschaften spielten Kontroversen über die Vertretung der Gebietsteile, Stimmenverteilung und Entscheidungsmodus eine bedeutende Rolle, sie erschwerten oft ihre Gründung. Von einem Vertreter des Innenministeriums wurde daher die Warnung vor einem „Steckenbleiben im Organisatorischen" ausgesprochen und auf die Gefahr hingewiesen, daß durch ein ausgeklügeltes System der Stimmengewichtung und der Minderheitsvoten die Funktionsfähigkeit der Planungsgremien in Frage gestellt wird. Vgl. *G. Ziegler:* Regionale Planungsgemeinschaften, eine Notwendigkeit, Informationen des Instituts für Raumforschung, 9. Jg. (1959), Nr. 10, S. 201.

[21] In der Planungsgemeinschaft Breisgau erhalten die beiden Landkreise und ihre Gemeinden und die Stadt Freiburg je 400 Stimmen; da die Beschlüsse mit ³/₄-Mehrheit gefaßt werden müssen, hat jeder der Stadt- und Landkreise eine Sperrminorität. Faktische Einstimmigkeit wird durch die Regelung erreicht, daß ein Beschluß, durch den die überwiegenden Interessen eines Mitglieds betroffen werden, erst dann wirksam wird, wenn dieses Mitglied zustimmt. Vgl. Satzung der Planungsgemeinschaft Breisgau, a.a.O., § 6 Abs. 5.

[22] Vgl. Satzung der Planungsgemeinschaft Mittelbaden vom 1. 7. 1962 in der Fassung vom 14. 3. 1967, o. O., § 6 Abs. 6, Hektographie.

besteht, für die praktische Arbeit der Planungsgemeinschaften weitreichende Bedeutung[23].

Der *Vorstand* führt die laufenden Geschäfte und vertritt die Planungsgemeinschaft nach außen. In ihm sind in der Regel Gemeinden und Landkreise vertreten. Besondere Bedeutung hat der Vorstand dort, wo kein Verwaltungsrat oder ein gleichbedeutendes Organ besteht; der Vorstand übernimmt in diesen Fällen auch planerische Aufgaben[24].

Eine Beteiligung der an der Regionalplanung interessierten gesellschaftlichen Gruppen erfolgt in verschiedenen Organen der Planungsgemeinschaften, in der Regel mit beratenden Funktionen in Planungsbeiräten oder in Arbeitskommissionen und Fachausschüssen[25]. In der Beteiligung gesellschaftlicher Gruppen tritt der Gedanke der Planungs*gemeinschaft* am stärksten in Erscheinung. Die Planungsgemeinschaften gehen davon aus, daß Raumordnungsentscheidungen nicht ohne engen und ständigen Kontakt mit den Gruppen und Personen des sozialen, wirtschaftlichen und kulturellen Lebens getroffen werden können[26]. Eine besonders weitgehende Regelung bezüglich der Einbeziehung gesellschaftlicher Gruppen ist in der Planungsgemeinschaft Östlicher Bodensee-Allgäu zu finden. Ihr Planungsrat, der die planerischen Entscheidungen vorbereitet und weitgehend beeinflußt, setzt sich aus den Vertretern der Kreise und Gemeinden zusammen, daneben sind Mitglieder des Planungsrates die im Planungsraum gewählten Abge-

---

[23] Siehe dazu die Ausführungen über die Konkretheit und Realisierbarkeit der Ziele in den Regionalplänen S. 89 ff. dieser Arbeit.

[24] Entsprechend verlagern sich in diesen Planungsgemeinschaften die Probleme der Vertretung der Mitgliedsgruppen im Verwaltungsrat auf den Vorstand. In der Planungsgemeinschaft Westlicher Bodensee-Linzgau-Hegau führte der Versuch, das Stimmenverhältnis zwischen den zentralen Städten und dem Umland auszubalancieren dazu, daß die unter raumordnungspolitischem Aspekt wichtigsten Städte Konstanz und Singen nicht im Vorstand vertreten sind, im Gegensatz zu den kleineren Städten Stockach, Überlingen und Radolfzell. Man wollte durch diese organisatorische Regelung das Gewicht der kleinen Städte und Gemeinden stärken und das Mißtrauen gegenüber den zentralen Städten abbauen. Nach Auskunft der Planungsgemeinschaft Westlicher Bodensee-Linzgau-Hegau.

[25] Die Planungsgemeinschaft Hochrhein hat zum Zwecke einer möglichst umfassenden Meinungs- und Willensbildung Arbeitskreise und Fachausschüsse gebildet, in denen die planerischen Entscheidungen vorbereitet werden sollen. Bisher wurden Arbeitskreise für Energiegewinnung und Energieversorgung, Verkehrswesen, Entwicklungsplanung Schwarzwald-Hotzenwald, Müllbeseitigung, Krankenhausplanung und eine ad-hoc-Kommission für grenzüberschreitende Fragen gebildet.

[26] In der Satzung der Planungsgemeinschaft Mittelbaden wird festgelegt, daß die Mitglieder des Planungsrates so ausgewählt werden sollen, daß eine umfassende Unterrichtungsmöglichkeit über alle einschlägigen Lebensbereiche gewährleistet ist. Vgl. Satzung der Planungsgemeinschaft Mittelbaden, a.a.O., § 10 Abs. 2, Ziff. 2.

III. Die rechtliche und organisatorische Gestaltung

ordneten des Bundestags und des Landtags, Vertreter der IHK, des Landesbauernverbandes Württemberg-Hohenzollern, der Kreishandwerkerschaften, des Arbeitsamtes, des DGB und des Gebietsausschusses Oberschwaben des Landesverkehrsverbandes; dazu kommen noch Sachverständige, die zu speziellen Problemen herangezogen werden können[27]. Zur Meinungs- und Willensbildung unter Einbeziehung aller Gruppen der Gesellschaft werden in einigen Planungsgemeinschaften auch Landschaftstage einberufen[28].

Große Bedeutung für eine sachgerechte Regionalplanung in den Planungsgemeinschaften hat die Planungsstelle. Von den 20 Planungsgemeinschaften in Baden-Württemberg haben bisher 17 eine eigene Planungsstelle eingerichtet[29], die zur Aufgabe hat, Strukturanalysen durchzuführen, Strukturgutachten anzufertigen, Regionalplanentwürfe zu erarbeiten und als zentrale Informations- und Kontaktstelle zu fungieren[30]. Personell sind die Planungsstellen je nach der Aufgabenstellung unterschiedlich besetzt, meist ist ein erfahrener Regionalplaner Leiter der Planungsstelle. In Ballungs- und Verdichtungsgebieten, wo die Planungsgemeinschaften auch Bereichspläne und Flächennutzungspläne oder gar Bebauungspläne ausarbeiten, ist die personelle Besetzung entsprechend ausgebaut; in der Mehrzahl der Fälle sind die Planungsstellen jedoch nur mit einem Regionalplaner und einer oder mehreren Hilfskräften besetzt[31].

3. Finanzierung der Planungsgemeinschaften

Die Finanzierung der Planungsgemeinschaften ist insofern bedeutungsvoll, als Strukturuntersuchungen, Prognosen und Planentwürfe

---

[27] Nach Auskunft der Planungsgemeinschaft Östlicher Bodensee-Allgäu.

[28] Etwa in den Planungsgemeinschaften Württemberg-Ost, Östlicher Bodensee-Allgäu und Hohenlohe.

[29] Ohne eigene Planungsstelle sind die Planungsgemeinschaften Östlicher Bodensee-Algäu, Schwarzwald-Mitte und Donau-Riß; laufende Planungsarbeiten werden in diesen Planungsgemeinschaften zum Teil von einer Kreisplanungsstelle wahrgenommen.

[30] Zu den Aufgaben der Planungsstellen vgl. R. *Eberle,* a.a.O., S. 373.

[31] Die Planungsgemeinschaft Württemberg-Mitte, die sich auch eine Abteilung für Ortsbauberatung angegliedert hat, ist mit insgesamt 12 Mitarbeitern personell am besten ausgestattet. Abgesehen von wenigen Ausnahmen, zu denen auch die Planungsgemeinschaften Donau-Iller-Blau und Nördlicher Schwarzwald gehören, muß festgestellt werden, daß die fachliche und personelle Besetzung der Planungsstellen unzureichend ist. Das gilt besonders, wenn man an die Notwendigkeit der Teamarbeit in der Regionalplanung denkt. Die Erfahrungen der Planungsgemeinschaften gehen dahin, daß der Erfolg ihrer Tätigkeit wesentlich von der personellen und fachlichen Besetzung ihrer Planungsstellen abhängt. Vgl. *Schiess,* a.a.O., S. 12; und *H. Gerber:* Aus den Erfahrungen eines Regionalplaners, Institut für Raumforschung, Informationen, 12. Jg. (1962), Nr. 4, S. 93.

Kosten verursachen, so daß Art und Umfang der planerischen Vorarbeiten nicht zuletzt vom Volumen der Haushalte der Planungsgemeinschaften abhängen; die Höhe der Etats der Planungsgemeinschaften kann einen Hinweis auf den Umfang ihrer Planungsarbeit und damit ihre planerischen Möglichkeiten insgesamt liefern[32].

Im Gegensatz zu einigen regionalen Planungsverbänden in anderen Bundesländern stehen den Planungsgemeinschaften in Baden-Württemberg Finanzmittel *nicht für Entwicklungsmaßnahmen* zur Verfügung, sondern nur zur Deckung der Planungskosten[33]. Das Haushaltsvolumen der einzelnen Planungsgemeinschaften differiert stark, was zum Teil auf unterschiedliche Schwerpunkte in der Aufgabenstellung zurückzuführen ist. So belief sich das Haushaltsvolumen der Planungsgemeinschaft Württemberg-Mitte, die im Ballungs- und Verdichtungsgebiet um Stuttgart auch Flächennutzungspläne und Bebauungspläne erstellt, 1969 auf ungefähr 400 000 DM gegenüber einem Haushaltsvolumen von nur 80 000 DM der Planungsgemeinschaft Westlicher Bodensee[34].

Da die Planungsgemeinschaften in Baden-Württemberg an der Landesplanung mitwirken und damit auch staatliche Aufgaben erfüllen, erhalten sie Zuschüsse vom Land, die allerdings 1969 mit 12 500 DM bis 25 000 DM je Planungsgemeinschaft nur 14 % der gesamten Finanzmittel der Planungsgemeinschaften ausmachten. Ursprünglich hatten die

---

[32] Die Personalkosten der Planungsstelle sind für die Planungsgemeinschaften in Baden-Württemberg die entscheidende Kostengröße.

[33] Der Verband Großraum Hannover hatte z. B. 1966 einen Haushalt von 8,2 Mill. DM, davon standen 5,7 Mill. DM (70 %) für entwicklungsbestimmende Maßnahmen, etwa die Sicherung von Baugelände für Infrastrukturmaßnahmen und Erholungsgebiete zur Verfügung. Vgl. *G. Stepper:* Vergleichende Darstellung der räumlichen und organisatorischen Gegebenheiten der Planungsverbände sowie deren planerischen Grundsätze und Ziele, in: Methoden und Praxis der Regionalplanung in großstädtischen Verdichtungsräumen, Veröffentlichungen der Akademie für Raumforschung und Landesplanung, Forschungs- und Sitzungsberichte, Bd. 54, Hannover 1969, S. 108.

[34] Eine ungefähre Vorstellung von den Finanzmitteln der Planungsgemeinschaften gibt die folgende Zusammenstellung, die zugleich Extreme verdeutlicht:
Haushaltsvolumen einiger Planungsgemeinschaften im Jahre 1969 (Werte nach Auskunft)

Planungsgemeinschaft	DM
Württemberg-Mitte	400 000
Nördlicher Schwarzwald	194 000
Donau-Iller-Blau	176 000
Hochrhein	100 000
Westlicher Bodensee	80 000

Als Vergleich sei der Etat der — von der Aufgabenstellung her mit den Planungsgemeinschaften in Baden-Württemberg vergleichbaren — Planungsgemeinschaft Untermain (Hessen) aufgeführt, der 1968 ein Volumen von ungefähr 900 000 DM hatte. Vgl. *H. Sandner,* a.a.O., S. 123.

III. Die rechtliche und organisatorische Gestaltung 55

Zuschüsse des Landes bis zu 50 % der Aufwendungen der Planungsgemeinschaften gedeckt. Mit steigender Anzahl der Planungsgemeinschaften nahmen die staatlichen Zuschüsse für die einzelne Planungsgemeinschaft jedoch kontinuierlich ab und damit die Möglichkeiten der Landesplanung, auf die Planungstätigkeit der Planungsgemeinschaften Einfluß zu nehmen. Offensichtlich entsprechen die Landeszuschüsse nicht der Aufgabenstellung der regionalen Planungsgemeinschaften, so daß in Baden-Württemberg die Regionalplanung als staatliche Aufgabe überwiegend von Gemeinden und Gemeindeverbänden finanziert wird[35].

Entscheidende Grundlage der Finanzierung der Tätigkeit der Planungsgemeinschaften ist in Baden-Württemberg eine Umlage unter den Mitgliedern, die nach Höhe und Art unterschiedlich ausgestaltet ist. In den meisten Planungsgemeinschaften werden Landkreise und Gemeinden zur Finanzierung herangezogen; der Finanzierungsanteil der einzelnen Gemeinden wird in der Regel über einen Schlüssel, der an die Einwohnerzahl (Neckar-Fils) oder Steuerkraft (Württemberg-Mitte) anknüpft, ermittelt[36].

Aus der Verteilung der Finanzierungslast auf die Mitglieder der Planungsgemeinschaften lassen sich Hinweise auf die Stärke der Interessen der Mitgliedergruppen an der Regionalplanung ablesen (mit der Einschränkung des Finanzausgleichsaspekts) und damit wohl auch, wem die Planungstätigkeit überwiegend zugute kommt. So ist bezeichnend, daß in Ballungs- und Verdichtungsgebieten, etwa bei der Planungsgemeinschaft Württemberg-Mitte, die Gemeinden drei Viertel, die Landkreise nur ein Viertel der Umlage tragen, während in dem ländlichen und strukturschwachen Gebiet der Planungsgemeinschaft Hohenlohe nur die Kreise zur Finanzierung herangezogen werden.

Gemessen an den Aufgaben der Planungsgemeinschaften, speziell der Notwendigkeit umfassende Strukturuntersuchungen durchzuführen, sind die Finanzmittel der Planungsgemeinschaften als unzureichend zu bezeichnen[37].

---

[35] Im Landtag wurde deshalb bei der Beratung des Staatshaushaltsplans für 1970 ein (allerdings abgelehnter) Antrag gestellt, der eine Verdoppelung der Zuschüsse von 400 000 auf 800 000 DM vorsah. Vgl. Antrag der Abg. Weyrosta und Gen. betr. Zuschüsse an regionale Planungsgemeinschaften, Landtag-Drucksache V—1806 (5. Wahlperiode).

[36] Um die finanzielle Belastung zu verdeutlichen, sei auf die Umlage der Planungsgemeinschaft Donau-Iller-Blau hingewiesen, die 1969 bei insgesamt 105 000 DM 0,26 DM je Einwohner betragen hat. Nach Auskunft der Planungsgemeinschaft Donau-Iller-Blau.

[37] Das ist auch die Auffassung der befragten Regionalplaner.

2. Teil: Konzeption der regionalen Planungsgemeinschaften

IV. Zur Größe und Abgrenzung der Planungsräume

1. Vorbemerkung: Allgemeine Probleme der Abgrenzung von regionalen Planungsräumen

Erfolg und Wirksamkeit der Regionalplanung hängen von der Größe und Abgrenzung der Planungsräume ab. Die anwendbaren Methoden der Regionalanalyse, die Auswahl der Ziele, die Art der zur Zielerreichung einzusetzenden Mittel und die Effizienz einer Zusammenarbeit (horizontale und vertikale Koordination) der einzelnen Planungsträger werden durch die räumliche Ausdehnung der Planungsgemeinschaften bestimmt. Zugleich ist eine unter wissenschaftlichen Aspekten befriedigende Regionsabgrenzung als eine der schwierigsten Aufgaben praktischer Raumordnungspolitik anzusehen. „Die Probleme der Regionenbildung treten in aller Schärfe auf, wenn es gilt, das gesamte Staatsgebiet im Dienste einer Regionalpolitik ‚aus einem Guß‘ (bei dezentralisierter Planungs- und Entscheidungsbefugnis) in Regionen einzuteilen[1]."

Wenn auch die Diskussion um den Regionsbegriff gezeigt hat, daß es weder die nach *allgemeingültigen Kriterien* abgegrenzte Raumeinheit[2] noch die *ideale* Raumeinheit gibt, die allen Interdependenzen entspricht, so steht die raumordnungspolitische Praxis vor dem Problem, *dennoch* praktikable regionale Planungseinheiten abzugrenzen.

Einigkeit besteht wohl darin, daß das Planungsgebiet der Planungsgemeinschaften weder zu groß noch zu klein sein und in der Größenordnung zwischen den Landkreisen und den Regierungsbezirken liegen sollte. Die Präzisierung dieser allgemeinen Aussage fällt bei einzelnen Autoren unterschiedlich aus. Ziegler sieht als Untergrenze mindestens drei Stadt- und Landkreise an und als Obergrenze nicht mehr als zehn Stadt- und Landkreise[3]. Bei kleineren Planungsgemeinschaften steht der Chance räumlich differenzieren zu können durch eine enge Verbindung mit den örtlichen Stellen (Sachnähe und Kenntnis der örtlichen Ziele und Interessen) das Problem gegenüber, daß örtliche Besonderheiten zu stark in den Vordergrund treten und eine *interregionale*

---

[1] N. *Kloten*, J. H. *Müller* und Mitarbeiter, a.a.O., S. 232.

[2] Generell gibt es so viele Regionen wie Kriterien der Abgrenzung; da jedoch keine allgemeingültigen Abgrenzungskriterien existieren, sind auch die Möglichkeiten der Bildung von Regionen praktisch unbegrenzt. Vgl. dazu O. *Boustedt* und H. *Ranz*: Regionale Struktur- und Wirtschaftsforschung, Aufgaben und Methoden, Bremen-Horn 1957, S. 33.

[3] Vgl. G. *Ziegler*: Artikel „Regionale Planungsgemeinschaften", a.a.O., Sp. 1662. Die Angabe von Kloten und Müller: „Halb so groß wie die Regierungsbezirke", liegt an der oberen Grenze von Ziegler, wenn man Baden-Württemberg mit vier Regierungsbezirken und 72 Stadt- und Landkreisen zugrundelegt. Vgl. N. *Kloten*, J. H. *Müller* und Mitarbeiter, a.a.O., S. 232.

IV. Zur Größe und Abgrenzung der Planungsräume

Koordination bei vielen kleinen Planungsgemeinschaften erschwert wird[4]. Ein Hinweis auf die Größe der Planungsgemeinschaften ergibt sich auch unter dem Aspekt, daß bestimmte raumordnungspolitische Ziele, etwa das einer aktiven Sanierung in strukturschwachen Gebieten, nur sinnvoll für größere räumliche Einheiten formuliert werden können und daß anspruchsvollere Methoden der Regionalanalyse und -prognose größere Einheiten (gebietlich und bevölkerungsmäßig) voraussetzen.

Da die Regionsabgrenzung eine der wichtigsten Vorentscheidungen praktischer Raumordnungspolitik darstellt, sei auf mögliche Prinzipien der Abgrenzung eingegangen. Allgemein können zur Abgrenzung von Regionen das *Homogenitätsprinzip,* das *Funktionalitätsprinzip* (Interdependenzprinzip) und das *Gestaltungsprinzip* herangezogen werden; entsprechend kann man homogene Regionen, funktionale Regionen und Programmregionen unterscheiden[5].

Als Kriterien zur Abgrenzung von homogenen Regionen können eine bestimmte Bevölkerungsdichte, Wirtschaftsstruktur u. a. herangezogen werden. Bei der funktionalen oder polarisierten Region handelt es sich um Gebiete, „die durch eine mehr oder weniger große Zahl überörtlicher Wechselbeziehungen verschiedenster Art und deren Orientierung auf ein wirtschaftliches Gravitationszentrum zu einer Einheit zusammengeschlossen werden"[6]. Es ist einleuchtend, daß unterschiedliche Teilräume das Ergebnis sind, je nachdem, ob man dem Homogenitätsprinzip entsprechend strukturgleiche Räume mit übereinstimmenden Entwicklungstrends abgrenzt oder dem Funktionalitätsprinzip entsprechend die Verflechtungen und Interdependenzen zugrunde legt. Da Programmregionen, bei denen das Abgrenzungsprinzip das Planziel oder der Planungsträger ist[7], sinnvoll nicht losgelöst von der sozialökonomischen Struktur abgegrenzt werden können, dürfte in der Praxis das Homogenitätsprinzip und/oder das Funktionalitätsprinzip die Grundlage bilden.

Entscheidend für eine adäquate Abgrenzung der Region sind letztlich Objekt und Ziel der Planung und Politik[8]. Da im Rahmen der Pla-

---

[4] Zum anderen besteht bei kleinen Planungsgemeinschaften die Gefahr, daß die Regionalplanung zur vereinfachten Flächennutzungsplanung wird.
[5] Vgl. *H. K. Schneider:* Modelle für die Regionalpolitik, in: ders. (Hrsg.): Beiträge zur Regionalpolitik, Schriften des Vereins für Socialpolitik, NF Bd. 41, Berlin 1968, S. 65 f.
[6] *O. Boustedt* und *H. Ranz,* a.a.O., S. 36.
[7] Unter Programmregion oder Planregion versteht man einen Raum, dessen Teile von ein und derselben zentralen zielsetzenden und koordinierenden Entscheidungsinstanz abhängen. Vgl. *P. Romus:* Zur Bestimmung des Begriffs Region, Raumforschung und Raumordnung, H. 3/4, 1964, S. 236.
[8] Vgl. *H. K. Schneider:* Modelle für die Regionalpolitik, a.a.O., S. 66; ähnlich auch *O. Boustedt* und *H. Ranz,* a.a.O., S. 33.

nungsgemeinschaften Regionalplanung und Raumordnungspolitik betrieben werden soll, wobei Raumordnungspolitik zentral auf die Beeinflussung sozialökonomischer Strukturen abzielt, sollten *primär funktionale Gesichtspunkte* bei der Abgrenzung der Planungsgemeinschaften herangezogen werden.

Neben der Auswahl sinnvoller Kriterien zur Regionsabgrenzung besteht ein weiteres Problem darin, daß, wenn mehrere (funktionale) Kriterien herangezogen werden, etwa die Verkehrsverflechtung, die Pendlerbeziehungen und die Versorgung mit zentralen Dienstleistungen, diese in der Regel eine unterschiedliche räumliche Ausdehnung haben, so daß die Grenzziehung in der Praxis immer auf einem Kompromiß beruhen wird[9].

Einen sinnvollen Ansatz zur Abgrenzung von Regionen nach sozialökonomischen Kriterien bildet das System der zentralen Orte und ihrer Einzugsbereiche. Dabei sollte möglichst ein Oberzentrum und dessen Verflechtungsbereich zum Ausgangspunkt gewählt werden, in ländlichen und strukturschwachen Gebieten ein ausbaufähiger Wachstumspol.

2. Größe und Abgrenzung der Planungsgemeinschaften in Baden-Württemberg

Nach diesen Ausführungen über allgemeine Probleme der Abgrenzung von regionalen Planungsräumen soll jetzt die räumliche Ausdehnung der Planungsgemeinschaften in Baden-Württemberg betrachtet werden. Dabei interessiert allgemein, unter welchen Aspekten die Abgrenzung der Planungsgemeinschaften vorgenommen wurde und speziell, ob *sozialökonomische (funktionale) Kriterien* Berücksichtigung fanden[10, 11].

Die Planungsgemeinschaften in Baden-Württemberg stellen den Versuch dar, die Grenzen administrativer und funktionaler Räume aufein-

---

[9] Vgl. dazu O. *Boustedt* und H. *Ranz*, a.a.O., S. 40; und N. *Kloten*, J. H. *Müller* und Mitarbeiter, a.a.O., S. 230.

[10] Dem Aufbau der Arbeit entsprechend soll hier nur das Konzept der räumlichen Ausdehnung der Planungsgemeinschaften dargestellt und auf einige neuralgische Punkte hingewiesen werden. Eine weitergehende Würdigung der Größe und Abgrenzung der Planungsgemeinschaften erfolgt weiter unten bei der Analyse ihrer Planungs- und Koordinationsfunktion.

[11] Eine Voraussetzung für die Anerkennung der Planungsgemeinschaften durch das Innenministerium ist, daß ihre Abgrenzung landesplanerischen Erfordernissen entspricht. „Es muß sich ... um ein Gebiet handeln, dessen sozialökonomische Struktur eine einheitliche raumordnerische Konzeption erfordert und ermöglicht." Innenministerium Baden-Württemberg (Hrsg.): Raumordnungsbericht der Landesregierung von Baden-Württemberg, a.a.O., S. 101.

IV. Zur Größe und Abgrenzung der Planungsräume

ander abzustimmen[12]. Ein wesentlicher Kompromiß zwischen administrativen und raumordnungspolitischen Erfordernissen besteht dabei darin, daß nur ganze Kreise zu Planungsgemeinschaften zusammengeschlossen wurden. Eine derartige Konzession an die Verwaltungsgliederung ist im Hinblick auf das Aufstellungsverfahren der Regionalpläne und deren Durchführung wohl unumgänglich, führt aber zwangsläufig dazu, daß die Mängel der historisch überkommenen Kreisgrenzen durch Zusammenlegung nur teilweise überwunden werden.

Die Anzahl der zu einer Planungsgemeinschaft zusammengeschlossenen Kreise ist recht unterschiedlich, die flächenmäßig kleinste Planungsgemeinschaft Schwarzwald-Mitte besteht nur aus den beiden Landkreisen Freudenstadt und Horb, die Planungsgemeinschaft Württembergisches Unterland aus dem Stadt- und Landkreis Heilbronn, während sich die flächenmäßig größte Planungsgemeinschaft Neckar-Alb auf das Gebiet von sechs Landkreisen erstreckt[13]. Eine Doppelmitgliedschaft der Landkreise besteht in zwei Fällen; die Kreise Biberach und Ehingen gehören sowohl der Planungsgemeinschaft Donau-Iller-Blau als auch der Planungsgemeinschaft Donau-Riß an; der Landkreis Karlsruhe ist Mitglied der Planungsgemeinschaften Nördlicher Schwarzwald und Zentrales Oberrheingebiet. Bei 72 Stadt- und Landkreisen in Baden-Württemberg und 20 bestehenden Planungsgemeinschaften liegt der Mitgliederdurchschnitt zwischen drei und vier Stadt- und Landkreisen. Regierungsbezirksgrenzen wurden bei der Gründung der Planungsgemeinschaften weitgehend eingehalten; Landesgrenzen wurden in zwei Fällen von den Planungsgemeinschaften überschritten, wo an der Landesperipherie Verdichtungsräume bestanden. Es handelt sich dabei um das Rhein-Neckar-Gebiet und den Raum Ulm/Neu-Ulm.

Der Entstehung der Planungsgemeinschaften in Baden-Württemberg als *freiwillige kommunale Organisationen* entsprechend wurden sozialökonomische Kriterien nur sehr begrenzt zu ihrer Abgrenzung herangezogen. In der Regel gaben historische Gegebenheiten und kommunalpolitische Konstellationen (u. a. die persönliche Bekanntschaft und Feindschaft der Landräte) beim Zusammenschluß der Gemeinden und

---

[12] Daß dieser Versuch gelungen ist, wird zum Teil bejaht. So sieht Reiff in den Planungsgemeinschaften „eine optimale Lösung im Sinne einer Kooperation zwischen sozialökonomisch zusammengehörigen Gebietskörperschaften". *H. Reiff:* Regionale Planungsgemeinschaften, a.a.O., S. 4.

[13] Auch bei einem Vergleich der Flächen und der Bevölkerungszahlen der Planungsgemeinschaften fallen die bedeutenden Größenunterschiede auf. So übertrifft die flächenmäßig größte Planungsgemeinschaft Neckar-Alb mit über 3200 qkm die Planungsgemeinschaft Württembergisches Unterland um das Dreifache; bei der Wohnbevölkerung ist die Spanne zwischen der Planungsgemeinschaft Unterer Neckar (802 000 Einwohner) und Schwarzwald-Mitte (111 000 Einwohner) noch größer. Siehe dazu die Tabelle 3 im Anhang dieser Arbeit.

Kreise den Ausschlag. Die freiwillige Basis der Planungsgemeinschaften führte nicht unbedingt dazu, „daß es sich bei diesen Planungsräumen um Gebiete handelt, deren Teilräume enger miteinander verflochten sind und sich gegenseitig ergänzen"[14, 15]. In einzelnen Fällen, so z. B. bei den Planungsgemeinschaften Östlicher Bodensee-Allgäu und Westlicher Bodensee-Linzgau-Hegau wurden jüngere großräumig gegliederte Verwaltungen, die zum Teil schon sozialökonomische Raumbeziehungen erfaßten, zur Abgrenzung herangezogen[16].

Bei einer Gliederung des gesamten Landes in Regionen ist es vorteilhaft, eine Abgrenzung derart vorzunehmen, daß innerhalb der Region ein Ausgleich der Interessenlagen zwischen leistungsstarken und leistungsschwachen Gebieten möglich wird. Die *Ordnungsprobleme* der Verdichtungsgebiete und die *Entwicklungsprobleme* ländlicher und strukturschwacher Gebiete sind sicherlich im Verbund leichter zu lösen, d. h. mit einem leistungsstarken zentralen Ort als Zentrum der Region. Es ist wenig sinnvoll, „wenn das bisherige allgemeine Stadt-Land-Gefälle durch ein solches von reinen ‚Verdichtungsregionen' zu reinen ‚Agrarregionen' ersetzt und möglicherweise potenziert werden sollte"[17]. Dieses Prinzip wird insbesondere von der Planungsgemeinschaft Württembergisches Unterland nicht erfüllt, die nur den strukturstarken Stadt- und Landkreis Heilbronn umfaßt. Bestrebungen, auch strukturschwache Gebiete des Odenwalds und Hohenlohes in die Planungsgemeinschaft Württembergisches Unterland aufzunehmen, scheiterten daran, daß die infragekommenden Kreise sich nicht von der Zentralstadt (Oberzentrum) Heilbronn beherrschen lassen wollten[18]. Es lassen

---

[14] *G. Isbary:* Zur Gliederung des Bundesgebietes in Planungsräume, Die Öffentliche Verwaltung, 16. Jahrgang (1963), H. 21/22, S. 794.

[15] Auch von der staatlichen Landesplanung in Baden-Württemberg wird die Auffassung vertreten, daß die Planungsgemeinschaften unter dem Aspekt sozialökonomischer Kriterien zum Teil völlig falsch abgegrenzt sind. Zugleich wird jedoch betont, daß man im Innenministerium froh ist, daß die Planungsgemeinschaften überhaupt gegründet wurden.

[16] Für die drei Landkreise Tettnang, Ravensburg und Wangen waren schon vor Gründung der Planungsgemeinschaft Östlicher Bodensee-Allgäu das Wasserwirtschaftsamt, Straßenbauamt, Arbeitsamt und das Flurbereinigungsamt Ravensburg zuständig. Vgl. Planungsgemeinschaft Östlicher Bodensee-Allgäu: Bestandsaufnahme, Strukturdiagnose, Planungshinweise, München 1963, S. 1 f.

[17] *G. Stepper,* a.a.O., S. 105.

[18] Nach einer Auskunft der Planungsgemeinschaft Württembergisches Unterland.

Bei der Bildung der Planungsgemeinschaften Odenwald und Hohenlohe hat man ausgesprochene Problemgebiete abgegrenzt. Im Rhein-Neckar-Gebiet und im Raum Karlsruhe wiederum wurden ausgesprochene Aktivräume gebildet, was Becker-Marx zu der kritischen Bemerkung veranlaßte: „Mit dem was wir hier und heute Regionen nennen, haben wir nur Kreise um reiche und arme Gebiete gezogen." *K. Becker-Marx:* Die Regionalplanung, a.a.O., S. 60.

IV. Zur Größe und Abgrenzung der Planungsräume

sich mehrere andere Fälle aufzeigen, in denen sich die Abgrenzung der Planungsgemeinschaften aus kommunalpolitisch-taktischen Erwägungen ergab, etwa um die Macht- und Stimmenverhältnisse bei Stadt-Umland-Problemen auszubalancieren; mit der Folge, daß die Planungsgemeinschaften zu klein für eine sinnvolle Regionalplanung sind[19]. Diese Bedenken gelten auch für die Planungsgemeinschaften Donau-Riß und Schwarzwald-Mitte, die jeweils nur zwei ausgesprochen strukturschwache Landkreise umfassen[20].

Daß die Planungsgemeinschaften nicht oder nur begrenzt unter sozialökonomischem Aspekt als sinnvoll abgegrenzt bezeichnet werden können, zeigt auch das Beispiel der Planungsgemeinschaft Breisgau. Schon bei ihrer Gründung hat die Landesplanungsstelle beim Innenministerium die Vergrößerung des Planungsgebietes als eine wichtige Aufgabe aus der Sicht der Landesplanung bezeichnet, da überwiegende Teile der Landkreise Müllheim und Hochschwarzwald funktional zum Breisgau gehören[21]. Daß diese Vergrößerung nicht zustande kam, war einerseits dadurch bedingt, daß die Mitglieder der Planungsgemeinschaft Breisgau sich nicht noch mit Problemen der strukturschwachen Landkreise Hochschwarzwald und Müllheim befassen wollten, andererseits meinten die Vertreter des Landkreises Müllheim im Rahmen der Planungsgemeinschaft Hochrhein ein größeres politisches Gewicht zu haben[22].

Der problematischste Punkt der Abgrenzung der Planungsgemeinschaften in Baden-Württemberg ist wohl die Situation im Ballungs- und Verdichtungsgebiet Mittlerer Neckarraum. Die Landeshauptstadt Stuttgart wird von den drei Planungsgemeinschaften Württemberg-Mitte, Neckar-Filz und Rems-Murr eingeschlossen, ist jedoch selbst nicht Mitglied einer Planungsgemeinschaft. Die stärksten Konzentrationstendenzen und sozialökonomischen Interdependenzen dieser drei Planungsgemeinschaften liegen an der Peripherie ihres Planungsgebietes nach Stuttgart, so daß in diesem größten Ballungs- und Verdich-

---

[19] Vom ehemaligen Leiter der Abteilung Landesplanung im Innenministerium Baden-Württemberg, Ziegler, wurde darauf hingewiesen, daß Planungsgemeinschaften mit weniger als drei Stadt- und/oder Landkreisen sich nicht bewährt haben. Vgl. G. *Ziegler:* Zweck und Aufgaben von regionalen Planungsgemeinschaften, a.a.O., S. 16.

[20] Bei den Planungsgemeinschaften Donau-Riß und Schwarzwald-Mitte besteht ebenso wie bei den Planungsgemeinschaften Odenwald und Hohenlohe kein expansiver zentraler Ort (Oberzentrum) oder ein Wachstumspol, so daß notwendige Ansatzpunkte für eine aktive Entwicklungspolitik nicht vorhanden sind.

[21] Vgl. V. *Frhr. v. Malchus:* Zehn Jahre Planungsgemeinschaft Breisgau, a.a.O., S. 7.

[22] Nach einer Auskunft der Planungsgemeinschaft Hochrhein.

tungsgebiet Baden-Württembergs eine effektive Regionalplanung stark behindert wird[23].

V. Einige Besonderheiten der Planungsgemeinschaften in anderen Bundesländern

Die Themenstellung der Arbeit bezieht sich auf die Planungsgemeinschaften in Baden-Württemberg. Wenn hier dennoch regionale Organisationen in anderen Bundesländern betrachtet werden, so nur, um Besonderheiten der Planungsgemeinschaften außerhalb Baden-Württembergs — speziell weitergehende institutionelle Regelungen — aufzuzeigen und damit zugleich die „relative" Position der regionalen Planungsgemeinschaften in Baden-Württemberg zu charakterisieren. Planungsgemeinschaften sind neben Baden-Württemberg in den Landesplanungsgesetzen von Hessen, Niedersachsen, Bayern und Rheinland-Pfalz vorgesehen, in Schleswig-Holstein können sich regionale Landesplanungsverbände und im Saarland Planungsverbände mit ähnlichen Aufgaben bilden[1].

Die Alternativen der Organisation der Regionalplanung, Regionalplanung durch regionale Planungsgemeinschaften bzw. Planungsverbände als Zusammenschlüsse von Gemeinden und/oder Gemeindeverbänden und Regionalplanung durch staatliche Dienststellen, wobei Gemeinden und Gemeindeverbände über ein Anhörungsverfahren zu beteiligen sind, kommen beide vor. Regionalplanung durch staatliche Behörden ist allerdings nur in Bayern vorgesehen; das Bayerische Landesplanungsgesetz vom 1. Februar 1970 sieht die Bildung von „Regionalen Planungsverbänden" vor, die Planaufstellung soll jedoch durch staatliche Stellen (Bezirksplanungsstellen) im Auftrage der Gemeinden und Gemeindeverbände erfolgen[2]. Die Länder Rheinland-

---

[23] Bei der Abgrenzung der Planungsgemeinschaft Donau-Iller-Blau ist man im gedanklichen Ansatz von der Stadtregion nach Boustedt'schen Kriterien, speziell den Pendlerbeziehungen ausgegangen, hat aber letztlich nur ganze Landkreise in das Planungsgebiet einbezogen. Da die Landkreisabgrenzung wesentlich von dem nach sozialökonomischen Kriterien abgegrenzten Verflechtungsbereich abweicht, hat man alle Landkreise als Mitglieder in die Planungsgemeinschaft aufgenommen, die Mitgliedschaft der Gemeinden aber auf den engeren Verflechtungsbereich des Oberzentrums Ulm/Neu-Ulm begrenzt. Nach Auskunft der Planungsgemeinschaft Donau-Iller-Blau.

[1] Vgl. dazu die Zusammenstellung bei G. *Brenken:* Organisation der Regionalplanung, insbesondere in territorialer Hinsicht, in: Veröffentlichungen der Akademie für Raumforschung und Landesplanung, Abhandlungen, Bd. 54, Hannover 1968, S. 3 ff. Die drei Landesplanungsgemeinschaften in Nordrhein-Westfalen nehmen unter dem Aspekt der Größe und der Aufgaben eine Sonderstellung ein.

[2] Besonders umstritten war im bayerischen Landesplanungsgesetz die Bestimmung, daß bei Nichteinigung der Mitglieder eines regionalen Planungsverbands über den Regionalplan, die Bezirksplanungsstelle ihn zwangs-

V. Planungsgemeinschaften in anderen Bundesländern

Pfalz und Nordrhein-Westfalen haben die Regionalplanung den Kommunen als Selbstverwaltungsaufgabe übertragen. Ähnliche Regelungen wie in Baden-Württemberg, also Regionalplanung als staatliche Aufgabe, die aber an kommunale Zusammenschlüsse (Planungsgemeinschaften) delegiert werden kann, sehen die Landesplanungsgesetze von Hessen, Niedersachsen, Schleswig-Holstein und dem Saarland vor[3]. Abweichend von der Situation in Baden-Württemberg, wo nur die Planungsgemeinschaften als Zusammenschlüsse von Gemeinden und Gemeindeverbänden Regionalpläne aufstellen dürfen, können in Hessen, Schleswig-Holstein und dem Saarland auch Landkreise bzw. kreisfreie Städte Träger der Regionalplanung sein[4].

Gemeinsam ist den Planungsgemeinschaften in allen Bundesländern (ausgenommen sind die sondergesetzlichen Planungsverbände), daß sich ihre *Kompetenzen auf Planungsaufgaben beschränken* und daß eine *verbindliche Regionalplanung* nur mit Zustimmung der *staatlichen Landesplanung* möglich ist. Das gilt auch für Hessen, wo die Planungsgemeinschaften verbindliche Pläne aufstellen können. Der Regionalplan etwa der Planungsgemeinschaft Untermain erlangt erst mit der Billigung durch die Landesregierung Rechtskraft[5]; er bildet dann ein Teilstück des Landesraumordnungsplans für Hessen[6].

Über die Regionalplanung hinausgehende Kompetenzen haben in der BRD nur sondergesetzliche Planungsverbände, etwa der Siedlungsverband Ruhrkohlenbezirk und der Verband Großraum Hannover. Der Siedlungsverband Ruhrkohlenbezirk ist wie der Verband Großraum Hannover Träger der Regionalplanung und Durchführungsorgan, als Selbstverwaltungskörperschaft nimmt er kommunale und staatliche Aufgaben wahr[7].

Da die Aufgabenstellung des Verbands Großraum Hannover über die anderer Planungsverbände in Ballungs- und Verdichtungsgebieten hinausgeht und die neueste Entwicklung charakterisiert, sei hier auf dieses Modell etwas näher eingegangen. Neu ist gegenüber anderen Planungsgemeinschaften und Planungsverbänden — mit Ausnahme

---

weise aufstellen kann. Nach Auskunft der Planungsgemeinschaft Donau-Iller-Blau.

[3] Vgl. G. *Müller:* Möglichkeiten der Realisierung von regionalen Entwicklungs- und Raumordnungsplänen, Informationsbriefe für Raumordnung, Hrsg.: Der Bundesminister des Innern, (R.O. 1.2), Stuttgart 1969, S. 3 f.

[4] Vgl. W. *Ernst,* a.a.O., S. 161.

[5] Vgl. H. *Sander,* a.a.O., S. 121.

[6] Vgl. A. v. *Hesler:* „Die Regionale Planungsgemeinschaft Untermain", in: Methoden und Praxis der Regionalplanung in großstädtischen Verdichtungsräumen, Veröffentlichungen der Akademie für Raumforschung und Landesplanung, Forschungs- und Sitzungsberichte, Bd. 54, Hannover 1969, S. 35.

[7] Vgl. dazu F.-J. *Hessing,* a.a.O., S. 107.

des Siedlungsverbands Ruhrkohlenbezirk —, daß der Verband Großraum Hannover *neben Regionalplanungs- auch Finanzierungs- und Durchführungskompetenzen* hat. Er kann eine aktive Bodenpolitik betreiben, etwa zur Sicherung von Erholungsflächen und großräumiger Infrastrukturprojekte; weiterhin ist es ihm erlaubt, entwicklungsbestimmende Aufgaben zu übernehmen, die der Durchsetzung des Regionalplans dienen, etwa durch eine finanzielle Beteiligung bei Infrastrukturmaßnahmen der Verbandsmitglieder, speziell beim Bau von Verkehrsanlagen[8, 9]. Neben dem kommunalen Aufgabenbereich nimmt der Verband auch einige staatliche Aufgaben wahr, etwa die einer unteren Naturschutzbehörde. Die Koordinierung der kommunalen Bauleitpläne mit dem Regionalplan ist eine wesentliche Aufgabe des Verbands Großraum Hannover, allerdings hat man ihm die Genehmigungskompetenz für die Bauleitpläne nicht übertragen[10].

Die Rechtsformen der Planungsgemeinschaften differieren in den einzelnen Ländern; es ist jedoch eine Tendenz zu *öffentlich-rechtlichen* Organisationsformen erkennbar, die die Aufstellung *verbindlicher* Regionalpläne erlauben. Diese Tendenz wurde besonders deutlich durch die Verabschiedung der jüngsten Landesplanungsgesetze in Rheinland-Pfalz und Bayern, die eine öffentlich-rechtliche Organisation der Planungsgemeinschaften vorsehen. Körperschaften des öffentlichen Rechts im Sinne des Zweckverbandsgesetzes sind auch der Regionale Landesplanungsverband Kieler Umland in Schleswig-Holstein und die Planungsgemeinschaft Untermain in Hessen[11, 12].

Hinsichtlich der Größe und Abgrenzung der regionalen Planungsräume bestehen zwar Unterschiede in den einzelnen Ländern, doch zeichnet sich in allen Flächenländern eine weitgehend übereinstimmende Praxis ab; es werden mehrere Landkreise und kreisfreie Städte zu einer Planungsregion zusammengefaßt, wobei sich vergleichbare

---

[8] Vgl. *H. Weil, G. Kappert* und *E. Richels:* „Der Großraum Hannover", in: Methoden und Praxis der Regionalplanung in großstädtischen Verdichtungsräumen, Veröffentlichungen der Akademie für Raumforschung und Landesplanung, Forschungs- und Sitzungsberichte, Bd. 54, Hannover 1969, S. 18.

[9] Bei der Verwendung der Verbandsumlage für Entwicklungsmaßnahmen wird zugleich ein Finanzausgleich im Rahmen des Regionalverbands angestrebt. Vgl. *G. Stepper,* a.a.O., S. 110.

[10] Vgl. *H. Weil, G. Kappert* und *E. Richels,* a.a.O., S. 17.

[11] Vgl. *G. Stepper,* a.a.O., S. 103.

[12] Das Hessische Landesplanungsgesetz ermöglicht die Bildung von „Regionalen Planungsgemeinschaften" als Zweckverbände, die dann Träger der Regionalplanung sind und verbindliche Regionalpläne aufstellen können und „Allgemeinen Planungsgemeinschaften", bei denen die Planungskompetenz bei den Kreisen verbleibt, die erstellten Regionalpläne sind dann allerdings unverbindlich für andere öffentliche Planungsträger. Vgl. *A. v. Hesler,* a.a.O., S. 33.

Durchschnittswerte (bei z. T. sehr starker Streuung der Einzelwerte) nach Fläche bzw. Einwohnerzahl der sechs Planungsräume in Schleswig-Holstein, elf bzw. zwölf in Hessen, neun in Rheinland-Pfalz, zwanzig in Baden-Württemberg und zweiundzwanzig in Bayern ergeben[13]. Abweichend von der Regelung in Baden-Württemberg, wo die Gebiete der Planungsgemeinschaften durch die Gemeinden und Gemeindeverbände auf freiwilliger Basis abgegrenzt wurden, erfolgte eine Abgrenzung in Rheinland-Pfalz durch ein besonderes Regionengesetz, in Schleswig-Holstein durch staatlichen Hoheitsakt[14].

Zusammenfassend läßt sich feststellen, daß sich eine *Vielzahl unterschiedlicher Konzeptionen zur Institutionalisierung der Regionalplanung* im Laufe der Zeit herausgebildet hat, wobei sich ein Entwicklungsprozeß zu einer relativ einheitlichen Konzeption abzeichnet. Es ist die *Tendenz* zu regionalen Planungsgemeinschaften oder Regionalverbänden erkennbar, die die Gebiete der Länder lückenlos überdecken (wobei die Abgrenzung von staatlicher Seite erfolgt), öffentlich-rechtlich organisiert sind und verbindliche Regionalpläne erstellen können.

Ausgehend von der Notwendigkeit der Raumordnungspolitik in der Region wurden im ersten Tiel der Arbeit Bedingungen einer *rationalen und konsistenten Raumordnungspolitik* formuliert, die den Referenzrahmen für die Beurteilung der regionalen Planungsgemeinschaften in Baden-Württemberg bilden. Die Ausführungen über die Entstehung und Entwicklung der Planungsgemeinschaften in Baden-Württemberg, ihre Aufgaben und Kompetenzen und die institutionellen Regelungen bilden für die folgende Darstellung und kritische Würdigung der Funktionen der Planungsgemeinschaften Informationsbasis und Problemhintergrund.

---

[13] Vgl. *G. Brenken*, a.a.O., S. 13.
[14] Vgl. ebenda, S. 4 und 9. Auch für Bayern ist eine Einteilung des gesamten Landes in Regionen durch staatliche Stellen vorgesehen.

Dritter Teil

Darstellung und kritische Würdigung der Funktionen[1] der regionalen Planungsgemeinschaften

I. Die regionalen Raumordnungs- und Entwicklungspläne

1. Ausarbeitung und Aufstellungsverfahren der Regionalpläne

a) Der Prozeß der Willensbildung bei der Planaufstellung

In der Aufstellung von regionalen Raumordnungs- und Entwicklungsplänen kann die Hauptaufgabe der regionalen Organisation gesehen werden. Die von den Planungsgemeinschaften erstellten Regionalpläne stehen daher im Mittelpunkt der weiteren Betrachtungen[2]. Bevor die Frage untersucht wird, inwieweit die von den Planungsgemeinschaften erstellten Konzeptionen „rational" sind, d. h. wissenschaftlichen Anforderungen genügen, sei hier zunächst auf Probleme der Ausarbeitung und Aufstellung eingegangen. Dabei soll das Zusammenwirken der an der Aufstellung des Regionalplans beteiligten Institutionen und Gruppen im Planungsprozeß aufgezeigt und auf einige typische Probleme und Konflikte bei der Planaufstellung hingewiesen werden.

---

[1] Unter Funktion soll hier in Anlehnung an den Wortgebrauch der soziologischen Organisationstheorie die reale Wirkung, das Ergebnis, der faktische „output" einer Organisation verstanden werden. Die Funktionen der Planungsgemeinschaften in diesem Sinne sind empirisch zu ermittelnde Tatbestände. Dagegen wird unter Organisationsziel das angestrebte Ergebnis, die angestrebte Wirkung verstanden. Vgl. R. Mayntz: Artikel „Organisationsziel", in: Handbuch der Organisation, Stuttgart 1969, Sp. 1256. Der Themenstellung entsprechend handelt es sich in diesem Teil der Arbeit um den Versuch, die raumordnungspolitische Wirkung, das Ergebnis der Planungsgemeinschaften (indirekt) zu erfassen und kritisch zu würdigen.

[2] Die beiden Hauptfunktionen der Planungsgemeinschaften, die *Planungsfunktion* und die *Koordinationsfunktion* sind praktisch kaum zu trennen. Die Planungsfunktion umfaßt die Analyse und Prognose, die Zielformulierung und die Strategie, während die Koordination zwar zentral bei der Durchsetzung der Regionalpläne ansetzt, aber auch schon in den früheren Planungsphasen, etwa der Prognose und der Zielformulierung, erforderlich ist. Rationale Rahmenplanung setzt bei mehreren über- und untergeordneten Entscheidungsträgern immer ein gewisses Maß an Koordination voraus. Hier sollen jedoch aus didaktischen Gründen die beiden Funktionen getrennt behandelt werden, wobei sich Überschneidungen allerdings nicht vermeiden lassen.

I. Die regionalen Raumordnungs- und Entwicklungspläne

Die Probleme der Willensbildung bei der Planaufstellung können einerseits unter dem mehr formalen Aspekt der Reihenfolge und der Verfahren des Zusammenwirkens der verschiedenen Planungsträger bei der Aufstellung betrachtet werden; andererseits soll versucht werden zu lokalisieren, wo die politischen Entscheidungen getroffen werden und welche Gruppen Ziele und Inhalte der Pläne festlegen.

Die Entwürfe zu den Regionalplänen werden in der Regel von den Planungsstellen der Planungsgemeinschaften erarbeitet. In mehreren Fällen wurden private Planungsbüros oder Institute mit Strukturuntersuchungen beauftragt; dabei hängt der Erfolg dieses Vorgehens weitgehend von einer laufenden Interaktion zwischen dem privaten Planer und den Planungsgremien der Planungsgemeinschaft ab[3]. Die Planungsstellen der Planungsgemeinschaften erarbeiten in der Regel das notwendige Grundlagenmaterial und Zielvorschläge. Im Vorstand bzw. in den zuständigen Planungsgremien (Planungsrat, Planungsbeirat) werden die eigentlichen planerischen Entscheidungen getroffen, hier werden die Alternativen diskutiert, die Zielvorstellungen konkretisiert und zum Regionalplanentwurf verdichtet.

Es hat sich bei der Erarbeitung der Regionalpläne als vorteilhaft erwiesen, die Planbetroffenen, also Gemeinden, Kreise, staatliche Behörden und Verbände in einem möglichst frühen Stadium zu beteiligen, d. h. mitentscheidend oder doch beratend hinzuzuziehen. Dabei haben sich Planungsräte bzw. Planungsbeiräte zur Institutionalisierung der Planaufstellung unter Beteiligung aller relevanten Institutionen und Gruppen besonders bewährt; sie stellen sicher, daß die Entscheidung über die Planziele ein Ergebnis der Interaktion zwischen Planungsstelle, Führungsgremien der Planungsgemeinschaft und den Planbetroffenen ist. Eine Teilnahme an der Planaufstellung selbst, nicht nur in Form der Anhörung über den fertiggestellten Regionalplanentwurf, eröffnet den Gemeinden, Kreisen, staatlichen Fachplanungsträgern u. a. die Möglichkeit, Sachinformationen zu geben, Interessen zu offenbaren und eigene Zielvorstellungen in den Regionalplan einfließen zu lassen. Zugleich stellt die Beteiligung möglichst vieler öffentlicher und privater Planungsträger bei der Planaufstellung sicher, daß die Regionalpläne *Produkte demokratischer Entscheidungsprozesse* dar-

---

[3] Schlechte Erfahrungen hat in dieser Beziehung die Planungsgemeinschaft Rems-Murr gemacht, wo ein privater Planer den Entwurf zum Regionalplan erstellt und dabei eigene raumordnungspolitische Ziele ohne engen Kontakt mit den betroffenen Gemeinden und Landkreisen formuliert hat, mit der Folge, daß die Mitglieder der Planungsgemeinschaft den Entwurf nicht akzeptierten. Nach Auskunft der Planungsgemeinschaft Rems-Murr. Dieses und andere Beispiele deuten darauf hin, daß eine leistungsfähige Planungsstelle notwendige Voraussetzung für eine erfolgreiche Regionalplanung ist.

stellen und daß die Ziele der Regionalpläne aus den Wertvorstellungen und Wünschen der Bevölkerung „abgeleitet" werden[4]. In vielen Planungsgemeinschaften wird auch mit der Landesplanung schon im Stadium der Plankonzipierung zusammengearbeitet, so nahmen etwa in der Planungsgemeinschaft Breisgau Vertreter der nachgeordneten Landesplanungsbehörde beim Regierungspräsidium an den Beratungen des Vorstands über den Regionalplan teil[5].

Nach der Erstellung des Regionalplanentwurfs durch die Planungsgremien der Planungsgemeinschaft wird dieser den Gemeinden, Kreisen, Verbänden und staatlichen Behörden zur Anhörung zugeschickt[6]. Auf kommunaler Ebene wird der Regionalplan in Gemeinderäten und Kreisräten diskutiert und das Ergebnis in entsprechenden Stellungnahmen festgelegt. Die schriftlichen Stellungnahmen der betroffenen Planungsträger werden dann — in der Regel unter Berücksichtigung *aller* kommunalen Wünsche — in den Regionalplan eingearbeitet[7]. Über den Regionalplanentwurf wird dann in der Mitgliederversammlung abgestimmt, womit gegebenenfalls die „politische" Sanktionierung verbunden ist.

Der weitere Verfahrensgang soll im wesentlichen sicherstellen, daß der Regionalplan mit den übergeordneten Landesplänen abgestimmt ist[8]. Die Planungsgemeinschaften stellen einen Antrag auf *Unbedenk-*

---

[4] Es wird versucht, den regionalen Entwicklungsplan durch einen Prozeß ständiger Kommunikation in der Breite von unten herauf entstehen zu lassen. Vgl. *J. W. Streif:* Erfahrungsbericht der Planungsgemeinschaft Odenwald, Vortrag gehalten auf der 7. Regionalplanertagung des Landes Baden-Württemberg in Eberbach am 22. Januar 1965, S. 22, als Manuskript vervielfältigt.

[5] Vgl. *V. Frhr. v. Malchus:* Zehn Jahre Planungsgemeinschaft Breisgau, a.a.O., S. 12 f.

[6] Das Landesplanungsgesetz schreibt eine Beteiligung der Behörden des Landes, der Gemeinden, der Landkreise und der Bundesbehörden bei der Aufstellung der Regionalpläne vor, soweit sie unmittelbar durch die Planungen betroffen werden. Vgl. Landesplanungsgesetz Baden-Württemberg, a.a.O., § 17 Abs. 2. Eine ausreichende Beteiligung betroffener Planungsträger an der Planaufstellung ist auch Voraussetzung für die Unbedenklichkeitserklärung durch das Innenministerium.

[7] Wie umfangreich dieses Aufstellungsverfahren ist, geht daraus hervor, daß sich z. B. der Vorstand der Planungsgemeinschaft Breisgau zwischen 1963 und 1965 in 27 Sitzungen mit dem Regionalplanentwurf befaßte. Abgesehen von den mündlichen Beratungen im Vorstand, zu denen auch Behörden und Verbände hinzugezogen wurden, mußten 132 schriftliche Stellungnahmen berücksichtigt werden. Vgl. *V. Frhr. v. Malchus:* Zehn Jahre Planungsgemeinschaft Breisgau, a.a.O., S. 12.

[8] Zu den Rechtsgrundlagen für die Unbedenklichkeitserklärung eines Regionalplans vgl. *H. Reiff:* Methodik und Inhalt der Regionalpläne als Voraussetzung für eine Unbedenklichkeitserklärung, Vortrag gehalten auf der Regionalplanertagung für den Regierungsbezirk Südbaden am 28. November 1966 in Kirchzarten, Innenministerium Baden-Württemberg, Rund-

I. Die regionalen Raumordnungs- und Entwicklungspläne

lichkeitserklärung beim Innenministerium. Die Landesregierung, die betroffenen Ministerien und der Landesplanungsrat beim Innenministerium überprüfen dann, ob staatliche Planungen dem Regionalplan entgegenstehen. Die staatliche Landesplanung hat *kein Weisungsrecht* und damit die Möglichkeit zu erzwingen, daß bestimmte landesplanerische Ziele in den Regionalplan aufgenommen werden; das Innenministerium kann jedoch bei nicht zu lösenden Zielkonflikten die Unbedenklichkeitserklärung verweigern[9, 10].

Das Planaufstellungsverfahren in den Planungsgemeinschaften mit der Unbedenklichkeitserklärung durch das Innenministerium ist als Form mit viel Eigengewicht der Region bzw. der kommunalen Selbstverwaltung anzusehen[11]. Trotz des Instruments der Unbedenklichkeitserklärung können die Regionalpläne nicht als Synthese von Vorstellungen auf kommunaler und staatlicher Ebene bezeichnet werden; das Gewicht der kommunalen Selbstverwaltung überwiegt. Gemeinden und Kreise haben den stärksten Einfluß auf die Regionalpläne, sie sind letztlich ein Ausdruck *kommunaler und regionaler Interessen*[12]. Dabei ist in den ländlichen Gebieten der starken Stellung der Landräte entsprechend der Einfluß der Kreise bei der Zielformulierung tendenziell stärker, in den Ballungs- und Verdichtungsgebieten der Einfluß der größeren Städte[13].

---

brief Nr. 3 für die Landesplanung in Baden-Württemberg, a.a.O., S. 32 f., (im folgenden zitiert als *H. Reiff:* Methodik und Inhalt der Regionalpläne).

[9] Vgl. dazu *E. D. Rasch:* Rechtsfragen der Regionalplanung, a.a.O., S. 75 f.

[10] Den Regionalplänen Östlicher Bodensee-Allgäu, Westlicher Bodensee-Linzgau-Hegau, Schwarzwald-Baar-Heuberg und Breisgau wurde zunächst die Unbedenklichkeitserklärung verweigert; die Planziele des Regionalplans Breisgau wurden erst nach langwieriger Überarbeitung im Jahre 1970 für unbedenklich erklärt. Allerdings waren nicht nur Zielkonflikte mit übergeordneten Landesplänen dafür ausschlaggebend, sondern vor allem Form- und Sachmängel der Regionalpläne; speziell die Tatsache, daß die Planziele nicht klar herausgearbeitet wurden. Interessant ist, daß sich die Änderungswünsche des Innenministeriums und der anderen Ministerien beim Regionalplan Östlicher Bodensee-Allgäu nur zu 20 % auf die Planziele bezogen. Vgl. *H. Reiff:* Methodik und Inhalt der Regionalpläne, a.a.O., S. 36.

[11] Das ergibt sich auch aus der Regelung der Anpassungspflicht der Gemeinden gegenüber dem Regionalplan. Es steht den Mitgliedern der Planungsgemeinschaft frei, die geeignete Form (z. B. Unbedenklichkeitserklärung) zu bestimmen, in der der Regionalplan für die einzelne Gemeinde wirksam werden soll.

[12] Dem entspricht das Selbstverständnis der Mitglieder der Planungsgemeinschaften, das z. B. in der Feststellung des Regionalplans Neckar-Alb zum Ausdruck kommt: „Der Regionalplan ist ein Plan der kommunalen Selbstverwaltung." Regionale Planungsgemeinschaft Neckar-Alb (Hrsg.): Entwurf 1969 zum Regionalplan Neckar-Alb, o. O., 1969, S. 3.

[13] Fundierte weitergehende Aussagen über die Einflußverteilung der einzelnen Planungs- und Entscheidungsträger sind nur möglich durch soziologisch orientierte Untersuchungen der Entscheidungsprozesse in den Pla-

Insgesamt kann die Aufstellung der Regionalpläne als demokratischer Entscheidungsprozeß angesehen werden, an dem alle betroffenen Planungsträger beteiligt werden und der ein gewisses Maß an Koordination schon in der Aufstellungsphase der Regionalpläne sicherstellen soll. Welche typischen Probleme und Konflikte bei der Planaufstellung auftreten, wird der nächste Abschnitt zeigen.

b) *Probleme und Konflikte bei der Planaufstellung*

Probleme und Konflikte, die bei der Aufstellung der Regionalpläne auftreten, sind vielfältig und auf die verschiedensten Ursachen zurückzuführen. Hier sollen jene Probleme und Konflikte herausgestellt werden, die durch die besondere rechtliche und organisatorische Gestaltung der Planungsgemeinschaften bedingt sind[14]. Regionale Raumordnungs- und Entwicklungspläne der Planungsgemeinschaften sind als Rahmenpläne primär *Hilfsmittel zur Vorbereitung von politischen Entscheidungen anderer Planungsträger;* die Praxis der Regionalplanung zeigt jedoch, daß mit der Aufstellung eines unverbindlichen Regionalplans ein komplizierter Entscheidungsprozeß verbunden ist, da Ziele und Maßnahmen festgelegt werden müssen. Auch wenn es sich nicht um verbindliche Ziele handelt, die im Regionalplan formuliert werden, ist mit ihrer konkreten Festlegung oft eine Zuteilung von zumindest *potentiellen Entwicklungschancen* verbunden[15].

Besonders wenn eine Planungskonzeption auf dem Prinzip der Konzentration der Funktionen beruht und allokationspolitische Entscheidungen enthält, etwa Entwicklungsschwerpunkte mit einer Konzentration der Bevölkerung, der Arbeitsplätze und der Infrastruktur, durch die bestimmte Gebietsteile in ihrer Entwicklung gefördert bzw. behindert werden, ist die Planaufstellung (Zielformulierung) als *politisches* Problem anzusehen. Regionalpläne, die unter Mitwirkung von Bürgermeistern, Gemeinderäten und Kreisgremien erstellt werden, „sind nie wertfrei und bedeuten immer Politik"[16, 17].

---

nungsgremien. Einzelne Aspekte werden u. a. bei der Überprüfung der Ziele der Regionalpläne herausgearbeitet.

[14] Auf theoretische und methodische Probleme bei der Erstellung der Regionalpläne wird weiter unten eingegangen.

[15] Diese Zuteilung von Entwicklungschancen wird effektiv in dem Moment, wo kommunale oder staatliche Durchführungspläne sich an den Zielsetzungen der Regionalpläne orientieren.

[16] W. *Nährlich:* Regionalplanung Nordschwarzwald, Jahresbericht der Planungsstelle 1968, S. 3, als Manuskript vervielfältigt.

[17] Zumindest bei der Aufstellung der ersten Regionalpläne in Baden-Württemberg hatten die Kommunalpolitiker die Planerstellung noch nicht als politische und damit eigene Aufgabe erkannt. Sie sahen sich eher in der

I. Die regionalen Raumordnungs- und Entwicklungspläne

Ziel- und Interessenkonflikte zwischen den Gebietskörperschaften sind bei einer Planung, die *Wohlstandsverschiebungen* impliziert, die Regel. Die rechtliche und organisatorische Ausgestaltung der Planungsgemeinschaften ist danach zu beurteilen, ob sie bei Zielkonflikten zwischen Gebietskörperschaften die *notwendigen Kompromisse und Entscheidungen* herbeiführen kann, die eine einheitliche und wirkungsvolle Raumordnungspolitik zur Voraussetzung hat.

Die Erfahrung zeigt, daß die Konflikte und Auseinandersetzungen innerhalb der Planungsgremien und die Opposition von außen gegen einen Regionalplanentwurf um so stärker sind, je *konkreter* die Entwicklungsziele formuliert werden. Die rechtliche und organisatorische Gestaltung der Planungsgemeinschaften führt dazu, daß die lokalen Machtträger, die Bürgermeister und Landräte, faktisch eine Vetomacht bei der Planaufstellung haben; sie können jeden Planungsvorschlag blockieren. Wenn auch nach den Satzungen der Planungsgemeinschaften in der Mehrzahl der Fälle das Mehrheitsprinzip für Entscheidungen in den Planungsgremien und der Mitgliederversammlung gilt, so zeigt die planerische Praxis, daß Einstimmigkeit die Regel ist[18]. Man kann wegen der schwachen Rechtsform der Planungsgemeinschaften — sie sind darauf angewiesen, daß insbesondere die betroffenen Gemeinden sich freiwillig an dem Regionalplan ausrichten, damit dieser wirksam wird — von einem *Zwang zur Einstimmigkeit* sprechen[19]. Das hat natürlich für die Qualität der Regionalplanung, die sich in der Regel nicht über mangelnde Konfliktsituationen beklagen kann, weitreichende Bedeutung.

Konflikte zwischen einzelnen Städten und Gemeinden bzw. Gemeindegruppen und Landkreisen, die regelmäßig auftreten, wenn das Planungskonzept eine *Konzentration von Funktionen* vorsieht, sind für die Planungsgemeinschaften besonders schwer zu lösen und werden daher möglichst umgangen. Das zeigt sich deutlich an den großen praktischen Schwierigkeiten bei der Erstellung eines Siedlungskonzepts, speziell bei der Ausweisung von zentralen Orten unterer Stufe[20]. Die Tendenz

---

Position des Auftraggebers, der vom Planer fertige Konzepte erwartet. Vgl. dazu *K. Becker-Marx:* Die Regionalplanung, a.a.O., S. 65; und *H. Lossnitzer:* Grenzen und Möglichkeiten der Regionalplanung, Die Verwaltungspraxis, 34. Jahrgang (1968), Heft 4, S. 85.

[18] Mehrheitsbeschlüsse bezüglich planerischer Fragen, z. B. der Ziele des Regionalplans, wurden bisher auch in den Planungsgemeinschaften nicht gefaßt, in denen sie nach der Satzung möglich sind. Nach Auskunft der Regionalplaner.

[19] Die Folge ist, daß die Planungsgremien eher „Debattierclubs" gleichen, in denen selten Entschlüsse über kontroverse Punkte gefaßt werden, da Einstimmigkeit erzielt werden muß.

[20] Vgl. dazu die Ausführungen S. 102 ff. dieser Arbeit.

einiger Planungsgemeinschaften, konfliktreiche allokationspolitische Entscheidungen nicht zu treffen oder auf staatliche Instanzen zu übertragen, führt dazu, „daß die Regionalplanung die Möglichkeit einer aktiven Gestaltung der Lebensverhältnisse an Instanzen außerhalb der Region abtritt und damit der Wert der Institution Regionalplanung an sich in Frage gestellt wird"[21]. Nicht allein bei der Ausweisung von zentralen Orten in den Regionalplänen treten für die Planungsgemeinschaften schwerlösbare bzw. unlösbare Konflikte auf, sondern tendenziell überall dort, wo den Mitgliedern „Zumutungen" gemacht werden und sie sich im Rahmen eines regionalen Konzepts bescheiden sollen[22].

Da die Regionalpläne nur wirksam werden können, wenn die betroffenen Gemeinden und Landkreise sie *freiwillig* akzeptieren und sich in ihren Planungen danach ausrichten, sind die Planungsgremien in der Regel gezwungen, ihre Planungsvorschläge *so lange zu modifizieren, bis alle Wünsche ihrer Mitglieder erfüllt sind*[23, 24].

Neben diesen wesentlich durch die rechtliche und organisatorische Struktur der Planungsgemeinschaften bedingten Problemen stehen andere, auf die hier nur hingewiesen werden kann. Landesplanung wie Regionalplanung sollte *konsistente Gesamtplanung* sein; gebietliche Teilpläne sollten sich in den übergeordneten Rahmenplan einfügen. Dafür ist erforderlich, daß erst Landesentwicklungspläne erstellt werden, in die sich dann die Regionalpläne einpassen. Diese Forderung der Theorie konnte in Baden-Württemberg nur unzulänglich erfüllt werden. Da der erste staatliche Gebietsentwicklungsplan Südliches Oberrheingebiet erst im Herbst 1966 im Entwurf vorlag, der Entwurf zum

---

[21] *H. Lossnitzer*, a.a.O., S. 84.

[22] Diese Feststellung entspricht der überwiegenden Auffassung der Regionalplaner.

[23] Siehe dazu auch die Ausführungen über die *Konkretheit* und *Realisierbarkeit* der Ziele in den Regionalplänen S. 89 ff. dieser Arbeit.

[24] Der Vorstand der Planungsgemeinschaft Mittelbaden hat es bisher abgelehnt, einen Regionalplan (Ziele) zu erstellen, da in Anbetracht des vom Landesplanungsgesetz vorgeschriebenen formalrechtlichen Verfahrens kaum mit einem planerischen Effekt zu rechnen ist — es muß mit jeder der 163 Gemeinden im Planungsgebiet um jede Formulierung „gerungen" werden — und es sich nicht lohnt, über längere Zeit an *schönen formalen Formulierungen* zu arbeiten, die nach allen Seiten hin „glatt" sein müssen und an planerischer Aussage nicht viel enthalten. Nach einer Auskunft der Planungsgemeinschaft Mittelbaden.
Bei der Beratung zum Regionalplanentwurf Westlicher Bodensee-Linzgau-Hegau wurde lange um einzelne konkrete Formulierungen gerungen, die dann in der Regel durch Nebenbedingungen wieder relativiert und abgeschwächt wurden, so daß das Ergebnis in einer *Befriedigung aller Wünsche* und „*Kongo-Formeln*" besteht, d. h. Planzielen, die für die Region Westlicher Bodensee wie für ein Entwicklungsland „sinnvoll" sind. Nach einer Auskunft der Planungsgemeinschaft Westlicher Bodensee-Linzgau-Hegau.

I. Die regionalen Raumordnungs- und Entwicklungspläne

Gebietsentwicklungsplan Mittlerer Neckarraum im Februar 1969 und der Entwurf zum Landesentwicklungsplan sich 1969/70 im Anhörungsverfahren befand, mußten die frühen Regionalpläne weitgehend *ohne Kenntnis der landesplanerischen Ziele* aufgestellt werden. Aus Mangel an regionalen Anschlußplänen — bedingt durch einen unterschiedlichen Zeitpunkt der Gründung — waren den Planungsgemeinschaften auch oft die regionalen Ziele angrenzender Räume nicht bekannt, so daß eine interregionale Koordination bei der Planaufstellung nicht bzw. nur begrenzt möglich war[25].

Das mosaikartige Zusammensetzen von gebietlichen und/oder fachlichen Teilplänen zu Regionalplänen, also Detailplanung ohne Zusammenhang zum umfassenden Rahmenplan, ist insofern problematisch, als bestimmte Daten der übergeordneten Planung in die Detailplanung eingehen müssen, soll diese nicht *inkonsistent* sein. Daher sind von der methodischen Seite starke Bedenken angebracht, wenn die Regionalplanung — wie z. B. in der Planungsgemeinschaft Nördlicher Schwarzwald — bei der vergröberten Flächennutzungsplanung (Bereichsplanung) beginnt und die Ortsplanungen dann mit Modifikationen zum Regionalplan aufsummiert werden[26].

Das Hauptproblem bei der Planaufstellung, so kann abschließend — auch im Hinblick auf Reformvorstellungen — zusammengefaßt werden, besteht darin, rechtliche und organisatorische Regelungen zu finden, die beiden Prinzipien, möglichst weitgehende Beteiligung der betroffenen Planungsträger und funktionsfähige Entscheidungsorgane, gerecht werden.

---

[25] Der erste Regionalplan in Baden-Württemberg wurde schon 1961 von der Planungsgemeinschaft Westlicher Bodensee-Linzgau-Hegau fertiggestellt, die Pläne der Planungsgemeinschaften Rhein-Neckar, Breisgau, Schwarzwald-Baar-Heuberg und Östlicher Bodensee-Allgäu entstanden vor 1965, während die Planungsgemeinschaft Zentrales Oberrheingebiet erst 1969 gegründet wurde. Vgl. dazu die Übersicht über die Regionalpläne in Baden-Württemberg in Tabelle 5 im Anhang dieser Arbeit.

[26] Daß der Regionalplan teilweise als *Summe von Einzelplänen* kommunaler Teilräume angesehen wird, und nicht als Konzept, das die Pläne und Ziele unter- wie übergeordneter Planungsträger integriert, zeigt auch das Vorgehen der Planungsgemeinschaft Odenwald. Zunächst hat die Planungsstelle Flächennutzungspläne für einzelne zentrale Orte erstellt. Diese „gemeindlichen Raumordnungspläne" werden dann zu Bereichsplänen für bestimmte Tallandschaften zusammengefaßt. Es ist beabsichtigt, die Bereichspläne als Grundlage für kreisweise aufgestellte raumordnerische Rahmenpläne zu benutzen. Vgl. *A. Schwan*, a.a.O., S. 6. Auch in der Planungsgemeinschaft Nördlicher Schwarzwald sieht man — bzw. sah man — die Bereichsplanung, die „im Baukastenprinzip zu regionalen Komplexen zu erweitern ist", als Grundlage des Regionalplans an. Vgl. *W. Nährlich*: Praktische Erfahrungen in der Regionalplanung, Die Verwaltungspraxis, 34. Jg. (1968), H. 4, S. 80.

3. Teil: Darstellung und Würdigung der Funktionen

2. Die Informationsbasis der Regionalpläne

a) Vorbemerkungen

Der Stand der Planungsarbeit ist in den einzelnen Planungsgemeinschaften unterschiedlich; Gründe dafür liegen hauptsächlich in den verschiedenen Zeitpunkten ihrer Gründung, den Problemen spezieller Art und Dringlichkeit ihrer Planungsräume, einem unterschiedlichen Vorgehen im Ablauf der Planung und der personellen und finanziellen Ausstattung. Als Ergebnis der Planungsarbeit liegen Regionalpläne unterschiedlicher Stadien vor, vom Entwurf der Planungsstelle über Regionalpläne im Beteiligungsverfahren mit den betroffenen Planungsträgern bis hin zu dem für unbedenklich erklärten Regionalplan Breisgau, daneben räumliche Teilpläne (Bereichspläne) und regionale Fachpläne.

Von den 20 Planungsgemeinschaften in Baden-Württemberg haben bisher 10 einen Regionalplan erstellt, vier weitere Planungsgemeinschaften sind im Planungsprozeß soweit fortgeschritten, daß sie mit der Fertigstellung des Entwurfs für 1971 rechnen[1]. Bis auf die erst 1969 gegründete Planungsgemeinschaft Zentrales Oberrheingebiet haben alle Planungsgemeinschaften Bestandsaufnahmen und Strukturuntersuchungen ihres Planungsgebietes durchgeführt bzw. durchführen lassen.

Die folgenden Ausführungen sollen sich auf die Regionalpläne im engeren Sinne (raumordnungspolitische Gesamtkonzeptionen) konzentrieren, da sie den bedeutendsten Ausdruck raumordnungspolitischer Aktivität der Planungsgemeinschaften darstellen[2]. Dabei soll versucht werden, die Regionalpläne einer mehr grundsätzlichen Betrachtung zu unterziehen und sie unter dem Aspekt ihrer *theoretischen* und *methodischen Grundlagen* zu sehen, wobei wegen des höheren Informationswertes eine *kritische Sicht* am zweckmäßigsten zu sein scheint. Die hier interessierende Fragestellung lautet: Wie sind die Regionalpläne unter wissenschaftlichen Aspekten zu beurteilen, bzw. inwieweit werden in ihnen Ergebnisse der wissenschaftlichen Forschung berücksichtigt?

Bei der folgenden Würdigung der Regionalpläne sollen die am Anfang dieser Untersuchung formulierten Bedingungen einer rationalen und konsistenten Raumordnungspolitik zugrunde gelegt werden. Die

---

[1] Es sind dies die Planungsgemeinschaften Nördlicher Schwarzwald, Donau-Iller-Blau, Württemberg-Ost und Württembergisches Unterland. Vgl. dazu die Tabelle 5 im Anhang dieser Arbeit.

[2] Die Würdigung der Regionalpläne bezieht sich primär auf die zehn im Entwurf vorliegenden Regionalpläne und auf die ihnen zugrunde liegenden Strukturuntersuchungen. Wegen der teilweise recht unterschiedlichen Arbeiten wird es sich bei der Würdigung nur darum handeln können, bestimmte „neuralgische" Punkte herauszuarbeiten.

I. Die regionalen Raumordnungs- und Entwicklungspläne 75

Kriterien zur Beurteilung der Regionalpläne beziehen sich im wesentlichen auf ihre Informationsbasis, d. h. Situationsanalyse und Prognose, und die Koordinationsbedingungen (effiziente Koordination in der Region setzt ein umfassendes System konkretisierter Ziele voraus, das Teilziele in sachlicher, zeitlicher und räumlicher Hinsicht spezifiziert und ein Aktionsprogramm, das eine Rangordnung der Maßnahmen, möglichst in Form quantitativer Ansätze, enthält)[3].

b) *Situationsanalyse und Diagnose*

In der Regel haben die regionalen Planungsgemeinschaften eine *umfangreiche Bestandsaufnahme* ihres Planungsgebietes vorgenommen und spezielle Strukturuntersuchungen durchgeführt, um Informationen über die Ausgangslage zu gewinnen. Sie verfolgen damit einerseits den Zweck, planbedeutsame Daten, Fakten und Entwicklungstendenzen als Grundlage des Regionalplans zu gewinnen; andererseits versuchen sie der Aufgabe gerecht zu werden, die für eine sinnvolle Koordination der fachlichen und örtlichen Teilpläne erforderliche Unterrichtung aller Träger raumbedeutsamer Planungen über die bestehende Gesamtlage sicherzustellen[4]. Bei diesen Bestandsaufnahmen handelt es sich um eine *Art regionaler Inventarisierung*, geographische und klimatische Besonderheiten, die Verwaltungsgliederung, die Entwicklung und Verteilung der Wohnbevölkerung und der Beschäftigten, die Pendlerbeziehungen, die Wirtschaftsstruktur, das Verkehrswesen, Wasserwirtschaft und Versorgung, Wald- und Forstwirtschaft, Natur und Landschaft, Erholung und Fremdenverkehr, Öffentliche Einrichtungen, die Finanzlage der Gemeinden und die sozialökonomische Raumgliederung werden untersucht bzw. nur dargestellt[5].

---

[3] Für eine effiziente Regionalplanung und Raumordnungspolitik haben bei föderalistischem Staatsaufbau zwei Aspekte zentrale Bedeutung: Die Informationsbasis der Pläne und Entscheidungen und die Koordination der Einzelpläne und Aktionen. Vgl. *H. K. Schneider:* Über einige Probleme und Methoden regionaler Analyse und Prognose, a.a.O., S. 95 f. Eine Beurteilung der Planungsgemeinschaften als Instrument der Raumordnungspolitik knüpft an diese beiden Aspekte an, sie hängt entscheidend ab von der Beantwortung der Frage, inwieweit die Planungsgemeinschaften die *Strukturzusammenhänge in der Region erhellt* und zu einer *Verbesserung der Koordination* der raumwirksamen Planungen und Entscheidungen beigetragen haben.

[4] Interessant ist in diesem Zusammenhang, daß die Planungsgemeinschaft Donau-Iller-Blau aus einer Arbeitsgemeinschaft für regionale Strukturuntersuchungen hervorgegangen ist. Vgl. Regionale Planungsgemeinschaft Donau-Iller-Blau (Hrsg.): Region Donau-Iller-Blau, Raumordnungsbericht, Ulm 1969, S. 2.

[5] In ihrer Thematik sind diese Bestandsaufnahmen sehr ähnlich. Vgl. etwa Planungsgemeinschaft Östlicher Bodensee-Allgäu: Bestandsaufnahme, Strukturdiagnose, Planungshinweise, a.a.O., S. 1 f.; und Planungsgemeinschaft Mittelbaden: Bestandsaufnahme, Beurteilung, Planungsaufgaben, Offenburg 1965, S. 3 ff.

76 3. Teil: Darstellung und Würdigung der Funktionen

Ein Problem ergibt sich bei der Planerstellung und der laufenden Entwicklungsbeobachtung insofern, als fundierte Daten nur in zehnjährigem Abstand der Volks- und Berufszählungen vorliegen oder zwischenzeitlich nur unter hohem Aufwand über Sondererhebungen erfaßt werden können. Einige Planungsgemeinschaften haben daher umfangreiche statistische Primärerhebungen für Sonderprobleme durchgeführt, so etwa die Planungsgemeinschaft Breisgau in Form einer Gemeinde-Enquête mit der Erfassung von 30 000 ländlichen Haushaltungen und die Planungsgemeinschaft Donau-Iller-Blau mit der Befragung von 24 000 landwirtschaftlichen Betrieben über Ausrüstung, Nutzflächen u. a.[6].

Mehrere Planungsgemeinschaften haben Sondergutachten über Einzelprojekte selbst erstellt oder in Auftrag gegeben, um eine ausreichende Fundierung des Regionalplans zu erreichen[7]. Die Bestandsaufnahmen und Strukturuntersuchungen zeigen, daß die Planungsgemeinschaften zum ersten Male versucht haben, für die Regionalplanung bedeutsame Strukturdaten im regionalen Rahmen zu sammeln und zu analysieren.

Für eine effiziente Raumordnungspolitik reicht eine einfache Bestandsaufnahme, d. h. eine Sammlung von Fakten und Zahlen zur Situationsbeschreibung, nicht aus. Es ist erforderlich, daß die Strukturzusammenhänge analysiert werden und eine Diagnose erstellt wird. „Die Raumordnungspolitik ist in erster Linie auf die Darstellung struktureller Unterschiede, ihrer Ursachen und ihrer Veränderungen sowie deren Rückwirkungen auf die regionale Entwicklung angewiesen[8]." Notwendig sind Kenntnisse über die Faktoren, die die Dynamik der wirtschaftlichen Entwicklung, die Beschäftigungslage und das Einkommensniveau bestimmen.

Kritisch zu betrachten sind daher besonders die in der *„Pionierphase"* entstandenen Bestandsaufnahmen und „Strukturdiagnosen", die eine *einfache Zusammenstellung von Fakten und Zahlen zur Situationsbeschreibung* und u. U. zur Beschreibung der bisherigen Entwicklung darstellen, jedoch zu wenig in die Strukturzusammenhänge eindrin-

---

[6] Nach Auskunft der Planungsgemeinschaften Breisgau und Donau-Iller-Blau.

[7] Als Beispiel seien hier die Sondergutachten der Planungsgemeinschaft Breisgau über die wirtschaftliche Tragfähigkeit, die Strukturänderungen in der Region, den Wasserhaushalt, das Industriegeländeangebot und die Standortfaktoren für die Industrieansiedlung angeführt. Vgl. dazu *V. Frhr. v. Malchus:* Zehn Jahre Planungsgemeinschaft Breisgau, a.a.O., S. 32.

[8] Raumordnungsbericht 1968 der Bundesregierung, Bundestag-Drucksache V/3958, Bonn, 12. März 1969, S. 83.

gen[9]. Die Daten sind in der Regel nicht nach bestimmten Fragestellungen erhoben und geordnet, etwa zur Erfassung der Ursachen der heutigen Situation und als Grundlage für die Prognose. Es besteht bei den Planungsgemeinschaften die Gefahr, daß sie zu viele Daten sammeln und Erhebungen durchführen, so daß „am Schluß eine Reihe mühselig zustandegekommener Karten, Statistiken, Tabellen usw. vorliegt, ohne daß ersichtlich wird, welche Verwendung sie nun eigentlich im Plan selbst gefunden haben"[10]. Der *Informationswert* dieser Bestandsaufnahmen ist daher als Grundlage etwa für eine fundierte Diagnose und Prognose der Entwicklung der Region *gering*.

Positiver zu beurteilen als die Bestandsaufnahmen und Strukturuntersuchungen vieler Planungsgemeinschaften ist der Raumordnungsbericht der Planungsgemeinschaft Donau-Iller-Blau, der nicht nur eine umfassende Situationsbeschreibung der Region und ihrer Teilräume enthält, sondern auch versucht, die entscheidenden Entwicklungsdeterminanten — vor allem im wirtschaftlichen Bereich — der Vergangenheit und Zukunft herauszuarbeiten und sie unter sachlichem und räumlichem Aspekt zu spezifizieren. Dabei werden, um hier nur einige zur Analyse und vorsichtigen Diagnose verwendeten regionalwirtschaftlichen Indikatoren zu nennen, Industriebesatz, Umsätze in der Industrie, Löhne und Gehälter in der Industrie, die Beschäftigtenstruktur der Industrie nach Industriegruppen, im Baugewerbe, Handwerk, Han-

---

[9] Als Beispiel sei hier auf die Bestandsaufnahme der Planungsgemeinschaft Östlicher Bodensee-Allgäu verwiesen, die von der Überschrift her eine Strukturdiagnose enthalten soll. Die Ausführungen über den Entwicklungsstand des Planungsgebietes, räumlich unterschiedliche Entwicklungen, die Einteilung in Raumschaften und Aktiv- und Passivräume, gehen jedoch über eine Strukturbeschreibung nicht hinaus und stellen in weiten Passagen nur eine Zusammenfassung der Bestandsaufnahme dar. Bei den herangezogenen Kennziffern (Industriebesatz, Pro-Kopf-Einkommen der Wirtschaftsbevölkerung) handelt es sich um ganz einfache Instrumente der Regionalanalyse, die nur beschreiben, jedoch noch keine Ursachen aufzeigen und erklären. Vgl. Planungsgemeinschaft Östlicher Bodensee-Allgäu: Bestandsaufnahme, Strukturdiagnose, Planungshinweise, a.a.O., S. 88 ff.

[10] *H. Reiff:* Methodik, Inhalt und Durchführung staatlicher Entwicklungspläne, dargestellt am Beispiel des Entwurfs des Gebietsentwicklungsplans für das Südliche Oberrheingebiet, Vortrag gehalten auf der Regionalplanertagung für den Regierungsbezirk Südbaden am 28. November 1966 in Kirchzarten, Innenministerium Baden-Württemberg (Hrsg.): Rundbrief Nr. 3 für die Landesplanung in Baden-Württemberg, 1. März 1967, S. 18 (im folgenden zitiert als *H. Reiff:* Methodik und Durchführung staatlicher Entwicklungspläne). So hat z. B. die Planungsgemeinschaft Schwarzwald-Baar-Heuberg eine Bestandsaufnahme durchgeführt, die durch 54 Karten optisch dargestellt wird. Dabei erscheint eine Zusammenstellung von Daten über Höhenschichten, Geologie, Lagerstätten, Gewässer und Wälder, mittlere Lufttemperatur, Boden und Klima, Bevölkerungsbewegung von 1870 bis 1930, Religionszugehörigkeit u. a., die kaum dazu geeignet ist, die für die Regionalplanung notwendigen Informationen zu liefern. Vgl. Planungsgemeinschaft Schwarzwald-Baar-Heuberg: Bestandsaufnahme, Beurteilung, Planungsaufgabe, — Beschreibung und Darstellungen —, München o. J., S. 3 ff.

del und in den übrigen Dienstleistungen und das BIP je Beschäftigten nach Wirtschaftsbereichen kreisweise ausgewiesen und für einen Vergleich mit Landes- und Bundeswerten herangezogen[11].

Die Bestandsaufnahmen und „Diagnosen" der Planungsgemeinschaften beschränken sich in der Regel auf das Gebiet der jeweiligen Planungsgemeinschaft. Es werden aus im wesentlichen kommunalpolitischen Gründen *Inselkarten* und *Inselpläne* aufgestellt, die nicht die zum Teil starken Verflechtungen mit angrenzenden Gebieten sichtbar machen und zumindest die Vorstellung fördern, daß es sich bei dem Gebiet der jeweiligen Planungsgemeinschaft um einen relativ autonomen Raum handelt, für den man — ohne Gefahr der Fehlplanung — isoliert planen kann. Daß Strukturanalysen dieser Art vor allem in Ballungs- und Verdichtungsgebieten in ihrem Aussagewert begrenzt sind, dürfte einleuchtend sein[12].

Als Methoden zur Untersuchung der Raumstruktur werden im allgemeinen nur relativ einfache Indikatoren wie demographische Kennziffern, Pro-Kopf-Einkommen, Industriebesatz und Realsteuerkraft herangezogen. Anspruchsvollere Methoden der Diagnose, z. B. Verflechtungs- und Komplexanalysen, werden nicht angewendet. Die Gründe dafür liegen bei der unzureichenden Tiefengliederung der Statistik und den hohen Kosten eigener Erhebungen, aber auch in der personellen Besetzung der Planungsstellen[13].

Kritisch zu beurteilen ist, daß Analyse und Diagnose des *wirtschaftlichen Bereichs,* der für die Regionalplanung und Raumordnungspolitik gerade in strukturschwachen Gebieten die entscheidenden Ansatzpunkte liefert, teilweise gar nicht vorgenommen werden bzw. nicht jenes Maß an Informationen liefern, das für eine fundierte Regional-

---

[11] Vgl. Regionale Planungsgemeinschaft Donau-Iller-Blau (Hrsg.): Region Donau-Iller-Blau, Raumordnungsbericht, a.a.O., S. 73 ff.

[12] Eine Ausnahme macht hier die Planungsgemeinschaft Hochrhein, die in ihrem Strukturatlas den Versuch unternimmt, „bedeutsame wirtschaftliche und soziale Daten grenzüberschreitend zu analysieren, d. h. die an das südliche Oberrheingebiet angrenzenden Regionen und Gemeinden in die Darstellung mit einzubeziehen". Planungsgemeinschaft Hochrhein (Hrsg.): Beiträge zur Raumordnung und Landesentwicklung, Südliches Oberrheingebiet, Säckingen 1966, Vorwort.

[13] Nach einer Auskunft der Planungsgemeinschaft Westlicher Bodensee-Linzgau-Hegau. Daneben stehen die grundsätzlichen Probleme der mangelnden theoretischen Durchdringung der für die Regionalplanung relevanten wirtschaftlichen und sozialen Zusammenhänge und der nur begrenzten Anwendungsfähigkeit anspruchsvollerer Methoden der Regionalanalyse auf Raumeinheiten von der Größenordnung der Planungsgemeinschaften. Zu dieser Problematik vgl. *J. H. Müller:* Neuere Methoden der Regionalanalyse und ihre Anwendbarkeit auf kleinere Räume, in: H. K. Schneider (Hrsg.): Beiträge zur Regionalpolitik, Schriften des Vereins für Socialpolitik, NF Bd. 41, Berlin 1968, S. 87 ff.

planung erforderlich und auch möglich ist. Die *mangelhafte wissenschaftliche Basis* der Regionalplanung, die unzureichende Kenntnis der räumlichen Entwicklung selbst und der Möglichkeiten, die Entwicklung durch die zur Verfügung stehenden Mittel zu beeinflussen, trägt dazu bei, daß „utopische" Ziele und Wunschvorstellungen in den Regionalplänen formuliert werden, deren Nichterreichen dann notwendigerweise zur Enttäuschung über die geringen Erfolge der Planungsgemeinschaften führt[14].

c) *Prognosemethoden und Prognoseergebnisse*

ca) Prognosemethoden

Die Rationalität der Regionalpläne und die Effizienz der auf sie fußenden Raumordnungspolitik werden von dem Informationswert der ihnen zugrundeliegenden Prognosen bestimmt. Die Qualität eines Regionalplans hängt maßgeblich von dem Zukunftswissen ab, das in seine Prämissen und Zielsetzungen eingeflossen ist. Es erscheint daher sinnvoll, nach der Situationsanalyse und Diagnose jetzt die den Regionalplänen zugrundeliegenden Prognosen einer kritischen Würdigung zu unterziehen. Dabei soll zunächst versucht werden, die Prognosen von ihrem *methodischen Ansatz* her zu diskutieren[15].

---

[14] Zu diesem Komplex gehört auch die verbreitete Fehlinterpretation von Wanderungsverlusten in den Regionalplänen; sie werden regelmäßig als Indikator für fehlende Arbeitsplätze angesehen und mit der pauschalen Forderung verbunden, entsprechende Arbeitsplätze — meist in der Industrie — zu schaffen, um künftig eine Abwanderung zu verhindern. Vgl. etwa Regionale Planungsgemeinschaft Neckar-Alb (Hrsg.): Entwurf 1969 zum Regionalplan Neckar-Alb, a.a.O., S. 32 f. Die eigentlichen Ursachen der Wanderungsverluste zu kennen, ist jedoch Voraussetzung für ein regionalpolitisches Aktivwerden.
Die Planungsgemeinschaft Westlicher Bodensee kam bei ihrer Erhebung der Wanderungsbewegungen im Raum Pfullendorf, der mit Ausnahme der Gemeinde Pfullendorf Abwanderungsgebiet ist, zu dem Ergebnis, daß die Zuzüge nach dem zentralen Ort Pfullendorf meist von weiter her kamen und daß die aus dem Raum Pfullendorf Abwandernden über den Kreis Überlingen hinaus wanderten. Es handelt sich bei diesem Wanderungsphänomen um eine Qualifikationsdivergenz von Angebot und Nachfrage nach Arbeitsplätzen, der mit der *Forderung nach industriellen Arbeitsplätzen* in diesem Raum — die im Regionalplan erhoben wurde — kaum Rechnung getragen werden kann. In der Gemeinde Pfullendorf selbst ist Industrie (Armaturenwerk u. a.), die qualifizierte Facharbeiter benötigt, während im strukturschwachen Umland landwirtschaftlich Beschäftigte freigesetzt werden, die jedoch nicht den Qualitätsanforderungen der Industrie in Pfullendorf genügen. Nach einer Auskunft der Planungsgemeinschaft Westlicher Bodensee-Linzgau-Hegau.
[15] Eine Schwierigkeit besteht insofern, als die Regionalpläne oft keine detaillierten Angaben über die Prognosemethode und die Prämissen machen, von denen bei der Prognose ausgegangen wird. Diese Schwierigkeit konnte zum Teil durch eine Befragung der Planer beseitigt werden. Es muß jedoch

80   3. Teil: Darstellung und Würdigung der Funktionen

In der Regel enthalten die Regionalpläne nur Bevölkerungsprognosen bei unterschiedlichen methodischen Ansätzen, die zum Teil kritisch zu betrachten sind[16]. Erforderlich wäre hingegen, um das notwendige Zukunftswissen zu erhalten, nicht nur eine Bevölkerungsprognose, sondern eine Prognose des regionalen Entwicklungsprozesses, d. h. eine Ermittlung der zukünftigen demographischen und wirtschaftlichen Entwicklungstendenzen, wobei diese wegen der wechselseitigen Einflüsse nur *simultan* zu ermitteln sind[17]. Was schon bei den Strukturuntersuchungen und Diagnosen der Planungsgemeinschaften festgestellt werden mußte, zeigt sich auch bei ihren Prognosen: Die Entwicklungstendenzen im wirtschaftlichen Bereich werden nicht hinreichend untersucht, so daß nicht nur die Bevölkerungsprognosen (speziell: Annahmen über zukünftige Wanderungsgewinne) wenig fundiert erscheinen, sondern die gesamten Regionalpläne[18].

Bei den Bevölkerungsprognosen der Planungsgemeinschaften handelt es sich oft um *einfache Trend-Extrapolationen,* wobei vorausgesetzt wird, daß die bisherigen Entwicklungsdeterminanten auch in Zukunft weiterwirken werden[19]. Sinnvoller wäre eine Komponentenprojektion, die den größeren Informationsgehalt hat, da Volumen und Struktur der Bevölkerung ermittelt werden können.

Im Regionalplan Rems-Murr wird zur Ermittlung der Bevölkerung im Jahre 1985 als Methode die Zinseszinsformel $z = a \cdot q^n$ zugrundegelegt, wobei der jährliche Bevölkerungszuwachs ohne nähere Begründung auf 2,4 % festgelegt wird[20]. Auch das Vorgehen bei der revidierten

---

im Sinne einer allgemeinen Überprüfbarkeit der Prognosen generell gefordert werden, daß die angewendeten Prognoseverfahren erläutert und die Prognosebedingungen aufgezählt und begründet werden.

[16] Nur eine Bevölkerungsprognose enthalten u. a. die Regionalpläne der Planungsgemeinschaften Schwarzwald-Baar-Heuberg, Westlicher Bodensee-Linzgau-Hegau, Östlicher Bodensee-Allgäu, Neckar-Fils, Neckar-Alb und Rems-Murr. In der Planungsgemeinschaft Odenwald glaubt man ganz ohne Prognose auskommen zu können.

[17] Vgl. dazu die grundlegenden Ausführungen über die Regionalprognose S. 25 f. dieser Arbeit.

[18] Ein langfristiges Siedlungskonzept oder ein Infrastrukturrahmenplan dürften kaum als rational bezeichnet werden, wenn sie nicht auf einer fundierten Wirtschaftsprognose basieren, die das wirtschaftliche Wachstum im Niveau und die Wandlungen in der Wirtschaftsstruktur zu erfassen versucht.

[19] Vgl. etwa Regionale Planungsgemeinschaft Neckar-Alb (Hrsg.): Entwurf 1969 zum Regionalplan Neckar-Alb, a.a.O., S. 11 ff.; Regionale Planungsgemeinschaft Neckar-Fils: Entwurf des Regionalplans (Entwicklungs- und Raumordnungsplan) für das Gebiet der Planungsgemeinschaft Neckar-Fils, o. O., o. J., S. 8 f., Hektographie; Regionale Planungsgemeinschaft Nördlicher Schwarzwald e. V.: Regionaler Entwicklungsplan, Pforzheim 1969/70, S. 1, unveröffentlichtes Manuskript; und Planungsgemeinschaft Westlicher Bodensee-Linzgau-Hegau: Entwicklungs- und Raumordnungsplan, München 1961, S. 16.

[20] Vgl. Planungsgemeinschaft Rems-Murr: Entwurf des Regionalplans

Bevölkerungsprognose der Planungsgemeinschaft Rems-Murr kann wenig befriedigen. Dabei wurde (1) eine Trend-Extrapolation für das gesamte Gebiet der Planungsgemeinschaft, (2) eine Trend-Extrapolation für jede Gemeinde und (3) eine Zusammenstellung der Flächennutzungspläne der Gemeinden — mit dem Ziel, die noch vorhandenen Ausdehnungsmöglichkeiten zu ermitteln — durchgeführt. Die regionale Prognose wurde dann als Mischung zwischen den beiden Trend-Extrapolationen und den Entwicklungsmöglichkeiten der Gemeinden aufgrund der Flächennutzungspläne erstellt[21].

Die Bestimmung der Wanderungsbewegungen erweist sich bei den relativ kleinen Planungsgemeinschaften in Baden-Württemberg als besonders schwieriges Problem. Meist werden die in den Regionalplänen ausgewiesenen Wanderungsgewinne nicht näher begründet bzw. auf *problematische Hypothesen* zurückgeführt. So geht z. B. der Regionalplan Württemberg-Mitte ohne nähere Begründung von der Annahme aus, daß der Wanderungsgewinn bis 1985 alternativ $^2/_3$ oder $^1/_1$ des Geburtenüberschusses ausmachen wird[22, 23]. Methodisch befriedigender wäre, die Wanderungen als vorwiegend *ökonomisch induziert* anzusehen, d. h. als Ergebnis der künftigen Arbeitsmarktverhältnisse, wofür eine Prognose des *Arbeitskräfteangebots* und der *Arbeitskräftenachfrage* erforderlich ist. Wenig sinnvoll ist ein Vorgehen wie bei der Arbeitsplatzprognose im Regionalplan Neckar-Alb, wo zunächst das Bevölkerungswachstum mit einer nicht weiter begründeten positiven Wanderungshypothese projiziert wird und dann eine „Arbeitsplatzprognose" erstellt, die ermitteln soll, „wie viele Arbeitsplätze im fundamentalen Bereich geschaffen werden müssen, wenn die Bevölkerungsvorausschätzung tatsächlich eintreffen soll"[24]. Eine derartige Ar-

---

Rems-Murr, Waiblingen 1969, II. Teil, S. 3, Hektographie. Ein ähnliches und methodisch bedenkliches Vorgehen findet sich im Regionalplan der Planungsgemeinschaft Neckar-Fils, vgl. Regionale Planungsgemeinschaft Neckar-Fils: Entwurf des Regionalplans, a.a.O., S. 8 f.

[21] Eine Revision der Prognose „nach oben" wurde erforderlich, da die Gemeinden mit Hinweis auf ihre durch die Flächennutzungspläne gegebenen Ausdehnungsmöglichkeiten die Ergebnisse der ersten Prognose nicht akzeptierten (!). Nach einer Auskunft der Planungsgemeinschaft Rems-Murr.

[22] Vgl. Regionale Planungsgemeinschaft Württemberg-Mitte: Entwurf zum Regionalplan, o. O., (Stand: Dezember 1969), S. 84.

[23] Im Regionalplan Westlicher Bodensee-Linzgau-Hegau wird argumentiert, daß man durch Zugrundelegung optimistischer Wanderungsgewinne Entwicklungsmöglichkeiten offen halten möchte. Vgl. Planungsgemeinschaft Westlicher Bodensee-Linzgau-Hegau: Entwicklungs- und Raumordnungsplan, München 1961, S. 16.

[24] Regionale Planungsgemeinschaft Neckar-Alb (Hrsg.): Entwurf 1969 zum Regionalplan Neckar-Alb, a.a.O., S. 12. Ähnlich ist man bei der „Arbeitsstättenprognose" der Planungsgemeinschaft Hochrhein vorgegangen. Aufbauend auf eine Bevölkerungsprognose mit hohem Wanderungsgewinn wird versucht, die Zahl der bis zum Jahre 2000 (!) zusätzlich erforderlichen nicht-

beitsplatzprognose muß als *normativ* angesehen werden, sie gibt *keine* Auskunft über die zukünftigen Wanderungsbewegungen und über Art und Umfang der notwendigem Maßnahmen.

Gegenüber der bisherigen Praxis der Prognose der Wanderungen ist der methodische Ansatz der Wirtschaftsprognose der Planungsgemeinschaften Mittelbaden und Donau-Iller-Blau positiver zu beurteilen. Bei diesem Ansatz wird an die verschieden Komponenten der regionalen Wirtschaftsentwicklung angeknüpft und eine getrennte Prognose für das Arbeitskräfteangebot und die Arbeitskräftenachfrage durchgeführt; Aussagen über Wanderungssalden lassen sich dann aus ihrer Gegenüberstellung in einer Arbeitsplatzbilanz ableiten[25, 26]. Noch gesicherter wären die Ergebnisse dieses Ansatzes allerdings, wenn eine methodisch befriedigende Landesprognose für den Bereich der Wirtschaft dem Landesentwicklungsplan zugrunde läge, die von den Planungsgemeinschaften regionalisiert werden könnte.

Kritisch zu betrachten ist neben dem methodischen Ansatz der Prognosen auch die *verbreitete Vermischung von Ergebnissen der Prognose und Planzielen*. Man setzt entweder die gewünschte Entwicklung mit den Prognosewerten gleich und prognostiziert eine „anzustrebende künftige Einwohnerzahl" oder unterstellt wegen der für die ganze Region bzw. Teilgebiete ungünstigen Werte der status-quo-Prognose zusätzliche Reaktionen, meist in Form eines Wirksamwerdens des Regionalplanes selbst.

Die dem Regionalplan Schwarzwald-Baar-Heuberg zugrundeliegende Prognose II ist als *Zielprognose* anzusehen, wobei eine gewisse *Nivellierungstendenz* sichtbar wird, wenn etwa für den Landkreis Villingen mit dem höchsten Wanderungsgewinn in der Vergangenheit nur durchschnittliche Wanderungsgewinne prognostiziert werden, während der strukturschwache Landkreis Hochschwarzwald mit Wanderungsverlusten in der Vergangenheit beinahe durchschnittliche Zuwachsraten in der Zukunft haben soll. Im Regionalplan heißt es dazu,

---

landwirtschaftlichen Arbeitsplätze zu ermitteln. Das Ergebnis — es werden 90 000 Arbeitsplätze in Industrie und Gewerbe benötigt — ist letztlich schon durch die optimistische Wanderungshypothese determiniert und damit wertlos. Vgl. Planungsgemeinschaft Hochrhein: Informationsblätter, Heft 1, 1969, S. 6.

[25] Vgl. B. *Lengelsen*, J. H. *Müller* und F. *Niens*: Strukturveränderungen und Entwicklungstendenzen der mittelbadischen Wirtschaft bis 1980, Forschungsauftrag der Planungsgemeinschaft Mittelbaden, Freiburg i. Br. 1969, S. 2 ff., vervielfältigtes Manuskript.

[26] Die Wirtschaftsprognose der Planungsgemeinschaft Donau-Iller-Blau ist auch insofern interessant, als sie den *Struktureffekt*, der in der Regel aus Landes- bzw. Bundesdurchschnittswerten abgeleitet wird, durch eine spezielle Befragung der im Planungsgebiet ansässigen Unternehmen über ihre zukünftigen Investitionsraten zu ermitteln versucht. Nach einer Auskunft der Planungsgemeinschaft Donau-Iller-Blau.

daß die Planung darauf ausgerichtet sei, „die Abwanderung aus dem Hochschwarzwald einzudämmen und gleichzeitig eine Landeszuwanderung in hierfür geeignete Zentren dieses Gebietes einzuleiten"[27, 28]. Notwendig wäre hingegen eine status-quo-Prognose, um Art und Ausmaß der erforderlichen raumordnungspolitischen Entscheidungen zu ermitteln. Das gilt besonders für strukturschwache Gebiete mit Wanderungsverlusten in der Vergangenheit. Daher ist es auch bedenklich, wenn im Regionalplan Neckar-Alb aus der Bevölkerungsprognose ein Arbeitsplatzbedarf abgeleitet wird, der für die strukturschwachen Landkreise Münsingen und Sigmaringen *außerordentlich hoch* ausfällt. Im Regionalplan wird darauf hingewiesen, daß sich in Münsingen und Sigmaringen die Annahmen der Bevölkerungsvorausschätzung nur dann realisieren können, „wenn die Ansiedlung der dafür erforderlichen Arbeitsplätze zwischen den Gemeinden und Landkreisen koordiniert und mit den regionalpolitischen Mitteln des Landes und des Bundes unterstützt wird"[29].

In der heutigen *personellen* und *finanziellen Ausstattung* der Planungsgemeinschaften ist eine wesentliche Grenze für die Anwendung anspruchsvollerer Methoden der Regionalprognose gegeben. Es fragt sich jedoch, ob eine sinnvolle Analyse und Prognose der demographischen und besonders der wirtschaftlichen Entwicklungstendenzen überhaupt möglich ist in Gebieten, die wie die Planungsgemeinschaften in Baden-Württemberg relativ klein abgegrenzt sind und zum Teil ausgeprägte Interdependenzen durchtrennen[30]. Die Ergebnisse der Prognosen

---

[27] Planungsgemeinschaft Schwarzwald-Baar-Heuberg: Entwicklungs- und Raumordnungsplan, — Beschreibung und Darstellungen —, (1. Fassung), München 1964, S. 3.

[28] Zielelemente sind auch in der Bevölkerungsprognose II der Planungsgemeinschaft Östlicher Bodensee-Allgäu enthalten, die auf der Annahme beruht, „daß alle Raumschaften wachsen, daß ihr Anteil an der Gesamtbevölkerung des Planungsraums im großen und ganzen jedoch gleich bleibt". „Für die kleineren Zentralorte drückt sich darin das Planziel aus, daß diese mit den rasch wachsenden Städten in ihrer Bevölkerungsentwicklung gleichziehen." Planungsgemeinschaft Östlicher Bodensee-Allgäu: Entwicklungs- und Raumordnungsplan für die Gebiete der Landkreise Tettnang, Ravensburg und Wangen, (1. Fassung 1963/64), München 1964, S. 3. Zur Begründung der Prognose III des Regionalplans Östlicher Bodensee-Allgäu wird auf die Notwendigkeit hingewiesen, „für die Entwicklungsgemeinden über das Planjahr 1980 hinaus die zu erwartenden, anzustrebenden und möglichst nicht zu überschreitenden Einwohnerzahlen zu ermitteln". Ebd., S. 2. Der Prognose I des Regionalplans Westlicher Bodensee-Linzgau-Hegau liegt ein Leitbild der Bevölkerungsverteilung im Raum zugrunde, das sich daran orientiert, „den Trend der Abwanderung aus den in der Strukturdiagnose als abwanderungsstark bezeichneten Gebieten durch entsprechende Maßnahmen abzuschwächen". Planungsgemeinschaft Westlicher Bodensee-Linzgau-Hegau: Entwicklungs- und Raumordnungsplan, a.a.O., S. 17.

[29] Regionale Planungsgemeinschaft Neckar-Alb (Hrsg.): Entwurf 1969 zum Regionalplan Neckar-Alb, a.a.O., S. 13.

(speziell der Wirtschaftsprognosen) werden um so problematischer, je kleiner die Gebiete der Planungsgemeinschaften sind und je stärkere Außenverflechtungen die Regionen haben. Die praktischen Erfahrungen mit anspruchsvolleren Prognosemodellen deuten darauf hin, daß selbst die größeren Planungsgemeinschaften in Baden-Württemberg für eine fundierte Prognose noch zu klein sind[31].

cb) Konsistenz der Prognosen

Der Informationswert der Prognosen der Planungsgemeinschaften hängt — gerade weil die Planungsräume relativ klein sind — nicht nur von ihrem methodischen Ansatz ab, sondern auch davon, ob sie untereinander und mit den Prognosen abgestimmt sind, die den übergeordneten staatlichen Plänen, dem Landesentwicklungsplan und den Gebietsentwicklungsplänen zugrunde liegen[32]. Das bisherige Vorgehen vieler Planungsgemeinschaften, für jeden Planungsraum isoliert, mit unterschiedlichen Methoden und Annahmen und ohne Rücksicht auf angrenzende Räume und die Gesamtentwicklung im Land zu prognostizieren, führt zu wenig gesicherten Aussagen über die zukünftige Entwicklung der Region und wegen der in der Regel *optimistischen Wanderungsgewinne,* zu nicht konsistenten Prognosen und damit auch Regionalplänen[33].

Bei einem Vergleich der Bevölkerungsprognosen in den Regionalplänen fällt auf, daß die Planungsgemeinschaften in der Regel bedeutende Wanderungsgewinne unterstellen, die weit über denen der Entwicklungspläne des Landes liegen; eine Aufsummierung der Ergebnisse der Bevölkerungsprognosen der Planungsgemeinschaften führt zu einem im Landesmaßstab unbegründbaren Wanderungsgewinn. Besonders deutlich wird diese Tendenz der Planungsgemeinschaften zu optimistischen Bevölkerungsprognosen, wenn man die Prognosewerte

---

[30] So hat z. B. die Planungsgemeinschaft Nördlicher Schwarzwald von einer Wirtschaftsprognose abgesehen, da das Planungsgebiet zwischen den Zentren Stuttgart und Karlsruhe liegt und die Außenbeziehungen zu stark sind, um zu gesicherten Prognoseergebnissen zu gelangen. Nach einer Auskunft der Planungsgemeinschaft Nördlicher Schwarzwald.

[31] Nach einer Auskunft der Planungsgemeinschaft Mittelbaden.

[32] Eine Koordination der Prognoseergebnisse ist erforderlich, da auch bei einem befriedigenden methodischen Ansatz durch die relativ kleinen Planungsgemeinschaften und den damit verbundenen Unsicherheitsfaktoren, nur so Inkonsistenzen vermieden werden können.

[33] Geht man davon aus, daß die Ergebnisse der Bevölkerungsprognose Einfluß auf die Zielformulierung haben, etwa bezüglich der Größenordnung bei Infrastrukturprojekten, dann wird deutlich, welche Bedeutung die Koordination der Prognosewerte in der Regionalplanung hat; sie ist Voraussetzung der Zielkoordination zwischen den Planungsgemeinschaften und erleichtert die Formulierung konsistenter und realisierbarer Ziele.

I. Die regionalen Raumordnungs- und Entwicklungspläne 85

der drei Planungsgemeinschaften Württemberg-Mitte, Neckar-Fils, Rems-Murr und der Stadt Stuttgart im Mittleren Neckarraum aufsummiert und mit den Prognosewerten vergleicht, die dem staatlichen Gebietsentwicklungsplan Mittlerer Neckarraum zugrunde liegen. Der prognostizierte Bevölkerungszuwachs der drei Planungsgemeinschaften und Stuttgarts bis 1985 liegt um mehr als 50 % über der oberen Variante des Gebietsentwicklungsplans für diesen Raum[34]. Eine Divergenz dieses Ausmaßes dürfte auch unter den Aspekten der Unmöglichkeit, eine Bevölkerungsentwicklung mit Sicherheit vorherzusagen, und des Gestaltungsspielraums der unteren Ebene als zu groß angesehen werden. Obwohl den Planungsgemeinschaften wie dem Land die unterschiedlichen Prognoseergebnisse bekannt sind, ist es bisher nicht gelungen, die Prognosen in diesem Raum zu koordinieren[35].

Ein Grund für die relativ starke Abweichung in den Ergebnissen der Bevölkerungsprognosen zwischen Landesentwicklungsplänen und Regionalplänen ist auch darin zu sehen, daß es sich bei der Bevölkerungsprognose des Landes im Landesentwicklungsplan und in den Gebietsentwicklungsplänen um *Zielprognosen mit Nivellierungstendenz* handelt[36], an die sich besonders die Planungsgemeinschaften in den

---

[34] Vgl. dazu Innenministerium Baden-Württemberg (Hrsg.): Entwurf des Gebietsentwicklungsplans für den Mittleren Neckarraum, o. O., (Stand: Oktober 1968), Anlagen Tabelle 15, eigene Berechnung. Die Planungsgemeinschaft Württemberg-Mitte legt ihrem 1969 erstellten Regionalplan eine gegenüber den Angaben des Gebietsentwicklungsplans nach oben revidierte Prognose der Wanderungen zugrunde, so daß allein für das Gebiet Württemberg-Mitte (bei einer Bevölkerung von 700 000 Einwohnern im Jahre 1968) eine Differenz von 100 000 Einwohnern (1985) zwischen der oberen Variante der Bevölkerungsprognose des Gebietsentwicklungsplans Mittlerer Neckarraum und des Regionalplans Württemberg-Mitte entsteht. Vgl. Planungsgemeinschaft Württemberg-Mitte, Entwurf zum Regionalplan, a.a.O., S. 84.

[35] Nach einer Auskunft des Innenministeriums Baden-Württemberg. Man sieht die Koordination der Prognoseergebnisse allerdings noch mehr als technisches Problem und nicht als *politisches Problem,* das es eigentlich ist.

[36] Aus verschiedenen Formulierungen des Landesentwicklungsplans geht eindeutig hervor, daß es sich dabei um eine normativ geprägte Bevölkerungsprognose handelt. Vgl. dazu J. H. *Müller* und P. *Klemmer,* a.a.O., S. 41. Die Tendenz der Wanderungsgewinne, die in der Vergangenheit im wesentlichen den Verdichtungsgebieten zugute kamen, wird in der Prognose des Landesentwicklungsplans umgekehrt. So hatte z. B. von 1956 bis 1967 der Mittlere Neckarraum eine Bevölkerungszunahme von 24 %, Oberschwaben als strukturschwaches Gebiet nur 16 %. Nach der oberen Variante der Bevölkerungsprognose soll die Bevölkerung im Mittleren Neckarraum mit 20 % nur noch unterdurchschnittlich wachsen, in Oberschwaben wird hingegen mit einer Zunahme von 26 % bis 1985 gerechnet. Vgl. Innenministerium Baden-Württemberg (Hrsg.): Entwurf des Landesentwicklungsplans Baden-Württemberg, a.a.O., Anhang Bd. II, Tabelle 19.
Man hat im Innenministerium zunächst eine oberflächliche status-quo-Prognose durchgeführt und festgestellt, daß die Ballungs- und Verdichtungsgebiete weiterhin stark wachsen werden, während größere Gebiete keine Wanderungsgewinne haben, zum Teil noch ihr natürliches Bevölkerungs-

Ballungs- und Verdichtungsräumen mit ihren Prognosen und Plänen nicht anpassen *wollen*[37]. Eine nicht erfolgte Abstimmung der Bevölkerungsprognosen beruht teilweise auf Zielkonflikten zwischen den Entwicklungsplänen des Landes und den Regionalplänen. Die Planungsgemeinschaften und ihre Mitglieder in den Verdichtungsräumen — aber auch in anderen Gebieten — haben oft optimistischere Entwicklungsvorstellungen, als es in der Prognose des Landesentwicklungsplans zum Ausdruck kommt und legen ihren Regionalplänen eigene Prognosen zugrunde. Das zeigte sich auch beim Anhörungsverfahren zum Landesentwicklungsplan, wo viele Planungsgemeinschaften mit Hinweis auf eigene Prognosen meinten, daß die Bevölkerungsprognose des Landesentwicklungsplans zu niedrig sei[38]. Von den Planungsgemeinschaften in den Ballungsgebieten wird die Meinung vertreten, daß der Landesentwicklungsplan mit seiner Nivellierungstendenz, da er die Ballungsoptima falsch einschätze und von den Maßnahmen her wenig fundiert sei, nur geringe Chancen habe, bis 1985 realisiert zu werden, so daß es für die Planungsgemeinschaften Verpflichtung sei, durch „realistische" Prognosen ihre Mitglieder auf das wahrscheinliche Bevölkerungswachstum vorzubereiten[39].

Ein weiterer Grund dafür, daß die Konsistenz der Prognosen der Planungsgemeinschaften in Baden-Württemberg nicht gegeben ist, besteht darin, daß Bevölkerungsprognosen mit optimistischen Wanderungsgewinnen besonders in ländlichen und strukturschwachen Gebieten als *politisches Instrument* benutzt werden, um die Förderungsnotwendigkeit zu „beweisen" und staatliche Förderungsmaßnahmen zu mobilisieren[40]. Optimistische Bevölkerungsprognosen sind in strukturschwachen Gebieten besonders bedenklich, wenn durch zu optimistische Zukunftserwartungen die Notwendigkeit zum Handeln nicht erkannt wird.

Bis auf wenige Ausnahmen kommen die Regionalprognosen zu dem Ergebnis, daß auch kleinere Gebietseinheiten in strukturschwachen

---

wachstum abgeben werden. Eine derartige Entwicklung war politisch nicht erwünscht. Den Prognosen der Entwicklungspläne des Landes liegt daher die vom Innenministerium vertretene Meinung (Zielvorstellung) zugrunde, das Wachstum der Ballungs- und Verdichtungsgebiete zu bremsen. Nach einer Auskunft des Innenministeriums Baden-Württemberg.

[37] Nach Auskunft der Planungsgemeinschaften Neckar-Fils, Rems-Murr u. a.

[38] Dazu der Kommentar eines Landesplaners im Innenministerium: „Bei den Prognosen stapelt doch jede Planungsgemeinschaft hoch."

[39] Nach Auskunft der Planungsgemeinschaft Rems-Murr.

[40] So wurde z. B. von der Planungsgemeinschaft Hochrhein eine Prognose unter der Annahme erstellt, daß die Verkehrsinfrastruktur ausgebaut wird, und dann zu begründen versucht, daß ein Ausbau des Verkehrs (sprich: Bau der Hochrheinautobahn) wegen der starken Bevölkerungszunahme erforderlich ist.

I. Die regionalen Raumordnungs- und Entwicklungspläne

Räumen mit Wanderungsverlusten in der Vergangenheit keine Wanderungsverluste zu erwarten haben. Das Ausweisen von Wanderungsverlusten als Prognoseergebnis ist in den Planungsgemeinschaften oft ein „politisches" Problem, ebenso das Ausweisen von Wanderungsgewinnen, die niedriger liegen, als es den Entwicklungsvorstellungen der Gemeinden und Landkreise entspricht. Das zeigen die relativ *häufigen Konflikte* über Prognoseergebnisse besonders in strukturschwachen Gebieten[41].

Einige Regionalpläne weisen Werte der Bevölkerungsprognose nicht nur für Kreise und Nahbereiche (Gemeindegruppen) aus, sondern auch für einzelne Gemeinden[42]. Das ist insofern bedenklich, als hier eine Prognosegenauigkeit unterstellt wird, die vom methodischen Ansatz her nicht zu rechtfertigen ist. Es handelt sich daher bei den Prognosen der Verteilung der Bevölkerung auf einzelne Gemeinden und in der Regel auch auf Nahbereiche eher um eine „gewünschte" Bevölkerungsverteilung. Eine gemeindeweise Angabe der Bevölkerungsentwicklung ist auch insofern problematisch, als die Gemeinden in der Regel noch optimistischere Entwicklungsvorstellungen haben. Verschiedene Planungsgemeinschaften behelfen sich mit Alternativ-Projektionen, wobei der regionalen Prognose (wahrscheinliche Entwicklung) eine optimistischere mit höherem Wanderungsgewinn gegenübergestellt wird, die die Entwicklungswünsche und -möglichkeiten der Gemeinden berücksichtigt[43].

Im Sinne einer *Konsistenz der Prognosen* ist es auch nicht unbedenklich, wenn wie in der Planungsgemeinschaft Nördlicher Schwarzwald der Nahbereich eines zentralen Ortes als Planungseinheit gewählt wird und Bereichsprognosen zu regionalen Prognosen *aufsummiert* werden[44]. Der Informationswert derartiger Prognosen ist um so proble-

---

[41] Es kommt öfter vor, daß Prognoseergebnisse der Planungsstellen von den politischen Instanzen nicht akzeptiert werden. Die Planungsstelle der Planungsgemeinschaft Neckar-Alb wollte z. B. im Regionalplan Gebiete mit Wanderungsverlusten ausweisen, was jedoch am Widerstand der betroffenen Landräte und Bürgermeister scheiterte. Bei der Aufstellung des Gebietsentwicklungsplans Oberschwaben hat der Landkreis Sigmaringen die Bevölkerungsprognose der Planungsstelle mit dem Hinweis auf eigene Aktivitäten und Entwicklungschancen abgelehnt und eine günstigere Alternativ-Prognose beim Innenministerium eingereicht.

[42] Vgl. u. a. Regionale Planungsgemeinschaft Neckar-Fils: Entwurf des Regionalplans, a.a.O., S. 11 ff.; und Planungsgemeinschaft Westlicher Bodensee-Linzgau-Hegau: Entwicklungs- und Raumordnungsplan, a.a.O., S. 17.

[43] Im Regionalplan Östlicher Bodensee-Allgäu hat man neben einer Prognose II, die als wahrscheinliche Entwicklung charakterisiert wird, eine besondere Prognose III für fünf Nahbereiche erstellt, die sich an den Entwicklungsmöglichkeiten orientiert. Dabei wird der Prognosezeitraum nicht angegeben, allerdings soll es sich um eine „besonders langfristige" Prognose handeln. Siehe dazu Fußnote 28, S. 83 dieser Arbeit.

[44] Bei der Bevölkerungsprognose der Planungsgemeinschaft Nördlicher

matischer, je kleiner die zugrunde gelegten Teilgebiete sind. Eine Prognose der Bevölkerungsentwicklung auf Nahbereichsbasis sollte zumindest durch eine Prognose der Bevölkerungsentwicklung in der gesamten Region abgesichert werden, um vertretbar zu sein und eine hinreichende Informationsbasis für den Regionalplan und die Bereichspläne zu liefern.

Die Untersuchung der Prognosemethoden und -ergebnisse zeigt, daß — bis auf Ausnahmen — weder die angewendeten Methoden befriedigen können, noch von einer Konsistenz der Prognosen der Planungsgemeinschaften gesprochen werden kann. Das Maß an notwendiger und auch möglicher Information über Entwicklungstendenzen struktureller Art, das für eine rationale Planung und fundierte raumordnungspolitische Entscheidungen erforderlich ist, wird nicht erreicht. Zugleich soll jedoch anerkannt werden, daß die Planungsgemeinschaften wohl in der Mehrzahl durch ihre prognostische Tätigkeit Aussagen über Entwicklungstendenzen geliefert haben, die über das hinausgehen, was vor ihrem Tätigwerden bekannt war.

Zum anderen muß bei der Würdigung der Prognosen der Planungsgemeinschaften und der Konsistenz ihrer Ergebnisse berücksichtigt werden, daß heute eine wesentliche Grenze der regionalen Prognosen in dem Nichtvorhandensein einer methodisch befriedigenden Wirtschafts- und Bevölkerungsprognose unter status-quo Bedingungen für das Land Baden-Württemberg liegt[45]. Eine bessere Koordination der Prognosen müßte bei einer fundierten status-quo-Prognose auf Landesebene ansetzen und eine *Harmonisierung der Methoden wie der Annahmen* der *Prognosen* der Planungsgemeinschaften herbeiführen[46].

Schwarzwald hat man zunächst die langfristigen Entwicklungstendenzen von 1871—1961 und die kurzfristigen Entwicklungstendenzen von 1961—1969 für jeden der 21 Strukturbereiche (Nahbereiche von zentralen Orten) ermittelt, die beiden Trends wurden dann für jeden Strukturbereich „gemittelt" und zur Bevölkerungsprognose für die Region aufsummiert. Nach einer Auskunft der Planungsgemeinschaft Nördlicher Schwarzwald.

[45] Ein „Überbau" in Form der generellen Entwicklungstendenzen für das Land Baden-Württemberg ist erforderlich, da nur vor diesem Hintergrund einigermaßen gesicherte Aussagen über kleinere Räume gemacht werden können. Untersuchungen etwa der Prognos AG zeigen, „daß die überregionalen generellen Tendenzen für die Erklärung des Wachstums spezieller Teilräume in der Regel weitaus dominieren". *H. Gerfin*, a.a.O., S. 62. Andererseits animiert die Zielprognose mit Nivellierungstendenz des Landesentwicklungsplans die Planungsgemeinschaften, eigene, nicht mit dem Landesentwicklungsplan übereinstimmende Ziele bezüglich der Bevölkerungsverteilung schon in die Prognoseergebnisse einfließen zu lassen.

[46] Soweit es sich um Zielprognosen handelt, die Ausdruck einer gewünschten Bevölkerungsverteilung sind, müßte die Zielkoordination schon bei der Abstimmung der Prognoseergebnisse beginnen. Interessant ist in diesem Zusammenhang, daß z. B. den Planungsverbänden Kiel und Großraum Hannover Bevölkerungsprognosewerte als Eckwerte für die eigenen Pläne

Nur so kann das Ziel einer konsistenten Raumordnungspolitik, das konsistente Prognosen voraussetzt, realisiert werden.

3. Ziele und Zielkonflikte in den Regionalplänen

a) Konkretheit der Ziele

aa) Operationalität der allgemeinen Ziele

Der Wirkungsgrad der Regionalpläne hängt nicht nur von ihrer verfassungs- und verwaltungsrechtlichen Bindungskraft ab, sondern auch vom Grad ihrer Konkretisierung, speziell vom *Grad der Zielkonkretisierung*[1]. Auf die Bedeutung konkreter Ziele für die Regionalplanung und Raumordnungspolitik wurde in dem Abschnitt über die Bedingungen einer rationalen und konsistenten Raumordnungspolitik ausführlich eingegangen[2]. Hingewiesen sei hier nur nochmals auf den Aspekt, daß besonders für die Koordination mit der kommunalen Planung und privaten Planungsträgern (Wohnungsbaugesellschaften, Energieversorgungsunternehmen, Industriebetrieben) die Regionalpläne übergeordnete Landesziele bzw. aus der Region heraus entwickelte Zielvorstellungen in sachlicher, zeitlicher und räumlicher Hinsicht konkretisieren müssen. Die zentrale Frage, die hier untersucht werden soll, lautet: Sind die Ziele der Regionalpläne hinreichend konkret, bzw. können die Planungsgemeinschaften ihre Konkretisierungsaufgabe effektiv erfüllen?

Das Problem, wie konkret regionale Ziele sein müssen, damit sich einerseits Kommunen, Fachplanungsträger und Private anpassen können, andererseits der Rahmencharakter der Regionalpläne erhalten bleibt, so daß speziell die Kommunen in ihrem Entscheidungsspielraum nicht zu stark eingeengt werden, ist umstritten. Das gilt besonders für die Frage, ob die Planungsgemeinschaften für die Verdichtungsgebiete generelle Flächennutzungspläne aufstellen sollten[3].

Bevor die speziellen Ziele in den Regionalplänen unter dem Aspekt der Konkretheit im Sinne der *Anpassungsfähigkeit nachgeordneter*

---

durch Erlasse der Länder im Rahmen der Ziele der Raumordnung und Landesplanung vorgegeben werden. Vgl. G. *Stepper*, a.a.O., S. 114.

[1] Unter Konkretisierung von Zielen wird hier der Vorgang verstanden, aus allgemeinen Präferenzen, Leitbildern und Zielvorstellungen die Konsequenzen und Folgerungen für konkrete Sachverhalte zu ziehen. Vgl. *H. Ohm*, a.a.O., S. 54.

[2] Vgl. dazu S. 27 ff. dieser Arbeit.

[3] Vgl. W. *Terhalle*: Regionalplanung im Schnittpunkt zwischen Bauleitplanung und Landesplanung (Referat), in: Beiträge zur Regionalplanung, Städtebauliche Beiträge, hrsg. vom Institut für Städtebau und Wohnungswesen der deutschen Akademie für Städtebau und Landesplanung München, Heft 2, München 1966, S. 12.

Pläne untersucht werden, soll noch ein Blick auf die allgemeinen Ziele der Regionalpläne geworfen werden, wobei nach ihrer Operationalität gefragt wird, d. h. ob sie Anhaltspunkte für die Messung oder doch Schätzung der Abweichung zwischen gewünschter und aktueller bzw. potentieller Situation liefern[4]. Dabei soll nicht übersehen werden, daß die raumordnungspolitischen Hauptziele meist komplexe Strukturziele darstellen, die nur selten quantitativ formulierbar sind[5].

Besonders die in der Pionierphase entstandenen Regionalpläne (Östlicher Bodensee-Allgäu, Westlicher Bodensee-Linzgau-Hegau, Schwarzwald-Baar-Heuberg und Breisgau) enthalten im wesentlichen Bestandsaufnahmen und ein paar allgemeine Ziele und Wunschvorstellungen, die recht nebulös und leerformelhaft sind. Zum anderen wird in diesen Plänen nicht hinreichend getrennt zwischen Bestandsaufnahme, Prognose, eigentlichen regionalen Zielen und Forderungen der Region gegenüber dem Land. Eine allgemein gehaltene Formulierung wie die im Regionalplan Breisgau, daß das Gebiet so zu entwickeln ist, daß „ein dieser Kulturlandschaft angemessener, weitgehend in sich ausgeglichener Wachstumsprozeß gewährleistet ist"[6], kann zu einer Überprüfung der aktuellen oder zukünftigen Zielerreichung kaum herangezogen werden. Das gleiche gilt für das allgemeine Ziel des Regionalplans der Planungsgemeinschaft Hochrhein: „Unter Berücksichtigung der allgemeinen Entwicklungstendenzen ... sollte im südlichen Oberrheintal ein Gleichmaß von Dienstleistungsfunktionen, Industrie und Landwirtschaft angestrebt und eine gewisse Vielseitigkeit der Existenzgrundlagen gewahrt werden[7]."

Allgemeine Grundsätze und *vielfältig interpretierbare Leerformeln* wie: „Das Sozialprodukt ist nachhaltig zu heben", „die natürlichen Standortbedingungen sind zu nutzen, künstliche Standortvorteile sind zu schaffen oder zu verbessern", „der Leistungsaustausch innerhalb des Planungsgebietes und mit angrenzenden Wirtschaftsräumen ist zu heben", sind in allen Regionalplänen enthalten[8]; sie zu vermeiden ist

---

[4] Operationalität der Hauptziele ist Voraussetzung dafür, daß ein System von Unterzielen (z. B. Teilziele für Fachbereiche) aufgebaut und Prioritäten erstellt werden. Operational ist ein raumordnungspolitisches Ziel nur dann, wenn die Erfüllung des Zieles grundsätzlich *empirisch überprüfbar* ist. Vgl. *H. K. Schneider:* Plankoordinierung in der Regionalpolitik, a.a.O., S. 248.

[5] Darauf weist Kloten hin, vgl. *N. Kloten:* Alternative Konzeptionen der Regionalpolitik, a.a.O., S. 26.

[6] Planungsgemeinschaft Breisgau: Planungsziele des Regionalplans Breisgau 1964 (Stand 19. Oktober 1967), Freiburg i. Br. 1967, S. 1, Hektographie, (im folgenden zitiert als Planungsgemeinschaft Breisgau: Planungsziele).

[7] Planungsgemeinschaft Hochrhein (Hrsg.): Beiträge zur Raumordnung und Landesentwicklung, Südliches Oberrheingebiet, a.a.O., S. 27.

[8] Vgl. dazu etwa Planungsgemeinschaft Westlicher Bodensee-Linzgau-Hegau: Entwicklungs- und Raumordnungsplan, a.a.O., S. 13; und Regionale

I. Die regionalen Raumordnungs- und Entwicklungspläne 91

nicht nur ein politisches Problem — Befriedigung aller Interessen, Übertünchen von Interessenkonflikten durch allgemein gehaltene Formulierungen — sondern wohl auch eine Frage wissenschaftlicher Überlegungen[9].

ab) Ziele für Sachbereiche und räumliche Bereiche

Neben den allgemeinen Zielen, die für das ganze Gebiet der Planungsgemeinschaft Gültigkeit haben, enthalten die Regionalpläne in der Regel Ziele für Sachbereiche und räumliche Bereiche, die die allgemeinen Ziele konkretisieren und den Fachplanungsträgern und Gemeinden die notwendigen Anhaltspunkte für eigene Planungen geben sollen[10]. Eine Durchsicht der Regionalpläne zeigt jedoch, daß hinreichend *konkretisierte Ziele*, die gleichzeitig *allokationspolitische Entscheidungen* enthalten, selten anzutreffen sind. Ausnahmen bilden Planentwürfe, die noch nicht die Zustimmung der Mitglieder der Planungsgemeinschaft gefunden haben[11]. Andererseits werden zum Teil

---

Planungsgemeinschaft Württemberg-Mitte: Entwurf zum Regionalplan, a.a.O., S. 3.

[9] In dem Sinne, daß die Ziele möglichst so formuliert werden, daß sie mit aussagefähigen Indikatoren vergleichbar sind.

[10] Bei den neuesten Regionalplänen beginnt sich ein einheitliches Gliederungsschema abzuzeichnen, das zwischen den Planungsgemeinschaften und dem Innenministerium abgesprochen ist. Dabei stehen die Ziele des Regionalplans im Vordergrund, während Erläuterungen und Begründungen, die früher den Hauptinhalt der Regionalpläne ausmachten, in einen Anhang verwiesen werden. Der Wandel in Gliederung und Inhalt wird bei dem 1969 erstellten Regionalplan Württemberg-Mitte deutlich, der folgende Ziele formuliert:
1. Ziele des Regionalplans für das Gebiet der Planungsgemeinschaft Württemberg-Mitte
   1.1. Allgemeine Entwicklungsziele
   1.2. Besondere Entwicklungsziele
2. Ziele der Regionalplanung für Sachbereiche
   2.1. Wirtschaft
   2.2. Siedlungs- und Wohnungswesen
   2.3. Verkehr
   2.4. Landschaftspflege und Erholung
   2.5. Energiewirtschaft, Wasserwirtschaft, Abfallbeseitigung
   2.6. Bildungswesen
   2.7. Soziale Einrichtungen, Sport
3. Ziele der Regionalplanung für räumliche Bereiche (die elf Verflechtungsbereiche des Planungsgebietes).

Vgl. Regionale Planungsgemeinschaft Württemberg-Mitte: Entwurf zum Regionalplan, a.a.O., S. 2.

[11] So etwa das Konzept der Achsengruppen im Entwurf zum Regionalplan Rems-Murr, vgl. Planungsgemeinschaft Rems-Murr: Entwurf des Regionalplans Rems-Murr, a.a.O., Karte Siedlung und Verkehr im Anhang. Dieses Konzept ist allerdings auf scharfe Ablehnung der Mitglieder gestoßen. Nach Auskunft der Planungsgemeinschaft Rems-Murr.

sehr konkrete Ziele etwa bezüglich der Infrastruktur (vorzugsweise im Verkehrsbereich) formuliert, die dann aber eher *Wunschkataloge* darstellen, die gegenüber Land und Bund vertreten werden[12].

Das Ausmaß der Konkretisierung der regionalen Ziele für Sachbereiche ist in den Regionalplänen unterschiedlich, was einerseits durch die Sachbereiche selbst bedingt ist — für die Landwirtschaft z. B. können regionale Ziele nicht so konkret formuliert werden wie für den Schulsektor, wo Gemeinden und Land angesprochen sind —; andererseits hängt das Ausmaß der Konkretisierung vom Stand der Information über die Situation in den Sachbereichen und ihre zukünftige Entwicklung ab.

Wenig konkrete Ziele enthalten die Regionalpläne für die industriellgewerbliche Entwicklung, obwohl in diesem Sektor wichtige Entwicklungsdeterminanten zu suchen sind, und die Bauleitplanung, etwa für die Ausweisung von Industrieflächen, die regionale Aspekte berücksichtigen, Anhaltspunkte benötigt. So wird z. B. im Regionalplan Schwarzwald-Baar-Heuberg die allgemeine und *vielfältig interpretierbare Forderung* aufgestellt: „In den wirtschaftsstarken (saturierten) Gebieten sind die vorhandenen Industrie- und Gewerbebetriebe zu erhalten und im erforderliche Maße auszubauen." „In den wirtschaftsschwachen Gebieten sind in hierfür geeigneten Orten Betriebe neu anzusetzen. Die Zahl der Arbeitsplätze soll jeweils in einem ausgewogenen Verhältnis zu der geplanten Bevölkerungsverteilung stehen, um ungesunde Pendlerbewegungen zu vermeiden. Die Art der Arbeitsplätze soll jeweils so geplant und angestrebt werden, daß eine ausgewogene Verteilung der Industriegruppen eine weitgehende Krisenfestigkeit in den Raumschaften sicherstellt[13]." Abgesehen davon, daß derartige Zielsetzungen *nicht ökonomisch fundiert* sind und damit als Wunschvorstellungen bezeichnet werden müssen (ein Angebot — Nachfrage — Ausgleich an Arbeitskräften läßt sich nicht in kleinen Einheiten wie Raumschaften erreichen; Krisenfestigkeit als Ziel ebenfalls nicht, es ist sogar fraglich, ob dieses Ziel für das gesamte Gebiet der

---

[12] Diese Problematik soll noch im Rahmen der Fragestellung, ob die Ziele der Regionalpläne überhaupt realisierbar sind, ausführlich behandelt werden. Siehe dazu S. 98 ff. dieser Arbeit.

[13] Planungsgemeinschaft Schwarzwald-Baar-Heuberg: Entwicklungs- und Raumordnungsplan, a.a.O., S. 52. Im Regionalplan Westlicher Bodensee-Linzgau-Hegau ist die allgemeine Forderung zu finden, daß die Ausweisung industrieller Arbeitsplätze bei zweckmäßiger Verteilung in Zentralorten zu fördern ist. Vgl. Planungsgemeinschaft Westlicher Bodensee-Linzgau-Hegau: Entwicklungs- und Raumordnungsplan, a.a.O., S. 13. Als Proklamation ist auch folgendes Ziel anzusehen: „Um eine optimale Wirtschaftskraft herbeizuführen, sollte eine vielfältige, verhältnismäßig konjunkturunempfindliche Branchenstruktur geschaffen werden." Planungsgemeinschaft Breisgau: Planungsziele, a.a.O., S. 5.

I. Die regionalen Raumordnungs- und Entwicklungspläne

Planungsgemeinschaft Schwarzwald-Baar-Heuberg sinnvoll ist), bestände die Aufgabe des Regionalplans gerade darin, aus regionaler Sicht geeignete und förderungswürdige Industriestandorte auszuweisen.

Die Forderung nach „Ansiedlung neuer dynamischer Wirtschaftszweige"[14] kehrt in den Regionalplänen regelmäßig wieder, ein *konkretes Industrieansiedlungskonzept*, das besonders für strukturschwache Gebiete erforderlich wäre, wird jedoch nicht entwickelt. Meist enthalten die Aussagen über die Industrie nur eine Feststellung vorhandener Mängel und die allgemeine Forderung nach industrieller Entwicklung.

Am konkretesten scheinen in den Regionalplänen noch die Ziele für den Verkehr und das Siedlungs- und Wohnungswesen formuliert zu sein, so daß man sie nach ihren dominierenden Merkmalen als *Siedlungs- und Verkehrskonzepte* charakterisieren kann[15]. Die Ziele für den Verkehrssektor sind im allgemeinen in den Regionalplänen so konkret formuliert, daß Gemeinden und Fachplanungsträger sich daran ausrichten können[16]. Es ist jedoch fraglich, ob diese Verkehrskonzepte auch realisierbar sind, da sie in der Regel keine Prioritäten und allokationspolitischen Entscheidungen enthalten.

Die neueren Regionalpläne, die *nach* dem Gebietsentwicklungsplan Südliches Oberrheingebiet und dem Landesentwicklungsplan erstellt wurden, weisen *zentrale Orte* und *Entwicklungsachsen* aus, in denen eine Konzentration der demographischen und wirtschaftlichen Entwicklung erfolgen soll[17]. Wenn das auch einen Fortschritt gegenüber den älteren Regionalplänen bedeutet, so ist nicht zu übersehen, daß bei der Festlegung der zentralen Orte und Entwicklungsachsen in den Planungsgemeinschaften starke geographische Interessengegensätze und Konflikte entstehen, so daß das Ergebnis der Auseinandersetzung in der Regel als *„Inflation" der zentralen Orte und Entwicklungsachsen* beschrieben werden kann. Dieses Phänomen soll wegen seiner Bedeutung gerade für die Entwicklungsförderung strukturschwacher Gebiete noch ausführlicher behandelt werden[18].

---

[14] Vgl. dazu u. a. Planungsgemeinschaft Östlicher Bodensee-Allgäu: Entwicklungs- und Raumordnungsplan, a.a.O., S. 38.

[15] Im Regionalplan Neckar-Alb wird als zentrale Aufgabe herausgestellt, ein Rahmenkonzept für die zukünftige Siedlungsentwicklung des Planungsgebietes zu entwerfen. Vgl. Regionale Planungsgemeinschaft Neckar-Alb (Hrsg.): Entwurf 1969 zum Regionalplan Neckar-Alb, a.a.O., S. 3.

[16] Vgl. etwa Planungsgemeinschaft Schwarzwald-Baar-Heuberg: Entwicklungs- und Raumordnungsplan, a.a.O., S. 60.

[17] Vgl. u. a. Planungsgemeinschaft Breisgau: Planungsziele, a.a.O., S. 6; und Planungsgemeinschaft Hochrhein (Hrsg.): Beiträge zur Raumordnung und Landesentwicklung, Südliches Oberrheingebiet, a.a.O., S. 33 f.

[18] Siehe dazu den Abschnitt S. 102 ff. dieser Arbeit.

Bei einer Durchsicht der Regionalpläne fällt auf, daß in der Regel diejenigen Planziele, die positive Wirkungen für die Gemeinden haben (zentrale Orte, der Ausbau einer Straße, eines Krankenhauses u. a.) weitaus konkreter und mit mehr Nachdruck formuliert werden, als etwa Ziele mit möglichen negativen Wirkungen (Beschränkung der Bebauung in land- und forstwirtschaftlichen Zonen, Nichtansiedlung von Industrie in bestimmten Gemeinden u. a.). Man kann von einer Tendenz in den Regionalplänen sprechen, alle Ziele, die gefährlich in dem Sinne sind, daß sie den Mitgliedern Beschränkungen auferlegen und die eine Einigung in den Planungsgremien und mit den Mitgliedern der Planungsgemeinschaften problematisch erscheinen lassen, nicht in den Regionalplan aufzunehmen[19].

Einige Regionalpläne formulieren Ziele für räumliche Bereiche (Verflechtungsbereiche zentraler Orte), die allerdings vom planerischen Ansatz her unterschiedlich zu beurteilen sind. Ziel der in den Regionalplänen Östlicher Bodensee-Allgäu, Westlicher Bodensee-Linzgau-Hegau und Schwarzwald-Baar-Heuberg enthaltenen generellen Bauleitpläne für einzelne Nahbereiche von Zentralorten ist es, eine Abstimmung der Fachpläne in überkommunalem Rahmen auf Nahbereichsebene und eine weitere Konkretisierung der Ziele des Raumordnungs- und Entwicklungsplans zu ermöglichen[20]. Diese Nahbereichspläne sind sehr konkret, doch handelt es sich hier eher um eine Art Zusammenstellung gemeindlicher Bauleitpläne in vereinfachter Form, als um eine Konkretisierung regionaler Ziele. Es wird versucht, raumordnungspolitische Ziele in eine parzellenscharfe Darstellung der Flächennutzung zu transformieren[21], wobei die generellen Flächennutzungspläne nicht als Ausdruck konkretisierter regionaler Entwicklungsziele, sondern eher als Festlegung der maximalen Entwicklungsmöglichkeiten der Gemeinden und Gemeindegruppen anzusehen sind. Da es sich hier um eine rechtlich bedenkliche Annäherung an die gemeindliche Bauleitplanung handelt und die Gefahr besteht, daß der Entscheidungsspielraum der Gemeinden zu stark eingeengt wird, werden diese Pläne auch vom Innenministerium nicht für unbedenklich erklärt[22].

In den Regionalplänen Breisgau (1964) und Württemberg-Mitte wurde versucht, Ziele für Gemeindegruppen (Nahbereiche) auszuweisen, ohne

---

[19] Vgl. G. *Ziegler:* Zweck und Aufgaben von regionalen Planungsgemeinschaften, a.a.O., S. 3.
[20] Vgl. Planungsgemeinschaft Östlicher Bodensee-Allgäu: Entwicklungs- und Raumordnungsplan, a.a.O., S. 15; Planungsgemeinschaft Schwarzwald-Baar-Heuberg: Entwicklungs- und Raumordnungsplan, a.a.O., S. 18; und Planungsgemeinschaft Westlicher Bodensee-Linzgau-Hegau: Entwicklungs- und Raumordnungsplan, a.a.O., S. 30.
[21] Zur Kritik der generellen Bauleitpläne vgl. H. *Lossnitzer,* a.a.O., S. 84.
[22] Nach einer Auskunft des Innenministeriums Baden-Württemberg.

I. Die regionalen Raumordnungs- und Entwicklungspläne 95

dabei in eine zu große Nähe der Bauleitplanung zu gelangen. Bei dem Regionalplan Württemberg-Mitte handelt es sich zumindest vom Ansatz her um konkretisierte regionale Ziele[23, 24]. Die Anhaltspunkte, die sie der kommunalen Planung geben können, werden jedoch noch als gering beurteilt, obwohl die Ausweisung von regionalen Zielen für Verflechtungsbereiche ein sinnvoller Weg für eine konkretere Zielformulierung zu sein scheint[25].

ac) Vergleich der Ziele des Regionalplans Breisgau mit denen des staatlichen Gebietsentwicklungsplans Südliches Oberrheingebiet

Bei der Konzipierung der Gebietsentwicklungspläne in Baden-Württemberg ist man — zumindest von staatlicher Seite — davon ausgegangen, daß die Regionalpläne die staatlichen Gebietsentwicklungspläne weiter detaillieren und konkretisieren sollen. „Aufgabe des zwischen Gebietsentwicklungsplan und Flächennutzungsplan stehenden Regionalplans ist es ..., die infolge des größeren Planungsgebietes notwendigerweise grobmaschigen Planziele des Landesentwicklungsplans und gegebenenfalls eines Gebietsentwicklungsplans weiter auszudetaillieren[26]." Ein Vergleich der Ziele des Regionalplans Breisgau (1967) mit den Zielen des Gebietsentwicklungsplans Südliches Oberrheingebiet

---

[23] Vgl. Regionale Planungsgemeinschaft Württemberg-Mitte: Entwurf zum Regionalplan, a.a.O., S. 17 ff. Man wollte ausgehend vom System der zentralen Orte und Entwicklungsachsen Konzentrationspunkte und -bereiche für einen Ausbau der Infrastruktur schaffen, mußte jedoch bei der konkreten Ausweisung der Infrastruktur (Schulen, Krankenhäuser u. a.) zu sehr auf die örtlichen Wünsche Rücksicht nehmen, so daß die Infrastrukturziele weitgehend ex-post-orientiert sind. Nach einer Auskunft der Planungsgemeinschaft Württemberg-Mitte.

[24] Die „Rahmenvorschläge für Raumschaften und Gemeinden mit sich ergänzenden Funktionen" des Regionalplans Breisgau (1964) enthalten weniger Planziele als ein Aufzeigen der Situation, aktueller und zukünftiger Probleme und anzustrebender Maßnahmen. Vgl. Planungsgemeinschaft Breisgau: Regionalplan 1964, Teningen/Baden, o. J., S. 59 ff.

[25] Aufschlußreich und wohl auch symptomatisch für die Probleme der Zielkonkretisierung durch Bereichsziele ist die Situation in der Planungsgemeinschaft Neckar-Alb. Der Regionalplan kann in seinen Zielen nicht konkret werden, da die Kommunen befürchten, daß konkrete Ziele, die notwendigerweise nicht allen Wünschen entsprechen können, Anhaltspunkte für staatliche Planungen liefern könnten. Zum andern besteht das Bedürfnis der Gemeinden, konkretere Ziele für ihre Bauleitplanung zu erhalten. Die Gemeinden erklärten bei der Besprechung des Regionalplans, daß dessen Ziele viel zu allgemein seien, um Anhaltspunkte für ihre Planungen zu liefern. Die Planungsgemeinschaft versucht diese Schwierigkeit jetzt zu umgehen, indem sie konkretere Ziele für Nahbereiche erarbeitet, die dann allerdings nicht Bestandteil des Regionalplans werden sollen. Nach einer Auskunft der Planungsgemeinschaft Neckar-Alb.

[26] *E. D. Rasch:* Rechtsfragen der Regionalplanung, a.a.O., S. 77.

zeigt jedoch, daß die landesplanerischen Ziele nur *ein wenig anders* und in einzelnen Bereichen *ein wenig differenzierter* formuliert worden sind; im Grad der Konkretisierung gehen die Ziele des Regionalplans Breisgau jedoch kaum über die des staatlichen Planes hinaus[27].

Der Gebietsentwicklungsplan Südliches Oberrheingebiet legt z. B. Konzentrationsbereiche (Entwicklungszonen) für die gewerbliche Entwicklung fest, die im Regionalplan Breisgau nur ergänzt werden, etwa durch eine Bau- und Gewerbezone von Denzlingen bis Elzach und eine Rheinuferzone von Breisach bis Hartheim[28]. Sinnvoller wäre es gewesen, die im Gebietsentwicklungsplan enthaltenen Entwicklungszonen durch nur regional bedeutsame Entwicklungsachsen zu ergänzen *und* die im Landesmaßstab bedeutsamen Entwicklungsachsen in sich zu gliedern und Schwerpunkte festzulegen[29].

Bezüglich der Zentralorte weist der Regionalplan Breisgau zwar im Gegensatz zum Gebietsentwicklungsplan Südliches Oberrheingebiet auch *Mittelpunktgemeinden* und Selbstversorgergemeinden aus, setzt aber für den Ausbau der zentralen Orte *keine Prioritäten räumlicher und zeitlicher Art,* sondern fordert, daß *alle* zentralen Orte voll ausgebaut werden sollen[30].

Der Grad an notwendiger und möglicher Konkretisierung ist bei den Zielen des Regionalplans Breisgau sicherlich nicht erreicht. Es ist zu vermuten, daß die Planungsgemeinschaft aus taktischen Erwägungen und kommunalpolitischer Rücksichtnahme nur diejenigen Ziele zur Unbedenklichkeitserklärung eingereicht hat, die den staatlichen Fachplanungsträgern möglichst *wenig konkrete Anhaltspunkte* liefern und die kommunale Planung nicht in ihrer Entscheidungsfreiheit einengen[31].

---

[27] Zum Vergleich werden hier der Gebietsentwicklungsplan Südliches Oberrheingebiet und der Regionalplan Breisgau herangezogen, da mit dem staatlichen Gebietsentwicklungsplan ein relativ konkreter Plan vorliegt; zum anderen hat der Regionalplan Breisgau als erster Plan in Baden-Württemberg durch die Unbedenklichkeitserklärung das vorläufige Endstadium der „politischen" Sanktionierung erreicht.

[28] Vgl. dazu Planungsgemeinschaft Breisgau: Planungsziele, a.a.O., S. 6; und Innenministerium Baden-Württemberg (Hrsg.): Entwurf des Gebietsentwicklungsplans für das Südliche Oberrheingebiet, o. O., 1965, S. 2 f.

[29] Einen Ansatz zur Konkretisierung der Landesentwicklungsachsen bietet der Regionalplan Württemberg-Mitte, der die Landesentwicklungsachsen in sich anders abgrenzt, Kernbereiche innerhalb der Entwicklungsachsen ausweist und außerhalb der Entwicklungsachsen gelegene Entwicklungsschwerpunkte kleinerer Art benennt. Vgl. Regionale Planungsgemeinschaft Württemberg-Mitte: Entwurf zum Regionalplan, a.a.O., Karte „Regionale Entwicklung" im Anhang. Allerdings hat dieses Entwicklungskonzept noch nicht die Zustimmung der Mitglieder der Planungsgemeinschaft gefunden.

[30] Vgl. Planungsgemeinschaft Breisgau: Planungsziele, a.a.O., S. 18.

[31] Diese Auffassung wird auch von den Landesplanern im Innenministerium geteilt: „Man will sich nicht festlegen gegenüber dem Land."

I. Die regionalen Raumordnungs- und Entwicklungspläne

Zielkonkretisierung impliziert notwendig wegen der *Knappheit der Mittel* räumliche, zeitliche und sachliche Entscheidungen; etwa bezogen auf das Siedlungskonzept, die Festlegung von zentralen Orten, Entwicklungsachsen, Erholungsgebieten u. a. und damit potentielle Wohlstandsgewinne und -verluste einzelner Gemeinden und Gemeindeverbände. Da die Gemeinden konkrete Ziele, die ihren Macht- und Entscheidungsspielraum einengen, nicht akzeptieren — es sei denn, sie gewinnen dadurch etwas —, die Planungsgemeinschaften aber nur erfolgreich arbeiten können, wenn sie von den Gemeinden unterstützt werden, und ihre Zielvorstellungen nur realisieren können, wenn die Gemeinden sie freiwillig akzeptieren, sind sie aufgrund der heutigen rechtlich-organisatorischen Struktur nicht bzw. nur unzulänglich zur Zielkonkretisierung in der Lage.

Die Planungsgemeinschaften tendieren dazu, entweder *konkrete Ziele ohne allokationspolitische Entscheidungen* zu formulieren und so alle Wünsche aller Mitglieder zu „befriedigen" („*Inflation*" der zentralen Orte, Entwicklungsachsen, Straßen), oder sie *verzichten ganz auf eine Konkretisierung*, die regionalen Ziele werden dann als Gemeinplätze mit breitem Interpretationsspielraum („Kongo-Formeln") formuliert, ohne konkrete Anhaltspunkte für die Bauleitplanung und die Fachplanung zu liefern[32].

Die Auseinandersetzungen bei der Aufstellung der Regionalpläne machen deutlich, wie schwierig es für die Planungsgemeinschaften heute ist, konkrete Ziele zu formulieren. „Die Regionalpläne werden so lange bearbeitet, bis jede konkrete Aussage verschwunden ist[33]." Heute sind aufgrund der politischen und rechtlichen Konstellation in den Planungsgemeinschaften nur *Kompromisse auf dem kleinsten gemeinsamen Nenner* möglich; allokationspolitische Entscheidungen und vertretbare Kompromisse sind kaum durchsetzbar. Diese Ausführungen leiten schon über zu der im nächsten Abschnitt zu untersuchenden Frage, ob es sich bei den Zielen der Regionalpläne um in sich konsistente Konzeptionen handelt und damit zusammenhängend, ob die Ziele überhaupt realisierbar sind.

---

[32] Interessengegensätze und Zielkonflikte werden in den Regionalplänen ausgeklammert bzw. durch verschwommene Zielformulierungen der „notwendige" Interpretationsspielraum geschaffen, so daß beinahe „jede" autonome Politik der Gemeinden und Gemeindeverbände als konform interpretiert werden kann.

[33] Dieser Ausspruch eines Regionalplaners gibt die Erfahrung der Mehrheit der Regionalplaner wieder.

3. Teil: Darstellung und Würdigung der Funktionen

b) *Konsistenz und Realisierbarkeit der Ziele*

ba) Zielkonflikte und utopische
Ziele in den Regionalplänen

Die Regionalpläne sind unter grundsätzlichen Aspekten nicht nur ein Mittel, um die raumordnungspolitischen Ziele der staatlichen Entwicklungspläne für die Region zu konkretisieren, sondern auch Mittel, um örtliche und fachliche Zielvorstellungen zu koordinieren (interne Koordination), mit dem Zweck, ein *konsistentes und realisierbares regionales Zielsystem* zu erstellen. Dieser Zweck wird vielfach von den Mitgliedern der Planungsgemeinschaften nicht gesehen oder nicht gewünscht. Das gilt in besonderem Maße für die Planungsgemeinschaften außerhalb der Ballungs- und Verdichtungsgebiete, die eine wesentliche, wenn nicht die entscheidende Aufgabe der Planungsgemeinschaft in der *regionalen bzw. kommunalen Interessenvertretung* gegenüber dem Staat sehen. Das Ergebnis sind dann Regionalpläne, die örtliche Entwicklungsvorstellungen als „Wunschvorstellungen" nebeneinanderstellen, ohne sie auf ein regionales Konzept auszurichten, auf ihre Konsistenz hin zu überprüfen und Zielkonflikte zu beseitigen. Bezüglich der Konsistenz und Realisierbarkeit der Teilziele in den Regionalplänen sind daher erhebliche Bedenken angebracht.

Von den Mitgliedern der Planungsgemeinschaften wird der Regionalplan nicht nur als raumordnungspolitische Konzeption der Region angesehen, sondern auch als *Instrument der Auseinandersetzung* mit anderen Institutionen (Land, Fachplanungsträgern, anderen Planungsgemeinschaften)[34]. Die Folge davon ist, daß das Grundsätzliche, etwa das Siedlungskonzept, das mehrheitlich von den Mitgliedern der Planungsgemeinschaft vertreten wird und über das ein gewisser Konsensus hergestellt ist, mit raumordnungspolitischen Zielen als Forderungen an andere Planungsträger vermengt wird, wobei oft das „Mögliche" überschritten wird, so daß große Teile der Regionalpläne als Zusammenstellung von örtlichen und regionalen Forderungen anzusehen sind[35]. Gegenüber dem Land proklamieren die Planungsgemein-

---

[34] Im Regionalplan Östlicher Bodensee-Allgäu heißt es: „Mit manchen Vorschlägen wird die Landesregierung angesprochen, um gezielte staatliche Maßnahmen auszulösen." Planungsgemeinschaft Östlicher Bodensee-Allgäu: Entwicklungs- und Raumordnungsplan, a.a.O., S. IX. Hauptzweck des Regionalplans Württemberg-Ost soll es sein, gegenüber den zentralen Stellen des Landes und des Bundes eigene Vorstellungen über die Entwicklung der Region zu erarbeiten. „Der Regionalplan ist sozusagen eine Art Plädoyer für die berechtigten Belange der Region." Regionale Planungsgemeinschaft Württemberg-Ost: Geschäftsbericht des Geschäftsführers Manz auf der Mitgliederversammlung am 16. 2. 1968, S. 6, vervielfältigtes Manuskript.

[35] Der geringe Erfolg der Planungsgemeinschaften, realisierbare Pläne aufzustellen, ist auch darauf zurückzuführen, daß bei den Gemeinden und

I. Die regionalen Raumordnungs- und Entwicklungspläne

schaften „utopische" Ziele und Wunschkataloge, die zum Teil durch Gutachten fundiert werden. Auch wenn die Ziele nicht realisierbar sind, erhoffen sich die Planungsgemeinschaften bei einer teilweisen Erfüllung der Ziele und Forderungen immer noch eine relative Besserstellung gegenüber anderen Regionen[36].

Rangordnungen der Ziele und Prioritäten einzelner Teilziele in zeitlicher und räumlicher Hinsicht, die unter dem Aspekt der Realisierbarkeit im Hinblick auf die Knappheit der Mittel notwendig sind, enthalten die Regionalpläne selten, und wenn das der Fall ist, besteht die Gefahr, daß durch eine *Vielzahl von Prioritäten* deren Effekt wieder aufgehoben wird[37, 38].

Mit diesem Problem verbunden ist, daß in den Entscheidungsgremien der Planungsgemeinschaften kein Zwang zu dem in der Regionalplanung unumgänglichen Kompromiß besteht. Einerseits gilt für die Planungsgremien kein Beschlußzwang, andererseits ist auch die in der Mehrzahl der Fälle vorgesehene Mehrheitsentscheidung wenig dazu geeignet, allokationspolitische Entscheidungen zu gewährleisten[39]. In einigen Planungsgemeinschaften ist bei der Aufstellung der Regionalpläne des Phänomens zu beobachten, daß das Stimmrecht als konvertible Währung eingesetzt wird; man setzt so in den Planungsgremien trotz Mehrheitsprinzip gegenseitig etwa seine Aufstufungswünsche bei

---

Kreisen die Vorstellung vorherrscht, Regionalplanung sei möglich durch eine *Addition der Einzelinteressen*. Zum anderen befinden sich die Planungsgemeinschaften ganz in der Hand der Landräte und Bürgermeister, die sie finanzieren, ihre Aufgabenstellung bestimmen und in den Planungsgremien in der Regel als kommunale Interessenvertreter auftreten und örtliche Einzelwünsche durchzusetzen versuchen.

[36] Die Wunschkataloge der Planungsgemeinschaften konkurrieren untereinander um die finanziellen Mittel des Staates. Eine derartige Taktik ist jedoch *wenig erfolgreich*, wenn alle Planungsgemeinschaften sie verfolgen, und *sehr bedenklich*, da unrealistische Pläne die Koordination und ihre Durchsetzung verhindern und damit eine effiziente Raumordnungspolitik.

[37] Im Regionalplan Breisgau (1967) wird zwar festgestellt, daß der Verkehrsbedarf in den Entwicklungszonen „vorrangig" zu berücksichtigen ist, gleichzeitig wird aber gefordert, daß eine Erschließung wirtschaftlich zurückgebliebener und verkehrsferner Teilräume und der Erholungsräume zu fördern ist. Es werden quasi alle Verkehrsbedürfnisse der Region angesprochen, ohne daß eine Rangordnung der Projekte unter dem Aspekt regionaler Dringlichkeit sichtbar wird. Vgl. Planungsgemeinschaft Breisgau: Planungsziele, a.a.O., S. 7 ff.

[38] Aufschlußreich ist das Beispiel der Planungsgemeinschaft Neckar-Alb, deren Hauptausschuß den Antrag des Landkreises Hechingen, in das Strukturentwicklungsprogramm des Wirtschaftsministeriums Baden-Württemberg aufgenommen zu werden, nicht unterstützte und dabei grundsätzliche Bedenken äußerte, „daß sich die Planungsgemeinschaft für die *Priorität bestimmter örtlicher Maßnahmen* einsetzt". Regionale Planungsgemeinschaft Neckar-Alb: Jahresbericht 1967, o. O., S. 6, vervielfältigtes Manuskript.

[39] Vgl. dazu auch S. 71 f. dieser Arbeit.

100   3. Teil: Darstellung und Würdigung der Funktionen

den zentralen Orten und in der Verkehrsplanung durch[40]. Das Ergebnis sind dann notwendigerweise *„utopische" Ziele* und *„verwässerte" Strategien*. Der mögliche pädagogische Effekt der Pläne, auf die Begrenzung der Mittel hinzuweisen, die zu realisierbaren Zielen und allokationspolitischen Entscheidungen zwingt, wird von den Planungsgemeinschaften nicht erzielt bzw. gar nicht gewünscht, da das der „Propagandafunktion" des Regionalplans entgegenstehen würde.

Realistische Regionalpläne sollten die zur Verfügung stehenden Mittel berücksichtigen und ökonomisch fundiert sein. Die Untersuchung der Informationsbasis der Regionalpläne kam zu dem Ergebnis, daß zu wenig Zukunftsinformationen, besonders im wirtschaftlichen Bereich, den Regionalplänen zugrunde liegen[41]. Da ökonomische Aspekte und Zusammenhänge oft nicht berücksichtigt werden, müssen viele Ziele in den Regionalplänen als *Wunschvorstellungen* angesehen werden. Das gilt besonders für Regionalpläne, die auf einem Nivellierungskonzept beruhen, und damit zusammenhängend, für die großzügig ausgewiesenen zentralen Orte und Entwicklungsachsen. So wird im Regionalplan der strukturschwachen Planungsgemeinschaft Östlicher Bodensee-Allgäu einerseits das Ziel formuliert, das durchschnittliche Pro-Kopf-Einkommen des Planungsgebietes an die Werte anderer, wirtschaftsstärkerer Räume heranzuführen, andererseits wird gefordert, daß innerhalb des Planungsgebietes die wirtschaftsschwachen Teilräume — bei relativer Konstanz der Bevölkerungsverteilung — besonders zu fördern sind[42].

Abgesehen von den Zielkonflikten, die sich daraus ergeben, daß der Wohlstand der Region als Ganzes und zugleich der einzelner Teilräume maximiert werden soll, sind Regionalpläne, die ohne Einsatz erheblicher Mittel von einer mehr oder weniger gleichmäßigen Entwicklung bzw. einer starken Nivellierung der Wohlstandsunterschiede ausgehen, als Wunschvorstellungen anzusehen, da sie die realen Entwicklungstendenzen übersehen, die zu einer Konzentration tendieren.

---

[40] Der Stimmenaustausch erfolgt nach der Devise: „Unterstützt Du meine Forderung im Planungsrat nach einer neuen Straße, dann unterstütze ich Dich bei Deinem Wunsch, Industriestandort zu werden bzw. auch eine Straße zu erhalten und ihr eine hohe Dringlichkeit zu sichern." Nach dieser Devise wurde z. B. bei der Erstellung des Verkehrskonzepts der Planungsgemeinschaft Westlicher Bodensee-Linzgau-Hegau verfahren, mit dem unsinnigen Planungsergebnis, daß das Planungsgebiet von einem Netz von Straßen für den weiträumigen Verkehr in einem Abstand von 10 km überzogen wurde.

[41] Vgl. dazu die Ausführungen über die Informationsbasis der Regionalpläne S. 74 ff. dieser Arbeit.

[42] Vgl. Planungsgemeinschaft Östlicher Bodensee-Allgäu: Entwicklungs- und Raumordnungsplan, a.a.O., S. 35; ähnlich auch Planungsgemeinschaft Westlicher Bodensee-Linzgau-Hegau: Entwicklungs- und Raumordnungsplan, a.a.O., S. 56 ff.

I. Die regionalen Raumordnungs- und Entwicklungspläne

Kritisch zu betrachten sind auch regionale Ziele, die eine *Zielprognose* zur Grundlage haben. Der Regionalplan der Planungsgemeinschaft Schwarzwald-Baar-Heuberg basiert z. B. auf einer Zielprognose der Bevölkerungs- und Arbeitsplatzverteilung; ihm liegt, was für ein strukturschwaches Gebiet besonders bedenklich ist, keine wirtschaftspolitische Konzeption zugrunde. Die Ziele, die durch die „angestrebte" Arbeitsplatzverteilung erreicht werden sollen: „Eingliederung der im Zuge des Wandels der Agrarstruktur freigesetzten Arbeitskräfte in den Wirtschaftsprozeß", „Abbau langer Pendlerwege", „Abschwächung und Verhinderung der unerwünschten Abwanderung in Gebiete außerhalb des Planungsraumes", „Stärkung der Zentralorte und Nebenzentren nach raumordnerischen Gesichtspunkten", „räumliche Verteilung der Arbeitsstätten als Mittel gegen unerwünschte Ballungen" u. a.[43], sind wegen ihrer mangelnden ökonomischen Fundierung durch Diagnose und Prognose, d. h. der mangelnden Kenntnis der ökonomischen und technischen Entwicklung und damit der Grenzen der Raumordnungspolitik, als reine *Wunschvorstellungen* zu bezeichnen.

Der allgemeinen Tendenz in den Regionalplänen, möglichst alle Gebietsteile gleichmäßig zu entwickeln (das gleiche Pro-Kopf-Einkommen in allen Teilgebieten zu erzielen) und mit Infrastruktureinrichtungen auszustatten, entspricht in strukturschwachen Gebieten die Tendenz, *überall* eine „aktive" Sanierung durchzuführen[44]. Dabei ist sicher, daß das Ziel einer ausgeglichenen Wanderungsbilanz, wenn überhaupt, nur für die Summe der ländlichen und strukturschwachen Gebiete erreichbar und damit sinnvoll ist, jedoch nicht für alle Teilräume[45]. Zu einem wesentlichen Teil ist die Festlegung von Gebieten zur „passiven" Sanierung — wie die der Formulierung realisierbarer Ziele allgemein — ein Problem der politischen Durchsetzbarkeit. Gebiete für eine „passive" Sanierung können in den Regionalplänen der Planungsgemeinschaften heute nicht ausgewiesen werden, da keine Möglichkeit besteht, den Widerstand der betroffenen Gemeinden und Kreise zu überwinden[46].

---

[43] Planungsgemeinschaft Schwarzwald-Baar-Heuberg: Entwicklungs- und Raumordnungsplan, a.a.O., S. 46.

[44] Von den bisher erstellten Regionalplänen weist keiner einen Teilraum zur „passiven" Sanierung aus.

[45] Vgl. Prognos AG: Strukturen und Motive der Wanderungsbewegungen in der Bundesrepublik Deutschland, (unter besonderer Berücksichtigung der kleinräumigen Mobilität), Untersuchung im Auftrag des Bundesministers des Innern, Basel 1968, S. 1.

[46] In den Planungsgemeinschaften besteht daher die Tendenz, sich auf die Position zurückzuziehen: „Wir werden ja sehen was die Entwicklung bringt" und auf eine Entwicklungssteuerung zu verzichten. Die Planungsstelle der Planungsgemeinschaft Neckar-Alb wollte z. B. kleinere Gebiete auf der Schwäbischen Alb mit stärkeren Wanderungsverlusten im Regionalplan

Für die Regionalpläne der regionalen Planungsgemeinschaften gilt die in anderem Zusammenhang getroffene Feststellung Halstenbergs: „Müssen all diese Pläne und Programme sich aneinander und in einen finanziellen und ökonomischen Rahmen fügen, dann wird manche Illusion dahinschwinden. Planen mit solchem Realitätsanspruch wird allerdings mühevoller und auch viel langsamer gehen als rasche Konzeptionsproduktion[47]."

Durch die zentralen Orte und Entwicklungsachsen, wie sie die neueren Regionalpläne ausweisen, wird versucht, der zunehmenden Urbanisierung und Konzentration gerecht zu werden. Sie bilden sinnvolle Ansatzpunkte für eine raumordnungspolitische Konzeption und sollen daher im folgenden Abschnitt näher untersucht werden.

bb) Die „Inflation" der zentralen Orte und Entwicklungsachsen

Unter dem Aspekt der Realisierbarkeit der von den Planungsgemeinschaften aufgestellten Ziele erscheint es sinnvoll, besonders auf die zentralen Orte und Entwicklungsachsen einzugehen, da in den neueren Regionalplänen das Siedlungskonzept im Vordergrund steht und die Festlegung von zentralen Orten und Entwicklungsachsen von entscheidender Bedeutung für die Regionalplanung ist[48]. Das gilt im Hinblick auf eine Konzentration der Funktionen (Wohn- und Arbeitsstätten) in den Ballungs- und Verdichtungsgebieten, um eine Zersiedlung der Landschaft zu verhindern und eine Erhaltung von Naherholungsräumen zu erleichtern, und für ländliche und strukturschwache Gebiete, um Ansatzpunkte für eine Konzentration der Dienstleistungen und Entwicklungsförderung aufzuzeigen[49].

---

ausweisen, für die nur eine „passive" Sanierung sinnvoll erscheint, insbesondere im Hinblick auf die Notwendigkeit einer stärkeren Entwicklung der wenigen Gemeinden mit zentralörtlicher Bedeutung in diesem Raume. Der Widerstand der Landräte führte jedoch dazu, daß das Problem im Regionalplan nicht angesprochen wird; es soll überall „aktiv" saniert werden.

[47] F. *Halstenberg:* Leistungssteigerung durch Regionalplanung, a.a.O., S. 15.

[48] Wegen der allgemeinen Ziel-Mittel-Hierarchie könnten die zentralen Orte und Entwicklungsachsen systematisch sowohl unter den Zielen als auch unter den Mitteln im folgenden Abschnitt eingeordnet werden. Da die zentralen Orte und Entwicklungsachsen in den Regionalplänen als Ziele angesprochen werden, sollen sie hier auch in dem Abschnitt über die Realisierbarkeit der Ziele behandelt werden. Die Grenze zwischen Zielen und Mitteln wird hinsichtlich der Zentralen Orte und Entwicklungsachsen dort gezogen, wo konkrete Aussagen über deren Ausbau gemacht werden, speziell wo quantitative Ansätze vorhanden sind.

[49] Das System von Entwicklungsschwerpunkten und Entwicklungsachsen soll primär eine räumliche Konzentration hochwertiger Infrastruktur und damit verbunden, eine Konzentration der Wohnbevölkerung und der Ar-

I. Die regionalen Raumordnungs- und Entwicklungspläne

Die Festlegung eines Systems von zentralen Orten und Entwicklungsachsen ist für den Koordinierungserfolg der Planungsgemeinschaft von entscheidender Bedeutung, da das siedlungspolitische Konzept die Grundlage für eine Ausrichtung der Fachplanungen und der kommunalen Planungen darstellt. Im Regionalplan Breisgau wird im Sinne eines räumlich konzentrierten Mitteleinsatzes gefordert: „Alle Planungen, insbesondere zur Verbesserung der Agrarstruktur, zur Förderung der Wirtschaftskraft, zur Verbesserung des Verkehrs, die Landschafts-, Schulentwicklungs-, Krankenhaus- und die Bauleitplanung sollen im Sinne der allgemeinen Planziele ... auf das Entwicklungsziel ‚Ausbau leistungsfähiger Zentralorte mit funktionsfähigem Versorgungsnahbereich' ausgerichtet werden[50, 51]."

Bei einer Durchsicht der neueren Regionalpläne ist die Tendenz der Planungsgemeinschaften erkennbar, *möglichst viele* zentrale Orte und Entwicklungsachsen auszuweisen, so daß von einer „Inflation" der Entwicklungspunkte und Entwicklungsachsen in den Regionalplänen gesprochen werden kann. Diese Tendenz ist allerdings erst erkennbar seit der Veröffentlichung der Zentrale-Orte-Denkschrift des Innenministeriums und des Gebietsentwicklungsplans Südliches Oberrheingebiet, die zu einer breiten Diskussion der Funktionen der zentralen Orte und Entwicklungsachsen in Baden-Württemberg führten und den Gemeinden bewußt machten, daß mit einer Ausweisung als zentraler Ort finanzielle Vorteile (Zuweisungen des Landes) verbunden sein könnten[52].

---

beitsplätze, ermöglichen. Im einzelnen erhofft man sich durch die Ausweisung von Entwicklungsachsen:
(1) Wirtschaftlichkeit bei Ausbau und Ausnutzung von Verkehrs- und Versorgungseinrichtungen, (2) Schaffung von Standortvoraussetzungen für gewerbliche Entwicklung durch Konzentration auf Schwerpunkte und (3) Förderung des wirtschaftlichen und kulturellen Leistungsaustausches durch verbesserte Verkehrsgunst (Bündelung von Fühlungsvorteilen). Vgl. dazu Innenministerium Baden-Württemberg (Hrsg.): Entwurf des Landesentwicklungsplans Baden-Württemberg, a.a.O., S. 75 f.

[50] Planungsgemeinschaft Breisgau: Planungsziele, a.a.O., S. 18.

[51] Der Landesentwicklungsplan betont, daß die zentralen Orte und Entwicklungsachsen Ansatzpunkte für die Aufstellung von Fachplänen sind und eine wesentliche Grundlage für die Verwirklichung der Rahmenpläne, für eine sinnvoll gesteuerte Struktur- und Standortpolitik und den konzentrierten Einsatz staatlicher und kommunaler Mittel darstellen. Vgl. Innenministerium Baden-Württemberg (Hrsg.): Entwurf des Landesentwicklungsplans Baden-Württemberg, a.a.O., S. 72.

[52] So hat z. B. die Planungsgemeinschaft Nördlicher Schwarzwald schon 1965 die zentralen Orte in ihrem Gebiet durch Beschlüsse der Planungsgremien der Planungsgemeinschaft und der Kreisgremien festgelegt, ohne daß es dabei zu nennenswerten Schwierigkeiten und Konflikten kam; die Abweichungen nach Zahl und Struktur der zentralen Orte gegenüber der Zentrale-Orte-Denkschrift des Innenministeriums sind mit zwei Orten gering. Nach einer Auskunft der Planungsgemeinschaft Nördlicher Schwarzwald.

3. Teil: Darstellung und Würdigung der Funktionen

Die These von der „Inflation" der zentralen Orte und Entwicklungsachsen in den Regionalplänen läßt sich anhand zahlreicher Beispiele belegen; im Regionalplan Südliches Oberrheingebiet der Planungsgemeinschaft Hochrhein wird z. B. die von der Wissenschaft immer wieder betonte Erkenntnis ausgesprochen, daß eine *Konzentration der Mittel* notwendig ist. Es werden daher zentrale Orte als „Kristallisationspunkte zukünftiger Entwicklung" ausgewiesen, die ausgebaut und gefördert werden sollen[53]. Vergleicht man jedoch die Einwohnerzahlen dieser zentralen Orte mit den Richtwerten, die in der Zentrale-Orte-Denkschrift des Innenministeriums genannt werden (Mittelzentren mindestens 15 000 Einwohner, Unterzentren über 10 000 Einwohner, Mittelpunktgemeinden nicht unter 6000 Einwohner[54]), dann genügen fünf der sechs aufgeführten Unterzentren diesen Kriterien nicht; von den sieben Mittelpunktgemeinden erreicht bisher nur Grenzach die geforderte Einwohnerzahl. Auch wenn man annimmt, daß die Berücksichtigung des Verflechtungsbereiches der Orte das Ergebnis modifizieren kann, besteht bei der Vielzahl der ausgewiesenen und weit unter den Richtwerten liegenden Gemeinden der begründete Verdacht, daß es sich bei den Unterzentren und Mittelpunktgemeinden weitgehend um Wunschvorstellungen handelt[55].

---

[53] Die Hierarchie der zentralen Orte im Regionalplan Südliches Oberrheingebiet umfaßt folgende Gemeinden:
(1) Mittelzentrum: Lörrach (31 253)*
(2) Unterzentren: Weil (18 323), Schopfheim (8 421), Kandern (3 117), Müllheim (7 146), Bad Krozingen (4 659), Staufen (3 906)
(3) Mittelpunktgemeinden: Heitersheim (3 247), Sulzburg (1 599), Badenweiler (3 006), Neuenburg (2 961), Schliengen (1 504), Efringen-Kirchen (2 143), Grenzach (5 816).
* Die Zahlen in Klammern geben die Wohnbevölkerung der Gemeinden (Stand: 1965) wieder.
Vgl. Planungsgemeinschaft Hochrhein (Hrsg.): Beiträge zur Raumordnung und Landesplanung, Südliches Oberrheingebiet, a.a.O., S. 61 und S. 62—64.
[54] Vgl. Innenministerium Baden-Württemberg (Hrsg.): Entwurf einer Denkschrift des Innenministeriums über zentrale Orte und Verflechtungsbereiche in Baden-Württemberg, (Stand: 2. April 1968), Karlsruhe 1968, S. 9. Hingewiesen sei darauf, daß etwa Jochimsen und Treuner in ihrer Untersuchung zu dem Ergebnis kommen, daß förderungswürdige zentrale Orte in ländlichen Räumen einen Mindesteinzugsbereich von 20 000 Einwohnern und 15 km Radius haben sollten und betonen, daß gute Argumente für noch höhere Werte sprechen. Vgl. *R. Jochimsen* und *P. Treuner*, a.a.O., S. 46.
[55] Beim Regionalplan Schwarzwald-Baar-Heuberg entsteht der Eindruck, daß *alle* größeren Gemeinden in der Region unabhängig von der heutigen Situation und den Entwicklungstendenzen gefördert bzw. ausgebaut werden sollen. Ein deutliches Zeichen für die Unmöglichkeit allokationspolitische Entscheidungen in der Planungsgemeinschaft zu treffen ist auch darin zu sehen, daß als Regionalzentrum der Bereich Villingen/Schwenningen/Trossingen/Donaueschingen ausgebaut werden soll. Vgl. Planungsgemeinschaft Schwarzwald-Baar-Heuberg: Entwicklungs- und Raumordnungsplan, a.a.O., S. 14 ff.

Positiv zu beurteilen ist, daß der Regionalplan Südliches Oberrheingebiet der Planungsgemeinschaft Hochrhein und auch der Regionalplan Breisgau (1967) überhaupt zentrale Orte unterer Stufe (Mittelpunktgemeinden) festgelegt haben[56].

Besonders deutlich wurde die Unmöglichkeit der Planungsgemeinschaften, einen Interessenausgleich unter ihren Mitgliedern herbeizuführen, allokationspolitische Entscheidungen zu fällen und damit ein *realisierbares regionales System der zentralen Orte und Entwicklungsachsen* festzulegen, bei den Stellungnahmen der Planungsgemeinschaften zu dem Landesentwicklungsplan und der Zentrale-Orte-Denkschrift. Dabei haben gerade die Planungsgemeinschaften mit einem relativ hohen Anteil strukturschwacher Gebiete besonders viele Aufstufungswünsche hinsichtlich der zentralen Orte und Entwicklungsachsen angemeldet[57].

Das Regierungspräsidium Nordbaden hat für sein Gebiet eine Zusammenstellung der von den Gemeinden gewünschten und von den Planungsgemeinschaften vertretenen Entwicklungsachsen vorgenommen und festgestellt, daß nur 30 % der Fläche von den Entwicklungsachsen ausgespart bleibt[58]. Damit wird der dem Konzept der Entwicklungsachsen zugrunde liegende *Konzentrationseffekt* ad absurdum geführt und letztlich das bekannte „Nivellierungskonzept" bzw. „Gießkannenprinzip" beibehalten.

Kritisch zu betrachten ist auch das Vorgehen der Planungsgemeinschaft Neckar-Alb bei der Ausweisung von Industrieschwerpunkten und Entwicklungsachsen im Regionalplan. Tendenziell wollten alle Gemeinden Industrieschwerpunkt sein und eine Entwicklungsachse erhalten; die Planungsgemeinschaft hat die kommunalen Wünsche gesammelt und in das Netz der regionalen zentralen Orte und Entwicklungsachse aufgenommen[59]. Das Ergebnis ist entsprechend: Die bestehenden Industrieschwerpunkte im Planungsgebiet (1964 mehr als 2000 Arbeitsplätze in der Industrie) wurden einfach verdoppelt. Alle diese bestehenden und gewünschten, systematisch über das Planungsgebiet verteilten Industrieschwerpunkte wurden dann durch Entwicklungsachsen miteinander verbunden, die selbst durch strukturschwache

---

[56] Das im Regionalplan Breisgau festgelegte System der zentralen Orte ist als realistischer als das des Regionalplans Südliches Oberrheingebiet anzusehen. Vgl. Planungsgemeinschaft Breisgau: Planungsziele, a.a.O., S. 18.

[57] Vgl. dazu auch den Abschnitt über die Beteiligung der regionalen Planungsgemeinschaften an der Landesplanung S. 118 f. dieser Arbeit.

[58] Nach einer Auskunft des Innenministeriums Baden-Württemberg.

[59] Nach einer Auskunft der Planungsgemeinschaft Neckar-Alb.

ländliche Gebiete auf der Schwäbischen Alb mit stärkeren Wanderungsverlusten in der Vergangenheit führen[60].

Es scheint überhaupt bedenklich, das Konzept der Entwicklungsachsen in strukturschwachen ländlichen Gebieten bzw. in Gebieten ohne Ansatz zur Verdichtung der Wohn- und Arbeitsstätten zu verwenden. Die Ausweisung *einiger weniger,* in ihren Entwicklungsmöglichkeiten überprüfter zentraler Orte würde hier der Forderung nach Aufstellung realisierbarer Ziele wohl allein genügen.

Ein besonders schwieriges Problem für die Planungsgemeinschaften besteht heute darin, die Mittelpunktgemeinden in ihren Regionalplänen festzulegen und damit die staatlichen Entwicklungspläne, die nur Ober-, Mittel- und Unterzentren ausweisen, zu konkretisieren[61]. Eine Ausweisung von Mittelpunktgemeinden wäre gerade in ländlichen und strukturschwachen Gebieten eine dringende Aufgabe der Regionalplanung. Die Mehrzahl der Planungsgemeinschaften hat diese Aufgabe bisher jedoch nicht aufgegriffen bzw. ist an ihr gescheitert, da der Widerstand einzelner Gemeinden und Kreise gegen ein unter überörtlichen Gesichtspunkten ausgewähltes und vertretbares Netz der Mittelpunktgemeinden nicht zu überwinden war, mit der Folge, daß entweder das Problem ausgeklammert oder den Wünschen der Mitglieder weitgehend entsprochen wurde[62]. Es besteht die begründete Vermutung, daß die Planungsgemeinschaften aufgrund ihrer heutigen rechtlich-organisatorischen Struktur für eine befriedigende Lösung dieser Aufgabe nicht geeignet sind[63, 64].

---

[60] Vgl. Regionale Planungsgemeinschaft Neckar-Alb (Hrsg.): Entwurf 1969 zum Regionalplan Neckar-Alb, a.a.O., Anhang Karte 5, „Regionale Entwicklungsschwerpunkte".

[61] Das System der zentralen Orte bietet die Möglichkeit einer — sonst sehr schwierigen — inhaltlichen Abgrenzung zwischen Landesplanung und Regionalplanung in Baden-Württemberg. Entwicklungspläne des Landes legen die zentralen Orte bis zur Ebene der Unterzentren fest, während es Aufgabe der Regionalpläne (Planungsgemeinschaften) ist, die Mittelpunktgemeinden auszuweisen.

[62] Viele Planungsgemeinschaften schieben das Problem der Ausweisung von Mittelpunktgemeinden jahrelang vor sich her. So hat z. B. die Planungsstelle der Planungsgemeinschaft Schwarzwald-Baar-Heuberg die Mittelpunktgemeinden im Planungsgebiet festgestellt, doch konnte sich der Verwaltungsrat trotz mehrmaliger Behandlung des Themas nicht zu einem Kompromiß und damit einer vertretbaren Entscheidung durchringen. Nach einer Auskunft der Planungsgemeinschaft Schwarzwald-Baar-Heuberg. Die Planungsgemeinschaft Württemberg-Mitte hat mit Rücksicht auf die Gemeinden sogar die Mittelpunktgemeinden und die Unterzentren in ihrem 1969 veröffentlichten Regionalplan nicht festgelegt. Besonders die kleineren Gemeinden befürchteten, daß mit der Festlegung der zentralen Orte eine bevorzugte finanzielle Förderung aus dem Finanzausgleich verbunden sein könnte. Nach einer Auskunft der Planungsgemeinschaft Württemberg-Mitte.

[63] Die Festlegung von Mittelpunktgemeinden muß als eine Art Prüfstein für die Wirksamkeit der Planungsgemeinschaften angesehen werden. Daß

I. Die regionalen Raumordnungs- und Entwicklungspläne

Notwendig für eine sinnvolle Festlegung von zentralen Orten und Entwicklungsachsen in den Regionalplänen wäre eine fundierte Analyse und Prognose der demographischen und wirtschaftlichen Entwicklung[65]. Die Regionalpläne geben in der Regel keine Auskunft darüber, nach welchen Kriterien die zentralen Orte und Entwicklungsachsen festgelegt wurden. Die Auskünfte der Regionalplaner tendieren dahin, daß man in der Regel keine Prognose der wirtschaftlichen Entwicklung durchgeführt hat; zur Festlegung der regional bedeutsamen Entwicklungsachsen wurde oft das vorhandene oder geplante regionale Straßennetz zugrunde gelegt[66]. Bei dem Regionalplan Neckar-Alb fällt auf, daß die ausgewiesenen Entwicklungsachsen weitgehend die zur Erschließung des Planungsgebietes gewünschten Straßen nachzeichnen[67]. Dabei dürfte einleuchtend sein, daß das gewünschte und als Forderungskatalog gegenüber Land und Bund proklamierte Fernstraßennetz

---

im Rahmen der Planungsgemeinschaften keine Einigung über ein vertretbares Konzept der Mittelpunktgemeinden möglich ist, deutet auf *grundlegende Funktionsmängel* hin.

[64] Der „Inflation" der Konzentrationspunkte und -achsen in strukturschwachen Gebieten entspricht die mangelnde Funktionsteilung und Konzentration der Funktionen in den Verdichtungsgebieten. Eine Festlegung von Nutzungsbeschränkungen außerhalb und eine Konzentration der Entwicklung innerhalb bestehender Entwicklungsachsen lassen sich auch in den Regionalplänen der Planungsgemeinschaften in den Verdichtungsgebieten nicht oder nur sehr begrenzt durchsetzen.

[65] Das gilt besonders für ländliche und strukturschwache Gebiete. Sieht man die Entwicklungsachsen auch als Konzentrationslinien für eine bestehende oder beabsichtigte Industrie- und Gewerbeansiedlung an, so müßte die Grundlage für ihre konkrete Festlegung eine Prognose des Bedarfs an Industrie- und Gewerbeflächen sein.

[66] Dem in Arbeit befindlichen neuen Regionalplan Schwarzwald-Baar-Heuberg liegen bezüglich der Entwicklungsachsen folgende Kriterien zugrunde: (1) Verkehrsmengen (besonders Pendlerströme), (2) Zielvorstellungen, a) durch die Regionalachsen sollen die zentralen Orte in der Region miteinander verbunden werden, b) der Zustand der Straßen soll durch die Ausweisung der Entwicklungsachsen verbessert und ein Ausbau gefördert werden, (3) Industriebesatz (der allerdings kaum berücksichtigt wurde). Nach einer Auskunft der Planungsgemeinschaft Schwarzwald-Baar-Heuberg.

[67] Vgl. dazu Regionale Planungsgemeinschaft Neckar-Alb: Entwurf 1969 zum Regionalplan Neckar-Alb, a.a.O., Anhang Karte 4 (Erschließung durch den weiträumigen Verkehr II) und Karte 5 (Regionale Entwicklungsschwerpunkte). Daß man tatsächlich in der Planungsgemeinschaft Neckar-Alb das großzügig geplante Fernstraßennetz zur Grundlage für die Ausweitung von Entwicklungsachsen gemacht hat, geht auch aus dem Jahresbericht der Planungsgemeinschaft Neckar-Alb hervor, der hinsichtlich der Folgerungen aus dem Beteiligungsverfahren zum ersten Entwurf des Regionalplans feststellt, daß das Fernstraßennetz durch weitere, den bisherigen Maßstäben nicht genügende Linien ergänzt werden soll. „In der Formulierung des Planes soll zum Ausdruck kommen, daß das Fernstraßennetz ... das Netz der Entwicklungsachsen aus dem Landesentwicklungsplan in Gestalt ‚regionaler Entwicklungsachsen' ergänzt." Vgl. Regionale Planungsgemeinschaft Neckar-Alb: Jahresbericht 1968 der Planungsstelle, S. 3, vervielfältigtes Manuskript.

kaum einen sinnvollen Ansatzpunkt zur Ausweisung von Entwicklungsachsen bietet.

Zusammenfassend läßt sich festhalten, daß abgesehen von der *ungenügenden methodischen Fundierung der Siedlungskonzepte* (speziell die zentralen Orte und Entwicklungsachsen sind von den Kriterien her wenig gesichert), das Hauptproblem bei der Festlegung eines realisierbaren regionalen Systems der zentralen Orte und Entwicklungsachsen, nämlich *räumliche, zeitliche und sachliche Prioritäten* zu setzen, von den Planungsgemeinschaften nicht gelöst werden kann. Das Ergebnis ist dann die beschriebene „Inflation" der zentralen Orte und Entwicklungsachsen bzw. die Unmöglichkeit, überhaupt etwa Mittelpunktgemeinden in den Regionalplänen festzulegen.

4. Ansatzpunkte zu Aktionsprogrammen

Die Aufstellung eines Systems konkreter regionaler Ziele als Aufgabe der Planungsgemeinschaften wird in der Praxis gesehen, wenn auch nur ungenügend erfüllt. Die Erkenntnis, daß ein regionales Aktionsprogramm erforderlich ist, um „Ist-Soll"-Differenzen mit einer bestimmten *Strategie des Mitteleinsatzes* auszugleichen, d. h. die Ziele des Regionalplans über eine Koordination der Maßnahmen und ihren konzentrierten Einsatz durchzusetzen, ist jedoch noch wenig verbreitet. In den bisher erstellten Regionalplänen sind höchstens Ansatzpunkte für Aktionsprogramme in Form geeigneter Maßnahmen bzw. alternativer Maßnahmenkataloge vorhanden. Notwendig wären zur Formulierung realisierbarer Ziele wie zu ihrer Durchsetzung hingegen quantitative Ansätze und Rangordnungen und damit zusammenhängend, eine zeitliche und finanzielle Determinierung der Maßnahmen[1].

Konkrete raumordnungspolitische Maßnahmen werden in den Regionalplänen als Empfehlungen manchmal genannt, so etwa im Regionalplan Südliches Oberrheingebiet[2] und im Regionalplan Württemberg-Mitte, wo für einzelne Verflechtungsbereiche Maßnahmen im Bereich des Verkehrs, der Landschaftspflege und Erholung, der Wasserversor-

---

[1] Durch eine Kostenrechnung über die zur Realisierung der Planziele erforderlichen öffentlichen und privaten Investitionen, einen Dringlichkeitsplan für einzelne Fachplanungen und einen Zeitplan für die Realisierung der regionalen Planungsvorstellungen kann das Planungskonzept an Überzeugungskraft und damit an Wirkungsmöglichkeit gewinnen. Vgl. *G. Stepper*, a.a.O., S. 132.

[2] Der Regionalplan Südliches Oberrheingebiet enthält neben den Planzielen, die das Siedlungskonzept wiedergeben, auch ein regionales Entwicklungsprogramm, das den Planungsträgern nach einheitlichen Gesichtspunkten konzipierte Alternativvorschläge zur Verfügung stellen soll. Vgl. Planungsgemeinschaft Hochrhein (Hrsg.): Beiträge zur Raumordnung und Landesentwicklung, Südliches Oberrheingebiet, a.a.O., S. 56 ff.

gung, der Abwasserbeseitigung, des Bildungswesens und der sozialen Einrichtungen genannt werden[3]. Doch ist bei diesen Maßnahmen oft nicht erkennbar, auf welche Strategie sie bezogen sind. Besonders auf dem Verkehrssektor — aber auch allgemein im Infrastrukturbereich — werden regional bedeutsame Projekte vermengt mit nur örtlich bedeutsamen Maßnahmen, die von den Planungsgemeinschaften als kommunale Forderungskataloge gegenüber der öffentlichen Hand vertreten werden. Öfter sind in den Regionalplänen allgemeine Maßnahmenkataloge anzutreffen, die auswechselbar erscheinen und ohne Bezug auf den betreffenden Raum sind[4]. Ähnlich wie die Ziele werden auch die Maßnahmen ohne Prioritäten (die man bewußt ausklammert) und zum Teil als *Maximalforderungen* (der Regionalplan dient als Propagandainstrument!) formuliert, von deren teilweiser Verwirklichung man sich schon eine relative Besserstellung erhofft.

Auch wenn in den Regionalplänen zentrale Orte ausgewiesen werden, bedeutet das noch *nicht,* daß damit zugleich die Notwendigkeit eines bevorzugten Ausbaues dieser Orte anerkannt wird. Im Regionalplan Breisgau wird z. B. im Zusammenhang mit der Festlegung der zentralen Orte darauf hingewiesen, daß ein Zentrale-Orte-Förderungsprogramm für eine verbesserte Ausstattung der zentralen Orte im Planungsgebiet erforderlich ist, zugleich wird jedoch betont: „Eine absolute Beschränkung aller Finanzmaßnahmen nur auf zentrale Orte wäre jedoch grundsätzlich abzulehnen. Die Förderung wäre so anzusetzen, daß es dabei zu einer angemessenen Funktions- und Lastenteilung in den Verflechtungsbereichen der Zentralorte kommt[5]." In anderen Planungsgemeinschaften wird dieser Vorbehalt, wenn nicht ausdrücklich im Regionalplan formuliert, so doch in Stellungnahmen vor-

---

[3] Vgl. Regionale Planungsgemeinschaft Württemberg-Mitte: Entwurf zum Regionalplan, a.a.O., S. 17 ff. Ähnliche Ziele bzw. Maßnahmen werden auch im Regionalplan Breisgau aufgeführt. Formulierungen wie „man sollte" und „es ist erforderlich", die den Maßnahmen vorangestellt werden, sind Ausdruck unverbindlicher Empfehlungen. Vgl. Planungsgemeinschaft Breisgau: Planungsziele, a.a.O., S. 4 ff.

[4] Vgl. etwa den Katalog von Maßnahmen zur Agrarstrukturverbesserung im Regionalplan Schwarzwald-Baar-Heuberg, der in ähnlicher Form in mehreren Regionalplänen wiederkehrt. Planungsgemeinschaft Schwarzwald-Baar-Heuberg: Entwicklungs- und Raumordnungsplan, a.a.O., S. 48.

[5] Planungsgemeinschaft Breisgau: Planungsziele, a.a.O., S. 18. Durch diese Formulierung wird der Vorzug, den der Regionalplan Breisgau hat, indem er auch Mittelpunktgemeinden ausweist — und relativ wenig im Verhältnis zu anderen Plänen —, aufgehoben. Es ist anzunehmen, daß man bewußt eine Formulierung gewählt hat, die für den praktischen Einsatz von Förderungsmitteln kaum Hinweise geben kann. Darauf deutet auch die Aussage hin, daß im ersten Regionalplan Breisgau (1964) keine zentralen Orte, sondern nur deren Verflechtungsbereiche ausgewiesen wurden, um Konflikte mit den Bürgermeistern zu vermeiden. Nach einer Auskunft des ehemaligen Leiters der Planungsstelle der Planungsgemeinschaft Breisgau.

gebracht[6]. Es besteht in den Planungsgemeinschaften weitgehend ein Konsensus darüber, daß die ausgewiesenen zentralen Orte keine räumliche Priorität haben, Zuschüsse des Landes sollten zweckgebunden — wie bisher — für einzelne Funktionen und Projekte der Gemeinden (Schulen, Bäder u. a.) erfolgen, so daß quasi alle Gemeinden Förderungsmittel erhalten können[7].

Derartige Vorbehalte widersprechen dem Postulat der Konzentration knapper Finanzmittel; der Grundgedanke des Zentrale-Orte-Konzepts, eine *Konzentration der Versorgungseinrichtungen auf jeweils eine Gemeinde,* wird verwässert und damit das Konzept als solches in Frage gestellt[8].

Aussagen über den Finanzbedarf und die vorhandenen Mittel werden in den vorhandenen Regionalplänen nicht gemacht. Ansätze zu einer finanziellen Absicherung des Regionalplans zeigen sich allerdings bei der Planungsgemeinschaft Donau-Iller-Blau. Um die zukünftige Investitionskraft der Gemeinden im Planungsgebiet zu ermitteln, auf die es bei der Realisierung des Regionalplans entscheidend ankommt, wurden besondere Erhebungen auf Gemeindeebene über die nachhaltig zu erwirtschaftende Investitionsmittelrate des ordentlichen Haushalts, die verfügbaren Vermögens- und Rücklagebestände und den noch vorhandenen Spielraum für eine weitere Schuldenaufnahme durchgeführt[9].

Erst in neuester Zeit und besonders dort, wo man sich schon stärker mit der *Durchsetzung* der in den Regionalplänen formulierten Ziele befaßt, wird die Notwendigkeit von Aktionsprogrammen erkannt[10]. So

---

[6] So kritisiert z. B. die Planungsgemeinschaft Hohenlohe in einer Stellungnahme zur Zentrale-Orte-Denkschrift die Tendenz der Förderungsprogramme des Landes, die flächenmäßige Förderung zugunsten einer punktuellen Förderung der zentralen Orte einzusrchänken. Vgl. Regionale Planungsgemeinschaft Hohenlohe: Tätigkeitsbericht für das Jahr 1967, gegeben auf der Mitgliederversammlung am 24. 6. 1968 in Herbsthausen, S. 4, maschinengeschriebenes Manuskript.

[7] Im neuen Entwurf zum Regionalplan Neckar-Fils soll ausdrücklich festgelegt werden, daß nur eine objektbezogene Förderung erwünscht ist und keine Bevorzugung der zentralen Orte im Rahmen des Finanzausgleichs. Nach einer Auskunft der Planungsgemeinschaft Neckar-Fils.

[8] Hingewiesen sei auf das Beispiel Schleswig-Holstein, wo das Land Mittelpunktgemeinden als Konzentrationspunkte im ländlichen Raum durch Gesetz festgelegt und Förderungsmittel in einem Investitionsfond bereitgestellt hat. Vgl. *K. von der Groeben:* Beispiele staatlicher Planung im Flächenstaat, in: J. H. Kaiser (Hrsg.): Planung III, Mittel und Methoden planender Verwaltung, Baden-Baden 1968, S. 184, Fußnote 13.

[9] Vgl. Regionale Planungsgemeinschaft Donau-Iller-Blau: Region Donau-Iller-Blau, Raumordnungsbericht, a.a.O., S. 87.

[10] Zu dieser Erkenntnis beigetragen hat die Diskussion um den Entwurf zum Landesentwicklungsplan, der weder hinsichtlich der Maßnahmen Prioritäten enthält noch Angaben über die erforderlichen Finanzmittel macht. Auf den Hinweis der Planungsgemeinschaften, daß der Landesentwicklungsplan

I. Die regionalen Raumordnungs- und Entwicklungspläne   111

beabsichtigt die Planungsgemeinschaft Breisgau einen „Regionalen Entwicklungsplan" als Strategie des öffentlichen Handelns aufzustellen, der als Kernstück einen regionalen Investitionsrahmenplan enthalten soll und die Planungsdimensionen „Zeit", „Volumen" und „Verfahren" berücksichtigt[11]. Auch im Rahmen des Raumordnungsverbandes Rhein-Neckar wird erkannt, daß der Raumordnungsplan und die Regionalpläne der Planungsgemeinschaften nur dann voll wirksam werden können, „wenn es gelingt, nach der Aufstellung dieser Pläne auch in einer Art konzertierter Aktion zwischen Ländern und Gemeinden einen Investitionsplan zu entwerfen, der die allseitigen Investitionen der vielen Beteiligten in den gleichen Takt bringt"[12].

So wichtig diese Erkenntnis ist, bei der heutigen rechtlichen und organisatorischen Struktur der Planungsgemeinschaften und vor dem Hintergrund der bisherigen Erfahrungen — die Planungsgemeinschaften können nicht oder nur sehr begrenzt Prioritäten bei Zielen und Maßnahmen setzen —, muß bezweifelt werden, ob derartige Investitionsrahmenpläne über eine Zusammenstellung der Planvorhaben der Gemeinden, Kreise und staatlichen Fachplanungsträger bzw. ein Aufsummieren kommunaler Wünsche und Forderungen an das Land hinausgehen werden. Voraussetzung für die Aufstellung eines Aktionsprogramms wie für die Formulierung konkreter und realisierbarer Ziele wäre eine Instanz auf regionaler Ebene, die *politische Entscheidungen* fällen kann bzw. *weitgehende Koordinierungskompetenzen* hinsichtlich der Durchführungsplanungen hat.

Aus dem Nichtvorhandensein regionaler Aktionsprogramme folgt eine faktische ex-post-Orientierung der praktischen Raumordnungspolitik der einzelnen Planungsträger (Gemeinden, Kreise, Fachplanungen), d. h. kurzfristige Engpaßbeseitigung oder langfristige Anpassung an einen Trend, den man als gegeben hinnimmt, was im Ergebnis auf ein Konservieren vorhandener Strukturen hinausläuft.

---

durch Investitionsprogramme ergänzt werden müsse, wurde von der Landesplanung die Auffassung vertreten, daß Investitionsprogramme nur für die Regionen und bezogen auf die konkreteren Ziele der Regionalpläne erstellt werden könnten. Vgl. Innenministerium Baden-Württemberg: Ergebnisprotokoll über die Regionalplanertagungen des Innenministeriums für die Regierungsbezirke Nordwürttemberg u. a. am 21. Mai 1968 in Sindelfingen, S. 5 ff., Hektographie.

[11] Vgl. *V. Frhr. v. Malchus:* Zehn Jahre Planungsgemeinschaft Breisgau, a.a.O., S. 31.

[12] *K. Becker-Marx:* Aufgaben grenzüberschreitender Raumordnung im Rhein-Neckar-Gebiet, in: Methoden und Praxis der Regionalplanung in großstädtischen Verdichtungsräumen, Veröffentlichungen der Akademie für Raumforschung und Landesplanung, Forschungs- und Sitzungsberichte, Bd. 54, Hannover 1969, S. 54.

Als Ergebnis läßt sich zusammenfassend feststellen, daß die Regionalpläne *keine überzeugende raumordnungspolitische Konzeption* enthalten, die in sich geschlossen und realisierbar erscheint. Zum andern soll nicht verkannt werden, daß einige Regionalpläne Entwicklungsschwerpunkte aufzeigen, Gebiete mit Nutzungsbeschränkungen festlegen und notwendige Infrastrukturmaßnahmen empfehlen. Es ist auch anzunehmen, daß die Planungsgemeinschaften durch ihre Bemühungen, regionale Ziele zu formulieren, bei ihren Mitgliedern das Denken in regionalen Zusammenhängen gefördert haben.

Nach der Würdigung der Regionalpläne unter methodischen und theoretischen Aspekten und dem Aufzeigen von Koordinationsproblemen bei der Planaufstellung (interne Koordination), sollen im folgenden die Bemühungen der regionalen Planungsgemeinschaften, die externen Koordinationsprobleme zu lösen, dargestellt und gewürdigt werden, wobei die Abstimmung mit der Landesplanung und der Durchführungsaspekt der Regionalpläne, d. h. die Koordination mit der kommunalen Planung und Fachplanungsträgern im Vordergrund der weiteren Untersuchungen steht.

II. Die Koordinationsfunktion der regionalen Planungsgemeinschaften

1. Die regionalen Planungsgemeinschaften als Institutionalisierung der Koordination

a) *Die Koordinationsbereiche und die Problematik der Koordination*

Die regionalen Planungsgemeinschaften in Baden-Württemberg wurden zunächst unter dem Aspekt gegründet, als Gremien zur *Förderung der interkommunalen Zusammenarbeit* und als *Sprecher lokaler* bzw. *regionaler Interessen* zu dienen. Aus ihren Satzungen[1], eigenen Verlautbarungen und Äußerungen von Seiten der staatlichen Landesplanung geht jedoch hervor, daß sie die Aufgabe haben, die horizontalen und vertikalen Koordinationsprobleme auf der Ebene zwischen dem Land und den Gemeinden zu lösen, bzw. ihre Lösung zu erleichtern.

Die *umfassende Koordinationsaufgabe* der Planungsgemeinschaften wird von staatlicher Seite angesprochen, wenn davon die Rede ist, daß die regionalen Planungsgemeinschaften als (1) Instrument der interkommunalen Zusammenarbeit — das eine Lösung für eine Kooperation innerhalb sozialökonomisch zusammengehöriger Gebietskörperschaften

---

[1] Siehe dazu die Ausführungen über die Aufgaben der Planungsgemeinschaften, S. 43 ff. dieser Arbeit.

II. Die Koordinationsfunktion der Planungsgemeinschaften

ermöglichen soll —, (2) Instrument der Zusammenarbeit zwischen Staatsverwaltung und Selbstverwaltung und (3) Instrument der Zusammenarbeit zwischen Staat und Gesellschaft anzusehen sind[2].

Von der Landesplanungsstelle im Innenministerium werden wichtige Wirkungsbereiche der Planungsgemeinschaften — nach Fertigstellung ihres Regionalplans — in der Abstimmung innerhalb der Planungsgemeinschaft, mit benachbarten Planungsgemeinschaften, mit Landes- und Bundesbehörden und in der Information und Beratung von Industriebetrieben gesehen[3]. Auch die Planungsgemeinschaften sehen ihre — zumindest proklamierte — Aufgabe darin, zwischen staatlichen und kommunalen Planungen und Interessen zu vermitteln und einen überörtlichen Ausgleich dort herbeizuführen, wo Planungsprobleme nicht mehr von den einzelnen Gemeinden gelöst werden können. „Regionalplanung will als Akt gemeinsamer kommunaler Selbsthilfe verstanden sein, der sich ausgleichend in die Stufenfolge der Planungsträger mit einfügt[4]." Im Regionalplan der Planungsgemeinschaft Hochrhein wird darauf hingewiesen, daß die optimale Entwicklung der Region wesentlich von der Wirksamkeit der Koordination durch die Planungsgemeinschaft abhängt[5]. Dabei haben die Planungsgremien als Koordinationsinstanzen — besonders im Hinblick auf die Durchsetzung des Regionalplans — große Bedeutung. Ihre Mitglieder müssen darauf achten, „daß die staatlichen, kommunalen und privaten Planungen sich in das große Konzept einfügen und die notwendigen Anpassungen erzielt oder die notwendigen Kompromisse gefunden werden"[6].

Die Koordinationsprobleme in der Region sind Folge der Hierarchie und Vielzahl der Planungs- und Entscheidungsträger und der organisatorischen Trennung von Planung und Vollzug der Regionalpläne. Ihre Schwierigkeit besteht darin, daß landesplanerische, regionale und lokale Interessen und Ziele oft konträr zueinander stehen und um die Verteilung von Entwicklungschancen konkurrieren, so daß eine Abstimmung der Pläne (z. B. kommunaler Pläne untereinander und im Hinblick auf den Regionalplan) oft *Kompromisse bezüglich der Verteilung von Entwicklungschancen* erforderlich macht. Die Planungsgemeinschaften sind jedoch *privatrechtlich* organisiert, ihre Koordina-

---

[2] Vgl. *H. Reiff:* Regionale Planungsgemeinschaften, a.a.O., S. 4 ff.
[3] Vgl. derselbe: Methodik und Durchführung staatlicher Entwicklungspläne, a.a.O., S. 32.
[4] Planungsgemeinschaft Breisgau: Regionalplan 1964, a.a.O., S. 6.
[5] Vgl. Planungsgemeinschaft Hochrhein (Hrsg.): Beiträge zur Raumordnung und Landesentwicklung, Südliches Oberrheingebiet, a.a.O., S. 5.
[6] Planungsgemeinschaft Östlicher Bodensee-Allgäu: Entwicklungs- und Raumordnungsplan, a.a.O., S. XII.

tionsmittel wie der Regionalplan, Beratung, Gutachten, Stellungnahmen u. a. haben nur den Charakter von *Empfehlungen*.

In den folgenden Ausführungen sollen die sich in der Praxis ergebenden Koordinationsprobleme aufgezeigt und versucht werden, eine Antwort auf die Frage zu geben, ob und inwieweit die Planungsgemeinschaften in ihrer heutigen rechtlichen und organisatorischen Struktur geeignet sind, die horizontalen und vertikalen Koordinationsprobleme zu lösen bzw. ihre Lösung zu erleichtern. Zwei Problemkreise aus dem Koordinationskomplex sind von besonderer Wichtigkeit, sie stehen daher im Mittelpunkt der weiteren Betrachtungen. Es sind dies die Abstimmung zwischen der staatlichen Landesplanung und den Planungsgemeinschaften (der Aufgabenstellung der Planungsgemeinschaften entsprechend, die Koordination zwischen kommunaler und staatlicher Planung zu verbessern und das Gegenstromprinzip zu realisieren) und die Abstimmung der Planungsgemeinschaften mit den Gemeinden und den Fachplanungsträgern, d. h. der *Durchsetzungsaspekt* der Regionalpläne.

Das Problem der Plandurchführung ist für die Planungsgemeinschaften in Baden-Württemberg von entscheidender Bedeutung, da der erstellte Regionalplan *keine verbindliche politische Entscheidung* darstellt, daher auch keine rechtliche Bindungswirkung gegenüber den Kommunen und Fachplanungsträgern hat. Es soll daher versucht werden, den Einfluß der Planungsgemeinschaften jenseits rechtlicher Sicherung auf die raumwirksamen und entwicklungsbestimmenden Entscheidungen in der Region zu erfassen[7, 8].

Bevor die Möglichkeiten und Grenzen der Koordination bezogen auf die einzelnen Planungsträger dargestellt werden, seien noch kurz

---

[7] Bei Drewe findet sich folgende Definition des Erfolges bzw. Einflusses im politischen Bereich, die auch zur Beurteilung des Koordinationserfolgs der Planungsgemeinschaften herangezogen werden kann: „Als einflußreich gilt, wer erfolgreich an einem Entscheidungsprozeß in Bezug auf eine konkrete Streitfrage teilgenommen hat, d. h. wer entweder einen eigenen Lösungsvorschlag in diesem Bereich durchgesetzt hat oder aber wer einen entsprechenden Vorschlag anderer erfolgreich blockieren konnte." P. *Drewe*: Ein Beitrag der Sozialforschung zur Regional- und Stadtplanung, Kölner Beiträge zur Sozialforschung und angewandten Soziologie, Hrsg.: R. König und E. K. Scheuch, Band 7, Meisenheim am Glan 1968, S. 71.

[8] Die Möglichkeiten und Grenzen der Koordination sind nur begrenzt durch die rechtlichen Regelungen zu erfassen. Eine Befragung der Regionalplaner läßt jedoch Aussagen darüber zu, ob eine Koordination erfolgt, welche Probleme dabei auftreten, und wo die Grenzen liegen, so daß man auch ungefähre Aussagen über den Grad der Vollkommenheit der Koordination und der damit verbundenen effektiven Verhaltenssteuerung durch die Planungsgemeinschaften machen kann. Einzelne Aspekte des Koordinationserfolgs sind besonders schwer zu erfassen, etwa ein vermindertes Rivalitätsbewußtsein zwischen den Gemeinden und Gemeindeverbänden bzw. ein verstärktes Gemeinschaftsgefühl, das sich in einem „Regionalbewußtsein" manifestiert.

II. Die Koordinationsfunktion der Planungsgemeinschaften

die den Planungsgemeinschaften zur Verfügung stehenden Koordinationsmittel betrachtet.

b) Die Koordinationsmittel der regionalen Planungsgemeinschaften

Zentrales Koordinationsmittel der Planungsgemeinschaften ist ihr Regionalplan, sei er noch im Entwurfsstadium oder schon für unbedenklich erklärt. Den Aktionsrichtungen der Regionalplanung entsprechend wendet sich z. B. der Regionalplan der Planungsgemeinschaft Württemberg-Mitte an die verschiedenen unter- und übergeordneten Planungsträger durch „die Abstimmung der gemeindlichen Planungsabsichten untereinander und in Zusammenfassung ihrer Vorstellungen — die Abstimmung der Planziele der Planungsgemeinschaft mit den benachbarten Institutionen und denen der Fachbehörden — die Darstellung der Absichten der Planungsgemeinschaft gegenüber der Landesplanung, die Hinweise für die gemeindlichen Bauleitplanungen, insbesondere für die Flächennutzungsplanung, aus der überörtlichen Zusammenschau"[9]. Der Regionalplan der Planungsgemeinschaft Hochrhein soll u. a. die materiellen Voraussetzungen für eine erfolgreiche und sachgerechte Koordination der in der Region ansässigen Planungsträger schaffen[10].

Ob die heutigen Regionalpläne wirkungsvolle Koordinationsmittel darstellen, muß allerdings bezweifelt werden. Als neuralgische Punkte sind der *begrenzte Informations- und Orientierungswert* der Regionalpläne und damit zusammenhängend die *mangelnde rechtliche Bindungskraft* der in ihnen formulierten Ziele anzusehen. Die Fragwürdigkeit des Informations- und Orientierungswertes der Regionalpläne unter dem Aspekt der methodischen Grundlagen und der Konkretheit und Realisierbarkeit der darin enthaltenen Ziele, wurde bereits aufgezeigt[11]. Ein erfolgreicher Einsatz der Regionalpläne als Koordinationsmittel setzt voraus, daß ihre Realisierungschancen als relativ hoch eingeschätzt werden. Das gilt besonders für private Entscheidungsträger, aber auch für Kommunen und Fachplanungsträger, die regionale Ziele und Maßnahmen als „Daten" in ihre eigenen Pläne einsetzen müssen, damit eine Abstimmung der Pläne stattfindet. Wegen der Wunschvorstellungen in den Regionalplänen und der mangelnden Durchsetzungsmöglichkeiten ist diese Bedingung jedoch kaum erfüllt.

---

[9] Regionale Planungsgemeinschaft Württemberg-Mitte: Entwurf zum Regionalplan, a.a.O., S. 67.
[10] Vgl. Planungsgemeinschaft Hochrhein (Hrsg.): Beiträge zur Raumordnung und Landesentwicklung, Südliches Oberrheingebiet, a.a.O., S. 5.
[11] Siehe dazu die Ausführungen S. 74 ff. und S. 89 ff. dieser Arbeit.

Die *Doppelfunktion* der Planungsgemeinschaften als *kommunale Interessenvertretung* und *regionale Planungs- und Koordinierungsinstitution* führt dazu, daß der Regionalplan nicht nur als raumordnungspolitische Konzeption der Region, sondern auch als Instrument der Auseinandersetzung mit anderen Institutionen betrachtet wird; mit dem Ergebnis, daß utopische Ziele und Wunschvorstellungen formuliert werden (örtliche Zielvorstellungen werden ohne Konsistenzprüfung zusammengestellt), die dann eine Koordination bei konkreten Projekten und damit eine Entwicklungssteuerung verhindern bzw. erschweren.

Entscheidend ist, daß der Regionalplan der Planungsgemeinschaften keine politische Entscheidung darstellt und keine rechtlich verbindlichen Ziele enthält, so daß die Kommunen und die staatlichen Fachplanungsträger in ihrem Zuständigkeitsbereich vom Regionalplan abweichende Ziele verfolgen können. Die Regionalpläne sind keine Durchführungspläne, sie haben nur den Charakter von *Empfehlungen* und sollen durch *Überzeugung* wirken[12].

Evers bezweifelt, ob der Regionalplan Breisgau seine Koordinationsfunktion — besonders im interkommunalen Bereich — effektiv erfüllen kann: „Er ist ein Instrument ohne Rechtsverbindlichkeit, das Planung und interkommunale Zusammenarbeit erleichtert, aber nicht aus sich heraus gewährleistet[13]." Auch nach der Unbedenklichkeitserklärung steht der informierende Charakter des Regionalplans im Vordergrund; sie dient in erster Linie dem Zweck, die Übereinstimmung mit den staatlichen Entwicklungsplänen zu sichern, weniger kommunale Planungsträger zu binden. Obwohl die Unbedenklichkeitserklärung der Regionalpläne deren rechtliche Bindungswirkung nicht erhöht, kann u. U. faktisch ein größeres Maß an Bindungswirkung erzielt werden, da mit der Unbedenklichkeitserklärung eines Regionalplans die Verpflichtung für öffentliche Planungsträger verbunden ist, bei Abweichungen die Landesplanungsbehörden zu unterrichten[14]. Bisher liegen

---

[12] Im Regionalplan Schwarzwald-Baar-Heuberg wird darauf hingewiesen, daß der Entwicklungs- und Raumordnungsplan „nur Vorschläge, Anregungen und Empfehlungen enthält, für deren Verwirklichung das Land, die Landkreise, die Städte und Gemeinden, aber auch die freie Wirtschaft tätig werden müssen. Ob sie tätig werden, hängt von der Überzeugungskraft der in diesem Werk niedergelegten Gedanken ab". Planungsgemeinschaft Schwarzwald-Baar-Heuberg: Entwicklungs- und Raumordnungsplan, a.a.O., Vorwort.

[13] *H. Evers:* Zwischengemeindliche Zusammenarbeit im Raum Freiburg, Kommunalwirtschaft, 1967, Heft 2, S. 54.

[14] Vgl. Landesplanungsgesetz Baden-Württemberg, a.a.O., § 19 Abs. 2. Zu den Rechtsfolgen eines bekanntgemachten, d. h. veröffentlichten und für unbedenklich erklärten Regionalplans vgl. *E. D. Rasch:* Das Landesplanungsgesetz für Baden-Württemberg, a.a.O., S. 44 a.

II. Die Koordinationsfunktion der Planungsgemeinschaften 117

zwar keine praktischen Erfahrungen mit einem für unbedenklich erklärten Regionalplan vor, es ist jedoch sehr zweifelhaft, ob die Unbedenklichkeitserklärung ein wirkungsvolles Instrument zur Durchsetzung regionaler Ziele darstellt.

Neben der Veröffentlichung des Regionalplans können die Planungsgemeinschaften laufende Pläne und Entscheidungen privater, kommunaler und staatlicher Planungsträger durch *Beratung, Gutachten, Stellungnahmen und Öffentlichkeitsarbeit* zu beeinflussen versuchen[15]. Voraussetzung für eine Koordination im kommunalen Bereich ist die Kenntnis der Planungsvorstellungen der Gemeinden und Gemeindeverbände. Daher legen die Satzungen der Planungsgemeinschaften meist eine Mitteilungs- und Auskunftspflicht ihrer Mitglieder fest[16]. Den Planungsgemeinschaften stehen zur Lösung der Koordinationsprobleme keine zwingenden Mittel zur Verfügung, sie haben auch *keine eigenen Finanzierungsmittel* zur Durchsetzung der Regionalpläne. Entscheidendes Merkmal der Koordinationsmittel (Regionalplan, Beratung, Gutachten, Stellungnahme u. a.) ist ihr *informierender, empfehlender Charakter;* letztlich zielen sie auf einen Informationsaustausch und eine Verbesserung und Vereinheitlichung des Informationsstandes.

Die Koordinationsmittel der Planungsgemeinschaften lassen nur eine *Koordination von geringer Intensität* zu, ihr Wirkungsgrad bestimmt heute den der Planungsgemeinschaften[17]. Eine „*Institutionalisierung*" der Koordination als Hauptbedingung für eine erfolgreiche horizontale und vertikale Koordination ist durch die Gründung der Planungsgemeinschaften, die Zuweisung der Koordinationsaufgabe an die Planungsgemeinschaften, die Bildung von Planungsstellen und Planungsgremien (Vorstand, Planungsrat, gemischte Ausschüsse u. a.) als ständige Einrichtung zwar erfolgt, bedingt durch die rechtliche Organisation der Planungsgemeinschaften jedoch nur auf freiwilliger Basis und in loser Form, d. h. *ohne formale Einschränkung des Entscheidungsspielraumes* der Mitglieder der Planungsgemeinschaften und des Lan-

---

[15] W. Schütte hält für die Verwirklichung des Regionalplans Breisgau drei Mittel für bedeutsam: (1) Die Unbedenklichkeitserklärung nach dem Landesplanungsgesetz, (2) Beratung der Bauleitplanung und (3) Stellungnahmen zu Fachplanungen. Vgl. W. *Schütte:* Erfahrungs- und Tätigkeitsbericht der Planungsgemeinschaft Breisgau 1959—1966, a.a.O., S. 66 f.

[16] So ist z. B. in der Satzung der Planungsgemeinschaft Württemberg-Mitte die Verpflichtung der Mitglieder festgelegt, die Planungsgemeinschaft insbesondere über Planungen von nachbarschaftlicher Bedeutung rechtzeitig zu unterrichten. Vgl. Satzung der Regionalen Planungsgemeinschaft Württemberg-Mitte e. V., a.a.O., § 3.

[17] Die Praxis zeigt, daß die Mitglieder der Planungsgemeinschaften sich über Beschlüsse, die einstimmig gefaßt und von den betreffenden Mitgliedern in den Organen befürwortet wurden, ohne Bedenken hinwegsetzen.

des. Die Planungsgemeinschaften bzw. ihre Gremien haben zwar die Aufgabe, die Koordinationsprobleme zu lösen, jedoch *keine Koordinationskompetenz*. Ein Zwang zur Abstimmung unter den kommunalen Mitgliedern der Planungsgemeinschaften und mit den Fachplanungsträgern besteht nicht. Daher sind Funktionieren und Leistungsfähigkeit der Planungsgemeinschaften als Koordinationsinstrument von dem guten Willen der Beteiligten abhängig, was vor dem Hintergrund der Komplexität und Schwierigkeit der zu lösenden Koordinierungsprobleme (Verteilung von Entwicklungschancen; die Planungsgemeinschaften stehen im Interessen- und Konfliktbereich zwischen Land und Gemeinden und der Gemeinden untereinander) problematisch erscheint.

2. Die regionalen Planungsgemeinschaften im Spannungsfeld zwischen Landesplanung und kommunaler Planung

a) *Die Koordination mit der Landesplanung*

aa) Beteiligung der regionalen Planungsgemeinschaften an der Landesplanung

Eine wesentliche Aufgabe der regionalen Planungsgemeinschaften besteht darin, die vertikale Koordination zwischen staatlicher und kommunaler Planung zu erleichtern. Dabei spielt das *Gegenstromprinzip* als Umschreibung eines Interessenclearings zwischen Land und Gemeinden eine wesentliche Rolle[1]. Im Rahmen des Gegenstromprinzips haben die Planungsgemeinschaften zwei Aufgabenbereiche, einmal die Konkretisierung und Detaillierung der landesplanerischen Ziele und Vorstellungen für die Region, zum anderen das „Hochtragen" kommunaler bzw. regionaler Entwicklungsvorstellungen zur staatlichen Landesplanung, d. h. die Einflußnahme auf Pläne und Entscheidungen auf Landesebene, die den Rahmen für eigene Planungen der Planungsgemeinschaften und der Gemeinden bilden[2]. Auf die begrenzten Mög-

---

[1] Vgl. *K. Becker-Marx:* Die Regionalplanung, a.a.O., S. 62. Die Mittlerstellung der Planungsgemeinschaften kann sich besonders dann positiv auswirken, wenn die Mitgliedsgemeinden *aktiv* an der Regionalplanung beteiligt werden. Die Planungsgemeinschaften werden dann „zum leistungsfähigen Partner der Landesplanung, zu einer idealen Clearingstelle zwischen Fach-, Landesplanung und Gemeindeplanung". Sonnenberg: Der Entwurf zum Gebietsentwicklungsplan für den Mittleren Neckarraum (Referat), Niederschrift der Verbandsversammlung der Regionalen Planungsgemeinschaft Württemberg-Mitte am 26. Februar 1969 in Illingen, S. 15, maschinengeschriebenes Manuskript.

[2] Vgl. *W. Schütte:* Gedanken zur Situation der Regionalplanung in Baden-Württemberg, ein Diskussionsbeitrag, Rundbrief Nr. 11 für die Landesplanung in Baden-Württemberg, Hrsg.: Innenministerium Baden-Württemberg, Januar 1970, S. 8, Hektographie.

II. Die Koordinationsfunktion der Planungsgemeinschaften

lichkeiten der Planungsgemeinschaften, konkrete Ziele in ihren Regionalplänen zu formulieren und damit auch landesplanerische Ziele zu konkretisieren, wurde an anderer Stelle bereits hingewiesen[3]. Hier interessiert primär die Frage der Vertretung der Region durch die Planungsgemeinschaften, speziell der Beteiligung der Planungsgemeinschaften an den staatlichen Entwicklungsplänen und ihr Einfluß auf die darin enthaltenen Zielvorstellungen.

Ministerpräsident Filbinger hat auf die bedeutungsvolle Aufgabe der Planungsgemeinschaften hingewiesen, die in einer Förderung des Gesprächs und der Zusammenarbeit zwischen örtlicher Kommunalplanung und zentraler Staatsplanung, besonders im Hinblick auf die *Aufstellung staatlicher Entwicklungspläne* besteht[4]. Das Landesplanungsgesetz von Baden-Württemberg sieht eine Beteiligung der Planungsgemeinschaften bei der Aufstellung staatlicher Entwicklungspläne vor, woraus sich allerdings nicht notwendig ein tatsächlicher Einfluß auf die Landesplanung ergibt. „Vielmehr wird hier alles von der Qualität der geleisteten Arbeit abhängen, deren Beurteilung allein den hierzu berufenen staatlichen Instanzen zusteht[5]." Neben der Beteiligung an der Aufstellung von Landesentwicklungsplänen im Rahmen des allgemeinen Anhörungsverfahrens sind die Planungsgemeinschaften im Landesplanungsrat vertreten und nehmen im Rahmen dieser Institutionen an den Beratungen über die staatlichen Planungen teil[6].

Von der Landesplanung wird allgemein anerkannt, daß die Planungsgemeinschaften einen *wesentlichen Beitrag* zur Willensbildung bei der staatlichen Planung und speziell bei der Aufstellung der Entwicklungspläne des Landes geleistet haben. Durch ihre z. T. umfangreichen Bestandsaufnahmen haben die Planungsgemeinschaften Grundlagen-

---

[3] Siehe dazu den Abschnitt über die Konkretheit der Ziele in den Regionalplänen S. 95 ff. dieser Arbeit.

[4] Vgl. *H. Filbinger*, a.a.O., S. 122.

[5] Gutachten über die Mitgliedschaft in den Planungsgemeinschaften im Auftrage des Landesplanungsrates, Innenministerium Baden-Württemberg (Hrsg.): Rundbrief Nr. 4 für die Landesplanung in Baden-Württemberg, April 1967, S. 13, Hektographie.

[6] Der Landesplanungsrat, in dem die Planungsgemeinschaften durch 4 Mitglieder vertreten sind, hat die Aufgabe, die Landesplanung durch Gutachten, Anregungen und Empfehlungen zu fördern, die Landesplanungsbehörden zu beraten und bei der Aufstellung und Verbindlichkeitserklärung von staatlichen Entwicklungsplänen sowie der Unbedenklichkeitserklärung von Regionalplänen mitzuwirken. Die Einflußmöglichkeiten der Planungsgemeinschaften auf die staatlichen Entwicklungspläne durch ihre Mitgliedschaft im Landesplanungsrat sind jedoch sehr begrenzt. Bisherige Erfahrungen zeigen, daß der Landesplanungsrat keine Institution ist, in der eine Diskussion der Planungsmethoden und ein Ausgleich der differierenden Zielvorstellungen zwischen den Planungsgemeinschaften und der staatlichen Landesplanung stattfindet.

material für die staatlichen Pläne geliefert; die bereits erstellten Regionalpläne hatten die Funktion einer Informationsquelle hinsichtlich örtlicher Besonderheiten bei der Aufstellung der staatlichen Entwicklungspläne[7]. Ohne die Vorarbeiten der Planungsgemeinschaften wäre es kaum möglich gewesen, die staatlichen Entwicklungspläne, besonders den Landesentwicklungsplan, in relativ kurzer Zeit und noch vor denen anderer Bundesländer zu erstellen[8].

Die Planungsgemeinschaften haben auch die Meinungs- und Willensbildung in der Region hinsichtlich der raumordnungspolitischen Ziele gefördert und durch fachliche Unterstützung die Stellungnahmen der Gemeinden und Kreise ihres Planungsgebietes zu den staatlichen Planungen erleichtert und zum Teil überhaupt erst möglich gemacht[9]. Die kritische Auseinandersetzung der Kreise und Gemeinden mit den Landes- und Gebietsentwicklungsplänen beim Anhörungsverfahren weist auf ein Vertrautsein mit den Problemen der Landes- und Regionalplanung hin. Hier hat sich deutlich gezeigt, daß die Planungsgemeinschaften durch ihre Tätigkeit den *Informationsstand* und das *Planungsbewußtsein* in ihrem Planungsgebiet gefördert haben. Die Entwürfe zum Landesentwicklungsplan und zu den Gebietsentwicklungsplänen wurden nach dem schriftlichen Anhörungsverfahren in einem breit angelegten mündlichen Anhörungsverfahren im Rahmen der zwanzig Planungsgemeinschaften diskutiert, wobei speziell versucht wurde, über kontroverse Punkte eine Einigung zu erzielen[10].

---

[7] Nach einer Auskunft des Regierungspräsidiums Tübingen. Im Landesentwicklungsplan ist ein ausdrücklicher Hinweis auf die umfangreichen Arbeiten der Planungsgemeinschaften enthalten, die ihm zugrunde liegen. Vgl. Innenmnnisterium Baden-Württemberg (Hrsg.): Entwurf des Landesentwicklungsplans Baden-Württemberg, a.a.O., S. 49.

[8] Nach Auskunft mehrerer Landes- und Regionalplaner.

[9] Die Planungsstelle der Planungsgemeinschaft Breisgau hat z. B. im Rahmen des schriftlichen Anhörungsverfahrens zunächst die Gemeinde- und Kreisgremien über die landesplanerischen Ziele und Vorstellungen informiert und die Wünsche und Anregungen der kommunalen Stellen gesammelt. Auf der Grundlage der kommunalen Anregungen wurden dann nach Beratungen im Vorstand und im Planungsbeirat der Planungsgemeinschaft Stellungnahmen aus regionaler Sicht erarbeitet und den Gemeinden und Kreisen zur Erleichterung einer eigenen Stellungnahme zu den staatlichen Plänen zur Verfügung gestellt. Vgl. *V. Frhr. v. Malchus*: Zehn Jahre Planungsgemeinschaft Breisgau, a.a.O., S. 19.

[10] Innnenminister Krause hat als Ziel des Anhörungsverfahrens herausgestellt, den Entwurf zum Landesentwicklungsplan in einer *umfassenden demokratischen Veranstaltung* zu überprüfen und ihm den *Konsensus* zu sichern, damit der Landesentwicklungsplan als „Konzept der optimalen Landesentwicklung" von allen Planungsinstanzen des Landes getragen wird. Das Anhörungsverfahren wurde zunächst *regional* — im Rahmen der Planungsgemeinschaften mit den Gemeinden und Fachplanungsträgern — und dann *sektoral* — mit den Verbänden, dem Städtetag, der Industrie und Handelskammer u.a. — durchgeführt. Die Dimension des Anhörungsverfahrens

II. Die Koordinationsfunktion der Planungsgemeinschaften

Kritisch zu sehen ist dieses Anhörungsverfahren allerdings unter dem Aspekt der Beteiligung der Planungsgemeinschaften an der Landesplanung als Voraussetzung für die Realisierung des Gegenstromprinzips. Die Tatsache, daß das Anhörungsverfahren im Rahmen der Planungsgemeinschaften durchgeführt wurde, mag als ein Schritt zur Realisierung des Gegenstromprinzips gelten. Der zentrale Aspekt beim Anhörungsverfahren ist jedoch — und das beleuchtet wieder die *unzureichende Institutionalisierung* der Planungsgemeinschaften —, daß sich als *politische Verhandlungspartner* das Land und die einzelnen Kreise (Landräte) und Gemeinden (Bürgermeister) gegenüberstanden[11]. Damit war einerseits kein Zwang für das notwendige Interessenclearing im Rahmen der Planungsgemeinschaften gegeben, andererseits war die Position der Planungsgemeinschaften und der einzelnen Gemeinden relativ schwach. Man führte die Diskussion mit der Landesplanung nur sehr begrenzt auf der Grundlage eines regionalen Konzepts, auf das man sich im Rahmen der Planungsgemeinschaft geeinigt hatte. Im Vordergrund der Auseinandersetzungen standen örtliche Sonderwünsche, die die Planungsgemeinschaften wegen ihrer Abhängigkeit von den Landräten und Bürgermeistern zu vertreten gezwungen waren[12, 13].

---

wird deutlich durch die Aussage, daß 4000 öffentliche Planungsträger daran beteiligt waren, von denen mehr als 2000 Stellungnahmen abgegeben wurden. Vgl. W. *Krause:* Der Landesentwicklungsplan, ein landespolitisches Leitbild, Vortrag gehalten auf der Tagung „Landesentwicklung als Aufgabe von Verwaltung und Wirtschaft" vom 27. bis 29. Mai 1969 in der Evangelischen Akademie Bad Boll, Protokolldienst Nr. 14 (1969) der Evangelischen Akademie Bad Boll, S. 19 f., Hektographie.

[11] Die Planungsgemeinschaften werden allgemein von der Landesplanung zwar als politisches Forum der Meinungs- und Willensbildung in der Region angesehen, jedoch nicht als verbindlicher Gesprächs- und Verhandlungspartner der staatlichen Landesplanung. Nach einer Auskunft des Innenministeriums Baden-Württemberg.

[12] Ansätze für eine geschlosse Stellungnahme aus regionaler Sicht sind in verschiedenen Planungsgemeinschaften gemacht worden. Besonders in strukturschwachen Gebieten setzten jedoch die Mitglieder ihre örtlichen Wünsche durch, mit dem Ergebnis, daß die Planungsgemeinschaften etwa bei den zentralen Orten unberechtigte Aufstufungswünsche vertraten. In der Stellungnahme der Planungsgemeinschaft Hochrhein zum Landesentwicklungsplan wird zwar der staatlichen Planung der berechtigte Vorwurf gemacht, keine sachlichen, zeitlichen und örtlichen Prioritäten gesetzt zu haben, zugleich wird jedoch das kritisierte System der zentralen Orte und Entwicklungsachsen weiter *inflationiert.* Die Zahl der in den staatlichen Planungen ausgewiesenen Entwicklungsachsen wird verdreifacht, so daß das Netz der über das gesamte Planungsgebiet gezogenen Entwicklungsachsen bis in die Täler des Hochschwarzwalds reicht (Achse Schopfheim/Todtnau); von den 33 in dem staatlichen Plan ausgewiesenen Zentralorten sollen mehr als die Hälfte nach den Wünschen der Planungsgemeinschaft höher eingestuft werden. Vgl. Planungsgemeinschaft Hochrhein: Informationsblätter, 1969, Heft 1, ohne Seitenangabe.

[13] Die Konflikte in der Planungsgemeinschaft Donau-Iller-Blau bei der Stellungnahme zum Landesentwicklungsplan haben beinahe zu ihrer Auf-

Eine entscheidende Grenze für die Realisierung des Gegenstromprinzips ist in der mangelnden Fähigkeit der Planungsgemeinschaften zu sehen, einen Interessenausgleich unter ihren Mitgliedern herbeizuführen, was in der Regel mit Kompromissen in der Zielformulierung verbunden ist. Es besteht sicherlich ein Zusammenhang derart, daß *eine Abstimmung der Interessen auf kommunaler Ebene (horizontale Koordination) Voraussetzung für eine effektive vertikale Koordination nach dem Gegenstromprinzip ist,* d. h. eine Durchsetzung kommunaler bzw. regionaler Interessen gegenüber dem Land wird nur dann möglich sein, wenn diese gebündelt und einheitlich vertreten werden.

Daß die Planungsgemeinschaften nur *begrenzt* Einfluß auf die Ziele der Entwürfe zum Landesentwicklungsplan und zu den Gebietsentwicklungsplänen hatten, liegt nicht zuletzt daran, daß die Entwürfe ohne direkte Beteiligung der Planungsgemeinschaften erstellt und ihnen als fertige Konzepte zur Stellungnahme zugeleitet wurden[14]. Der Grund dafür ist wohl in den Methoden der Verwaltung zu sehen, zunächst eine interne Koordination, die schon feste Vorstellungen voraussetzt, mit den beteiligten Ressorts auf Landesebene vorzunehmen und dann das fertiggestellte Konzept über ein Anhörungsverfahren auch mit den Planungsgemeinschaften und den Gemeinden abzustimmen.

ab) Gründe für die unzulängliche Abstimmung zwischen Landesplanung und Regionalplanung

Eine Abstimmung zwischen Landesplanung und Regionalplanung erfolgte vor der Veröffentlichung des Entwurfs zum Landesentwicklungsplan (1968) nur sporadisch. Die Planungsgemeinschaften waren weitgehend gezwungen, *autonome* Pläne aufzustellen, da bei der Erarbeitung ihrer Pläne noch keine konkreten Ziele des Landes vorlagen[15]. Auch

---

lösung geführt. Die überwiegende Mehrzahl der Gemeinden sah die Aufgabe der Planungsgemeinschaft als kommunale Interessenvertretung, mit der Konsequenz, daß auch die Stellungnahme zum Landesentwicklungsplan die Summe der Planungsvorstellungen der Gemeinden enthalten sollte. Diese Meinung setzte sich durch gegenüber der Auffassung, daß es Aufgabe der Planungsgemeinschaft sei, aus regionaler Sicht Stellung zu nehmen.

[14] Von einigen Regionalplanern wird daher auch die Meinung vertreten, daß das Anhörungsverfahren nur Alibifunktion hatte und daß eine Beteiligung der Planungsgemeinschaften an der Aufstellung der Landespläne faktisch nicht erfolgt ist.

[15] Siehe dazu auch S. 72 f. dieser Arbeit. Eine Ausnahme bildet das Vorgehen der Landesplanung im Bodenseegebiet, wo zu gleicher Zeit und in engem Kontakt mit der Planungsgemeinschaft Westlicher Bodensee-Linzgau-Hegau ein staatlicher Rahmenplan („Hinweise für die langfristige Planung im Bodenseegebiet") und der Regionalplan der Planungsgemeinschaft erstellt wurden. Vgl. G. *Ziegler:* Zweck und Aufgaben von regionalen Planungsgemeinschaften, a.a.O., S. 3.

II. Die Koordinationsfunktion der Planungsgemeinschaften

heute, nach der Veröffentlichung der Entwürfe des Landesentwicklungsplans und der Gebietsentwicklungspläne Südliches Oberrheingebiet und Mittlerer Neckarraum, wird die laufende Abstimmung zwischen Landes- und Regionalplanung von Landesplanern wie Regionalplanern als nicht ausreichend angesehen.

Neben den im letzten Abschnitt angesprochenen Aspekten können dafür verschiedene Gründe angeführt werden. Lagen vor 1968 die Gründe vor allem in dem Nichtvorhandensein übergeordneter landesplanerischer Vorstellungen, so sind es heute neben Zeit- und Personalmangel beim Innenministerium (Abteilung Landesplanung)[16] *starke Interessenkonflikte* zwischen dem Land und den Planungsgemeinschaften, die dazu führen, daß die Planungsgemeinschaften nur begrenzt eine laufende Abstimmung mit dem Land suchen und regionale Ziele an die der Entwicklungspläne des Landes anpassen[17].

Als *Koordinationshemmnis* erweist sich die *Doppelfunktion der Planungsgemeinschaften als regionale Planungs- und Koordinationsinstitution und als kommunale Interessenvertretung*. Das Selbstverständnis der Planungsgemeinschaften als regionale Interessenverbände führt zu einer Abwehrstellung gegenüber der staatlichen Landesplanung, die eine vertikale Koordination zumindest erschwert.

Abweichungen von Bedeutung zwischen Regionalplänen und Landesplänen zeigen sich besonders häufig bezüglich der Bevölkerungsprognose, wobei Regionalpläne in strukturschwachen und ländlichen Gebieten tendenziell von einer stärkeren Nivellierung, die Regionalpläne der Ballungs- und Verdichtungsgebiete von einer geringeren Nivellierung ausgehen, als die Entwicklungspläne des Landes[18]. Die Bereitschaft der Planungsgemeinschaften in den Ballungs- und Verdichtungsgebieten, die dem Landesentwicklungsplan zugrunde liegende Nivellierungsten-

---

[16] Sehr nachteilig macht sich bei der Abstimmung zwischen Landesplanung und Regionalplanung auch bemerkbar, daß einige Planungsgemeinschaften keine eigene Planungsstelle haben.

[17] Unterschiede in der Bereitschaft, mit den Landesplanungsbehörden zusammenzuarbeiten, sind bei einzelnen Planungsgemeinschaften vorhanden. So hat z. B. die Planungsgemeinschaft Neckar-Alb bei der Aufstellung ihres Regionalplans keinen Informationsaustausch mit den Landesplanungsbehörden gepflegt. Dagegen ging die Planungsgemeinschaft Neckar-Fils von der Überlegung aus, daß bei einem engen Kontakt mit den Landesplanungsbehörden bei der Ausarbeitung des Regionalplans eine spätere Unbedenklichkeitserklärung durch das Land reibungsloser erfolgen kann. Nach Auskunft der Planungsgemeinschaft Neckar-Fils.

[18] Im Regionalplan der Planungsgemeinschaft Östlicher Bodensee-Allgäu wird ausdrücklich auf die Abweichungen in den Planzielen hingewiesen, die im wesentlichen die Prognosen der Bevölkerungsentwicklung und die Notwendigkeit und Möglichkeit der Begrenzung des Wachstums in einzelnen Konzentrationsgebieten betreffen. Vgl. Planungsgemeinschaft Östlicher Bodensee-Allgäu, Entwicklungs- und Raumordnungsplan, a.a.O., S. IX.

denz zu akzeptieren, ist gering. Mit Hinweis auf die begrenzten Realisierungschancen des Landesentwicklungsplans wird in den Planungsgemeinschaften teilweise so geplant, als wären die übergeordneten Ziele nicht vorhanden. Hier macht sich die Funktion der Planungsgemeinschaften als *kommunale Interessenvertretung* bemerkbar, die auch ihren Ausdruck in der nicht erfolgten Anpassung der regionalen Ziele an die des Landes findet[19].

Das Landesplanungsgesetz verpflichtet die Planungsgemeinschaften zur Anpassung der Regionalpläne an die staatlichen Entwicklungspläne. Es ist fraglich, ob diese Vorschrift und etwa das Verfahren zur Unbedenklichkeitserklärung der Regionalpläne durch das Innenministerium für eine wirkungsvolle Zielkoordination zwischen Landesplänen und Regionalplänen ausreichen. Hier sei nur darauf hingewiesen, daß es den Planungsgemeinschaften heute freisteht, für ihren Regionalplan die Unbedenklichkeitserklärung zu beantragen, und daß das Instrument der Unbedenklichkeitserklärung zwar geeignet ist, den Landeszielen widersprechende regionale Ziele zu verhindern, jedoch die Planungsgemeinschaften nicht zu bestimmten und konkreten Zielen in den Regionalplänen zwingen kann[20]. Da die Regionalpläne von großer Bedeutung für die Verwirklichung der Entwicklungspläne des Landes sind — erst die konkreteren regionalen Ziele zeigen Ansatzpunkte für Maßnahmen auf — dürfte eine *wirkungsvollere Zielkoordination* erforderlich sein.

Erschwerend auf die Abstimmung zwischen Landesplanung und Regionalplanung wirkt sich auch aus, daß das Verhältnis zwischen Gebietsentwicklungsplänen und Regionalplänen nicht geklärt ist, also letztlich der Einflußbereich der staatlichen Instanzen und der kommunalen Instanzen auf dem Gebiete der regionalen Planung. „Aus der räumlichen Unbestimmtheit ergeben sich erhebliche Konflikte zwischen der Regional- und Landesplanung[21]." Von den Regionalplanern wird überwiegend die Meinung vertreten, daß die Gebietsentwicklungspläne in ihrer jetzigen Form neben den Regionalplänen nicht erforderlich sind und nur eine *„Doppelgleisigkeit"* der Arbeit darstellen.

---

[19] Im Mittleren Neckarraum begründen die Planungsgemeinschaften ihre Weigerung, die Ziele des Landesentwicklungsplans hinsichtlich der Bevölkerungsverteilung den Regionalplänen zugrunde zu legen mit dem Hinweis, daß das Land noch keine wirksamen Maßnahmen zur Begrenzung des Bevölkerungs- und Wirtschaftswachstums eingeleitet hat. Gleichzeitig sehen die Regionalpläne allerdings einen großzügigen Infrastrukturausbau zur Überwindung der Überlastungserscheinungen vor.

[20] Siehe dazu die Ausführungen über die Ziele des für unbedenklich erklärten Regionalplans Breisgau (1967) S. 95 ff. dieser Arbeit.

[21] *D. Hank*: Landesplanung und regionale Planungsgemeinschaften in Baden-Württemberg. Kritische Bemerkungen zur Organisation der Landes- und Regionalplanung, Wirtschaft in Südbaden, Hrsg.: Industrie- und Handelskammer Baden-Baden, 21. Jg. (1967), Heft 7, S. 238.

II. Die Koordinationsfunktion der Planungsgemeinschaften

Eine vertikale Koordination setzt nach Form und Inhalt vergleichbare Pläne voraus. Behindert hat die Abstimmung zwischen Landesplanung und Regionalplanung daher auch der Umstand, daß die Landesplanungsstelle keine konkreten Vorstellungen von Inhalt und Aufbau der Regionalpläne hatte und den Planungsgemeinschaften keine Planungsschemata, etwa Kriterien zur Festlegung von Entwicklungsachsen oder von zentralen Orten in Ballungs- und Verdichtungsgebieten, zur Verfügung stellte, die für eine Vergleichbarkeit der Pläne untereinander und eine vertikale Koordination zwischen Landesplanung und Regionalplanung erforderlich sind[22, 23].

Zusammenfassend läßt sich sagen, daß die Koordination zwischen den Planungsgemeinschaften und den Landesplanungsbehörden heute *nur ungenügend* durch die gesetzlichen Bestimmungen (z. B. die Unbedenklichkeitserklärung der Regionalpläne, das Recht der Planungsgemeinschaften auf Beteiligung bei der Aufstellung von Landesentwicklungsplänen und das Recht auf Beratung durch die Landesplanungsbehörden) gesichert ist. Es bestehen zahlreiche Koordinationshemmnisse; die Initiative zur kontinuierlichen Abstimmung wird weitgehend den Planungsgemeinschaften überlassen[24].

Entscheidend für eine Verbesserung der vertikalen Koordination zwischen Land und Planungsgemeinschaften scheint zu sein, daß die *Einflußmöglichkeiten des Landes auf die Regionalpläne erweitert werden,* etwa in Form von Weisungsrechten für Form und Inhalt der Regionalpläne. Darüber hinaus muß aber auch die Möglichkeit bestehen, daß bei

---

[22] Innenminister Krause hat anläßlich der Regionalplanertagung in Kirchheim auf die bisher recht verschiedenartigen Systeme und Modelle hingewiesen und betont, daß eine Kooperation und Koordination zwischen Landes- und Regionalplanung gemeinsame Regeln und eine gewisse Systematik erfordert. Vgl. W. *Krause:* Referat gehalten auf der 9. Regionalplanertagung am 22. Mai 1967 in Kirchheim unter Teck, Innenministerium Baden-Württemberg (Hrsg): Rundbrief Nr. 5 für die Landesplanung in Baden-Württemberg, (1967), S. 9, Hektrographie.

[23] Die Unsicherheit in der Behandlung der Regionalplanungsmaterie hat etwa bei der Festlegung der zentralen Orte im Mittleren Neckarraum und bei Fragen der industriellen Verdichtung zu Kontakt- und Abstimmungsschwierigkeiten zwischen den Landesplanungsbehörden und den Planungsgemeinschaften geführt. Nach einer Auskunft der Planungsgemeinschaft Neckar-Fils.

[24] Positiv zu beurteilen ist die Planungspraxis in einigen Planungsgemeinschaften (z. B. Breisgau, Östlicher Bodensee-Allgäu), Vertreter des Regierungspräsidiums und der Abteilung Landesplanung im Innenministerium zu den Sitzungen des Vorstandes der Planungsgemeinschaft einzuladen. Auch die von der Landesplanungsstelle im Innenministerium jährlich durchgeführten Regionalplanertagungen mit dem Ziel, den Meinungsaustausch zwischen Landesplanungsbehörden und Planungsgemeinschaften zu fördern, sind als sinnvoller Koordinationsansatz (Informationsaustausch) anzusehen.

Zielkonflikten die Planungsgemeinschaften gezwungen werden können, eigene, den landesplanerischen Zielen widersprechende Ziele aufzugeben bzw. bestimmte Ziele aufzustellen, die landesplanerische Ziele konkretisieren. Andererseits müßten bei einer Stärkung der staatlichen Einflußmöglichkeiten auch die Planungsgemeinschaften in stärkerem Maße an der Setzung des Rahmens beteiligt werden, an den sie ihre Regionalpläne anpassen müssen.

Eine *Institutionalisierung der vertikalen Koordination* ist erforderlich, d. h. laufende und organisatorisch gefestigte Kontakte zwischen der Landesplanungsabteilung im Innenministerium und den Planungsgemeinschaften. Dafür wiederum ist Voraussetzung, daß die Planungsgemeinschaften auch im *Innenverhältnis* gegenüber ihren Mitgliedern gestärkt werden und gegenüber der Landesplanung als *politische* Verhandlungspartner auftreten können.

b) Möglichkeiten und Grenzen der Koordination mit der kommunalen Planung

ba) Ansatzpunkte und Bereiche der Einflußnahme bei einzelnen Planungsgemeinschaften

(1) Beratung der Gemeinden bei der

Aufstellung von Flächennutzungsplänen

Unter dem Aspekt der Durchsetzung der Regionalpläne ist die Koordination mit der kommunalen Planung von entscheidender Bedeutung; sie ist zugleich eines der großen Probleme der Planungsgemeinschaften. Dabei geht es um die interkommunale Abstimmung und die Abstimmung kommunaler Pläne auf das regionale Konzept. Die beiden Bereiche gehen in der Praxis ineinander über.

Probleme der interkommunalen Koordination ergeben sich besonders im Stadt-Umland-Bereich, bei der Konzentration der Infrastruktur in zentralen Orten, der Ausweisung von Erholungsgebieten und der konzentrierten Industrieansiedlung. Entsprechend liegen die Ansatzpunkte der Planungsgemeinschaften bei den Flächennutzungsplänen, den Infrastrukturplänen und den Industrieansiedlungsplänen der Gemeinden. Da Infrastrukturprojekte wie die Industrieansiedlung räumliche Auswirkungen haben, ist der zentrale Ansatzpunkt der Flächennutzungsplan der Gemeinden. Im Regionalplan Östlicher Bodensee-Allgäu heißt es: „Entscheidend für die Erfolge einer Raumordnungspolitik und Landesplanung ist der Schritt vom regionalen Raumordnungsplan in die Flächennutzungs- und Bebauungspläne der Gemeinden"[25].

---

[25] Planungsgemeinschaft Östlicher Bodensee-Allgäu: Entwicklungs- und Raumordnungsplan, a.a.O., S. VII.

II. Die Koordinationsfunktion der Planungsgemeinschaften 127

Die Spannweite der Aktivitäten der regionalen Planungsgemeinschaften zur Beeinflussung kommunaler Planungen reicht von der Beratung der Kommunen bei der Aufstellung der Flächennutzungspläne über die Erstellung von Bereichsplänen bis hin zur Gründung interkommunaler Planungsverbände[26]. Je nach Planungsstand und Problemsituation sind die Tätigkeiten der Planungsgemeinschaften mit dem Ziel, die kommunalen Planungen zu fördern, unterschiedlich intensiv. Die Mehrzahl der Planungsgemeinschaften gibt den Gemeinden bei der Aufstellung der Flächennutzungspläne Informationen über die wahrscheinliche Bevölkerungsentwicklung und interpretiert die regionalen Ziele für das betreffende Gebiet. Einzelne Planungsgemeinschaften, etwa die Planungsgemeinschaft Östlicher Bodensee-Allgäu, erarbeiten besondere Strukturgutachten für einzelne Gemeinden, die eine Bevölkerungsprognose und Aussagen über das Siedlungswesen, Industrie und Gewerbe, Verkehr, öffentliche Einrichtungen, Müllbeseitigung, Wasserversorgung u. a. enthalten[27, 28].

Konflikte treten bei der beratenden und informierenden Tätigkeit der Planungsgemeinschaften öfter im Hinblick auf die Bevölkerungsprognosen auf. Besonders die Gemeinden in den Verdichtungsgebieten akzeptieren häufig die Prognose der Planungsgemeinschaft als Grundlage für ihren Flächennutzungsplan nicht und verweisen auf den Zusammenhang zwischen den im Flächennutzungsplan ausgewiesenen Wohngebieten und ihrer eigenen Bevölkerungsentwicklung. Der Gedanke einer Beeinflussung der Bevölkerungsverteilung unter regionalen Aspekten wird von den Gemeinden weitgehend abgelehnt, sie passen sich trotz Planungsgemeinschaft passiv an die Bevölkerungsentwicklung an.

In Baden-Württemberg hat die Lage der Planungsgemeinschaften in Ballungs- und Verdichtungsgebieten oder mehr ländlich strukturierten Gebieten mit den damit verbundenen aktuellen Problemen (Ordnungs- bzw. Entwicklungsaufgaben) auch ihre Planungstätigkeit beeinflußt. Planungsgemeinschaften in den Ballungs- und Verdichtungsgebieten,

---

[26] Eine Trennung zwischen Aktivitäten mit dem Ziel, die kommunale Planung zu verbessern, ihr Planungshilfen zu bieten und regionale Ziele zu realisieren, ist hier nur begrenzt möglich.

[27] Nach einer Auskunft der Planungsgemeinschaft Östlicher Bodensee-Allgäu.

[28] Die Planungsgemeinschaften betrachten ihre Planungsstelle als Informationszentrale für den kommunalen Bereich; in einzelnen Planungsgemeinschaften werden daher Gemeindespiegel erstellt, die die Wirtschafts- und Sozialstruktur auf Gemeindeebene erfassen sollen. Diese Gemeindespiegel, die laufend ergänzt werden, enthalten aufbereitete Daten über Bevölkerungsentwicklung, Pendlerbilanzen, Realsteuerkraft, Wirtschaftsstruktur u. a. Zur Funktion der Gemeindespiegel vgl. R. Eberle, a.a.O., S. 375.

z. B. Württemberg-Mitte und Nördlicher Schwarzwald, haben zunächst mehr auf dem Gebiet der interkommunalen bzw. kommunalen Planung gearbeitet und Bereichspläne (interkommunale Flächennutzungspläne) erstellt; die Planungsgemeinschaft Württemberg-Mitte sogar Flächennutzungspläne und Bebauungspläne im Auftrag der Gemeinden[29]. Die Planungsgemeinschaft Württemberg-Mitte hat sich eine besondere Abteilung für Bauleitplanung angegliedert, deren Aufgabe es ist, besonders den kleinen und verwaltungsschwachen Gemeinden im Planungsgebiet eine Hilfe bei der Erstellung von Flächennutzungs- und Bebauungsplänen zu gewähren[30].

Es wird heute erkannt, daß die Tätigkeit der Planungsgemeinschaft Württemberg-Mitte im Bereich der Stadtplanung mit der Regionalplanung, der eigentlichen Aufgabe der Planungsgemeinschaften, wenig gemein hat. Die Erstellung von Bauleitplänen, Sanierungsvorschlägen u. a. durch die Planungsgemeinschaften kann jedoch als Hilfsmittel zur Durchsetzung der Regionalpläne bzw. raumordnungspolitischer Vorstellungen angesehen werden; neben dem engen Kontakt mit den Gemeinden wird die Möglichkeit eines Abbaues von Animositäten besonders bei kleinen Gemeinden — die sich häufig „verplant" fühlen — gegenüber der Regionalplanung als Vorteil hervorgehoben[31].

Vorteilhaft hat sich unter dem Aspekt des Informationsaustausches auch die Mitgliedschaft der Gemeinden in den Planungsgemeinschaften ausgewirkt. Der enge Kontakt zwischen Regionalplanung und kommunaler Planung hat besonders das Informationsniveau der Kommunen über regionale Strukturdaten und Planziele verbessert[32].

---

[29] Auch von der Planungsgemeinschaft Rems-Murr wurden bis Anfang 1970 Flächennutzungspläne im Auftrag der Gemeinden erstellt.

[30] Wie umfangreich die Tätigkeit der Planungsgemeinschaft Württemberg-Mitte im Bereich der kommunalen Planung war, ohne daß ein Regionalplan vorlag, geht aus dem Geschäftsbericht für 1968 hervor. Danach hat die Abteilung Bauleitplanung 1968 für 20 Städte und Gemeinden Flächennutzungspläne im Entwurf fertiggestellt, 19 Bebauungsvorschläge erarbeitet und in 12 Städten und Gemeinden Sanierungsuntersuchungen durchgeführt. Außerdem wurden städtebauliche Gutachten über Verkehrsprobleme, Schulstandorte und Standorte für Einkaufszentren erarbeitet. Vgl. Planungsgemeinschaft Württemberg-Mitte: Geschäftsbericht 1968, o. O., S. 11 f., vervielfältigtes Manuskript.

[31] Gerber weist besonders darauf hin, daß sich durch die Ortsbauberatung ein Vertrauenskapital sammelt, auf das bei der überörtlichen Planung, die *Verzichte* der einzelnen Gemeinde fordert, zurückgegriffen werden kann. Vgl. *H. Gerber*, a.a.O., S. 98.

[32] H. Evers bezeichnet den ständigen Kontakt zwischen den Vertretern der Körperschaften und zwischen Planungsstelle und Gemeinden und Gemeindeverbänden als wichtigstes Ergebnis der Arbeit der Planungsgemeinschaft Breisgau neben der Erarbeitung von Strukturunterlagen und Maßnahmenvorschlägen. Vgl. *H. Evers*, a.a.O., S. 54.

Differenzen in der Bereitschaft der Gemeinden, die Planungsgemeinschaft als beratendes Organ in Anspruch zu nehmen, sind vorhanden. Abgesehen von der generellen Tendenz, daß die Gemeinden versuchen, auf ihrer Gemarkung *autonom* zu planen, nehmen in den Planungsgemeinschaften, die keine Flächennutzungspläne erstellen, meist Gemeinden mittlerer Größe die Planungsgemeinschaft in Anspruch, um regionale Strukturdaten und Planungshinweise zu erhalten. Die größeren Städte haben oft eine ausgebaute Planungsabteilung; sie setzen sich mit der Planungsgemeinschaft in der Regel nur dann in Verbindung, wenn sie eigene Interessen gegenüber staatlichen Planungsträgern vertreten, und sich dabei eine größere Durchsetzungschance durch die Unterstützung der Planungsgemeinschaft erhoffen.

(2) Erstellung von Bereichsplänen und
   Gründung von Planungsverbänden

Eine Möglichkeit, die interkommunale Abstimmung der Flächennutzungspläne zu erleichtern, besteht in der von der Planungsgemeinschaft Nördlicher Schwarzwald mit großer Intensität geförderten interkommunalen Bauleitplanung im Nahbereich[33]. Die Planungsgemeinschaft (Planungsstelle) entwirft das Konzept für den jeweiligen Nahbereich, wertet dafür regionale Daten aus, fertigt Strukturgutachten an, macht Aussagen über die sozialökonomische Entwicklung und erarbeitet konkrete Vorschläge für die Ausweisung der Siedlungsgebiete und den Ausbau der Infrastruktur. Das Ergebnis der Arbeit der Planungsgemeinschaft ist eine Art „Blaupause", ein vergröberter interkommunaler Flächennutzungsplan (Wohngebiete, Industriegebiete u. a. werden flächenbezogen festgelegt), der dann von privaten Planern im Auftrage der Gemeinden und in engem Kontakt mit der Planungsstelle der Planungsgemeinschaft weiter bearbeitet wird. Ende 1970 wurde im Planungsgebiet der Planungsgemeinschaft Nördlicher Schwarzwald an 12 Bereichsplänen gearbeitet[34].

---

[33] Einen wesentlichen Anstoß zur Planung im Nahbereich, ohne daß schon ein Regionalplan vorlag, gab bei der 1962 gegründeten Planungsgemeinschaft Nördlicher Schwarzwald die Erfahrung der „Pioniere" unter den Planungsgemeinschaften, die zunächst eine regionale Konzeption erstellten, jedoch erhebliche Schwierigkeiten hatten, diese mit Inhalt zu füllen und zu konkretisieren. Zum anderen hatten viele Gemeinden im Planungsraum die Befürchtung, durch eine Regionalplanung übervorteilt zu werden. Nach einer Auskunft der Planungsgemeinschaft Nördlicher Schwarzwald.

[34] Die Größe der Nahbereiche differiert stark — hier setzt auch die Kritik an —, sie umfassen etwa 5—10 Gemeinden, haben im Durchschnitt eine Ausdehnung von 60—80 qkm und eine Bevölkerung von z. B. 128 000 Einwohnern im Nahbereich Pforzheim, während in ländlichen Gebieten oft Nahbereiche mit nur 3000—4000 Einwohnern gebildet wurden. Nach einer Auskunft der Planungsgemeinschaft Nördlicher Schwarzwald. Die Abgrenzung der Nahbereiche erfolgte nur begrenzt nach sozialökonomischen Kriterien, oft mußte pragmatisch an die aktuelle Bereitschaft der Gemeinden zur Zusam-

3. Teil: Darstellung und Würdigung der Funktionen

Bei der Erstellung der Konzepte für die Bereichspläne hat die Planungsstelle zunächst die kommunalen Vorstellungen gesammelt, aber nach Möglichkeit auf die Konzentration der Infrastruktur und der Industrieflächen hingewirkt. In vielen Bereichsplänen mußten die kommunalen Vorstellungen übernommen werden (nach der Devise: *jeder Gemeinde ihr Industriegebiet!*). Erfolgreich war die Planungsgemeinschaft mit ihren Konzentrationsvorstellungen nur in einzelnen Fällen, so wurde etwa im Nahbereichsplan Calw ein zusammenhängendes Industriegebiet von 120 ha ausgewiesen, das sich an der EWG-Norm (etwa 10 verschiedene Branchen nebeneinander) orientiert. Die Gemeinden haben diesem Industriegebiet, das außerhalb der Gemarkung des zentralen Ortes Calw liegt, und dessen Gewerbesteueraufkommen gepoolt werden soll, zugestimmt, da sie sich von staatlichen Stellen eine bevorzugte Erschließung (Bahn- und Straßenanschlüsse) und Zuschüsse bei der Förderung der Industrieansiedlung erhoffen[35].

Ein Vorzug der Aktivitäten der Planungsgemeinschaft Nördlicher Schwarzwald auf dem Gebiete der interkommunalen Flächennutzungsplanung besteht darin, daß sie eine intensive und mit Konflikten wenig belastete Kommunikation (ständige Kontakte, Informationsaustausch, Verhandlungen) zwischen der Planungsgemeinschaft (Planungsstelle) und den Gemeinden ermöglichen. Trotz guter Erfahrungen bei der Aufstellung von Flächennutzungsplänen für Gemeindegruppen wird erkannt, daß für eine effiziente horizontale Koordination zwischen Flächennutzungsplänen, die eine Funktionsteilung und Konzentration der Funktionen vorsehen, und besonders deren Verwirklichung, *festere Organisationsformen* erforderlich sind[36].

Die Planungsgemeinschaft Württemberg-Mitte erstellt in neuester Zeit Pläne für Verflechtungsbereiche von Mittelzentren, die als detaillierte Regionalpläne bzw. Teilregionalpläne eine Zwischenstufe zwischen übergeordneter Regionalplanung und kommunaler Bauleitplanung darstellen und sich durch einen größeren Abstand zur kommunalen Flächennutzungsplanung als die Bereichspläne der Planungsgemeinschaft Nördlicher Schwarzwald auszeichnen[37]. Der Bereichsplan ist

---

menarbeit beim Ausbau der Infrastruktur angeknüpft werden. Zur Abgrenzung der Nahbereiche vgl. W. *Nährlich*: Praktische Erfahrungen in der Regionalplanung, a.a.O., S. 79.

[35] Nach einer Auskunft der Plaungsgemeinschaft Nördlicher Schwarzwald.

[36] Mehrere Gemeindegruppen haben die Absicht, sich zu Planungsverbänden zusammenzuschließen.

[37] Als erster Bereichsplan wurde 1970 der Entwurf zum Bereichsplan „Oberes Gäu" für den Verflechtungsbereich Herrenberg fertiggestellt. Er umfaßt ein Gebiet mit ungefähr 43 000 Einwohnern (1968) in 19 Städten und Gemeinden auf einer Fläche von 186 qkm. Vgl. Regionale Planungsgemeinschaft Württemberg-Mitte e.V.: Entwurf zum Bereichsplan „Oberes Gäu", (Stand: Januar 1970), S. 6, vervielfältigtes Manuskript.

II. Die Koordinationsfunktion der Planungsgemeinschaften 131

„als notwendige Orientierungshilfe für die Zielsetzungen der einzelnen kommunalen Bauleitpläne oder der gemeinsamen Bauleitplanungen von Gemeindegruppen zu verstehen"[38]. Die Bereichspläne enthalten Planungshinweise für stark verflochtene Gemeindegruppen, die die Basis für eine verstärkte interkommunale Zusammenarbeit darstellen und für die eine gemeinsame Aufstellung von Flächennutzungsplänen angeregt wird. Das entscheidende Problem besteht heute darin — und das gilt für alle Planungsgemeinschaften —, daß das *gesetzliche Instrumentarium noch fehlt*, um die angestrebte Funktionsteilung in der Gemeindegruppe (Konzentration der Industrieflächen und Ausweisung an Orten mit der höchsten Standortgunst, Ausweisung von Standorten für Wohngebiete und zentrale Einrichtungen unabhängig von der Gemarkung einzelner Gemeinden) zu realisieren[39].

Die Mehrzahl der Planungsgemeinschaften hat sich für die Gründung von *Planungsverbänden* zur gemeinsamen Bauleitplanung und allgemeinen Erweiterung der interkommunalen Zusammenarbeit eingesetzt; Erfolge haben dabei jedoch nur die Planungsgemeinschaften im südbadischen Raum gehabt, speziell Breisgau und Mittelbaden. Ausgangspunkt der Gründung von Planungsverbänden in der Planungsgemeinschaft Breisgau war die Einteilung des Planungsgebietes in „Gruppen von Gemeinden mit sich ergänzenden Funktionen", die im wesentlichen mit den Versorgungsnahbereichen übereinstimmen. „Die Planungsgemeinschaft darf als bemerkenswerten Erfolg ihrer Arbeit ansehen, daß diese Gemeindegruppen in vielen Fällen den Rahmen für Planungsverbände nach § 4 BBauG gebildet haben[40]."

Mit der Gründung von Planungsverbänden als feste Organisationsform der interkommunalen Planung verfolgen die Planungsgemeinschaften die *doppelte Zielsetzung* einer verbesserten horizontalen Koordination zwischen den örtlichen Plänen und einer verbesserten verti-

---

[38] Regionale Planungsgemeinschaft Württemberg-Mitte e. V.: Entwurf zum Bereichsplan „Oberes Gäu", a.a.O., S. 3.

[39] Abgesehen von wenigen Einzelfällen stellt das Problem des kommunalen Finanzausgleichs ein unüberwindbares Hindernis für eine konzetrierte Industriegeländeausweisung dar. Wie notwendig eine konzentrierte Industrieansiedlung ist, läßt sich aus einer Prognose der zukünftig benötigten Industrieflächen ableiten. Bei gleichmäßiger Verteilung würden z. B. bis 1985 pro Gemeinde im Gebiet der Planungsgemeinschaft Württemberg-Mitte 1—1¹/₂ ha zusätzlicher Industriefläche genügen. Industrieflächen dieser Ausdehnung sind jedoch für jede Branchen, die man in diesem Verdichtungsgebiet ansiedeln möchte, vollkommen uninteressant. Nach einer Auskunft der Planungsgemeinschaft Württemberg-Mitte.

[40] *H. Reiff:* Zentralörtliche Gliederung und Nahbereiche in Baden-Württemberg. Auswahl der zentralen Orte in der landesplanerischen Praxis, in: Nahbereich und zentrale Orte, Schriften des Deutschen Gemeindetages, Heft 6, hrsg. vom Deutschen Gemeindetag, Bad Godesberg 1966, S. 80, (im folgenden zitiert als *H. Reiff:* Zentralörtliche Gliederung).

kalen Koordination zwischen Regionalplan und kommunalen Plänen und damit der Realisierung regionaler Ziele[41]. Eine enge Verknüpfung zwischen Regionalplanung und Bauleitplanung ist in der Planungsgemeinschaft Breisgau insofern erfolgt, als die Satzungen der Planungsverbände festlegen, daß die Ziele des Regionalplans Breisgau zu beachten sind und daß die Planungsstelle der Planungsgemeinschaft zu den Sitzungen der Verbände eingeladen werden muß[42]. Die Planungsstellen der Planungsgemeinschaften Breisgau und Mittelbaden erstellen nicht selbst Flächennutzungspläne für die Planungsverbände, arbeiten jedoch mit den Verbandsplanern eng zusammen, beraten die einzelnen Gemeinden der Planungsverbände, erarbeiten Strukturunterlagen für die Flächennutzungspläne und geben gutachterliche Stellungnahmen ab zu Einzelproblemen und dem fertiggestellten Verbandsplan[43].

Im Bereich der Planungsgemeinschaft Mittelbaden haben sich bisher ungefähr 70 % der Gemeinden zu Planungszweckverbänden zusammengeschlossen, wobei die Planungsgemeinschaft (Planungsstelle) dafür eintrat, daß möglichst große Verbände gegründet wurden[44]. Das Zustandekommen der Planungsverbände in der Planungsgemeinschaft Mittelbaden durch Initiative der Planungsgemeinschaft hat bei einigen Landräten allerdings die Befürchtung erweckt, daß die Planungsgemeinschaft einen zu großen Einfluß auf die kommunale Planung bekommen könnte. Es zeigt sich daher eine grundsätzliche Animosität der Landräte gegenüber den Aktivitäten der Planungsgemeinschaft im kommunalen Bereich — größere Einflußmöglichkeiten der Planungsgemeinschaft schwächen automatisch die der Landkreise (Landräte) —, wobei die Meinung vertreten wird, daß die Planungsgemeinschaft im

---

[41] Auf die sich in der Praxis ergebenden Vor- und Nachteile gemeinsamer Flächennutzungsplanung in Planungsverbänden hat Evers hingewiesen: Koordinierte Flächennutzungsplanung ist langwieriger als autonome, da der zwischengemeindliche Interessenausgleich bei freiwilliger Zustimmung aller beteiligten Gemeinden sich als zeitraubend erweist. Dem stehen Vorteile der Kostenersparnis, der leichteren Abstimmung mit der Regionalplanung und der staatlichen Rahmenplanung, der größeren Zuverlässigkeit bei Bevölkerungs- und Wirtschaftsprognosen und der Möglichkeit, bei der Aufteilung der Flächen eine Konzentration der Funktionen zu erreichen, gegenüber. Vgl. *H. Evers*, a.a.O., S. 54 ff.

[42] Vgl. *W. Schütte:* Erfahrungs- und Tätigkeitsbericht der Planungsgemeinschaft Breisgau 1959—1966, a.a.O., S. 66.

[43] Der Stand der Planungsarbeiten der 16 Planungsverbände im Gebiet der Planungsgemeinschaft Breisgau ist unterschiedlich; von den 8 weitgehend abgeschlossenen interkommunalen Flächennutzungsplänen wurde allerdings bisher noch keiner genehmigt. Vgl. *V. Frhr. v. Malchus:* Zehn Jahre Planungsgemeinschaft Breisgau, a.a.O., S. 21.

[44] Daß die Planungsgemeinschaft dabei nur begrenzt erfolgreich war, beweist die Tatsache, daß allein im Landkreis Lahr 6 Planungsverbände gegründet wurden. Eine Zahl, die für eine konzentrierte Ausweisung von Industriestandorten und Wohngebieten viel zu hoch sein dürfte.

II. Die Koordinationsfunktion der Planungsgemeinschaften 133

Hinblick auf die kommunale Planung nicht einflußreicher werden sollte[45].

(3) Koordination kommunaler Infrastruktur- und Industrieansiedlungsprojekte

Ansatzpunkte der Einflußnahme durch die Planungsgemeinschaften sind neben den Flächennutzungsplänen konkrete Infrastruktur- und Industrieansiedlungsprojekte der Gemeinden und Gemeindeverbände. Die Notwendigkeit der Koordinierung kommunaler Investitionen durch die Planungsgemeinschaften zur Durchsetzung landesplanerischer Ziele wird auch von staatlicher Seite gesehen[46, 47]. Anlaß einer Förderung der interkommunalen Koordination bei der Infrastrukturplanung ist in der Regel die ungenügende Versorgungslage in ländlichen und strukturschwachen Gebieten, in Ballungs- und Verdichtungsgebieten die Erkenntnis, daß wegen der möglichen Kostendegression größere und leistungsfähigere Einheiten erforderlich sind. Da die Planungsgemeinschaften keine Koordinierungskompetenz im Bereich der kommunalen Infrastruktur haben, versuchen sie in der Regel durch Empfehlungen und Gutachten auf eine verstärkte kommunale Zusammenarbeit hinzuwirken. Bei bestimmten Infrastrukturprojekten wird versucht, die Standpunkte einzelner Gemeinden durch Konfrontation mit den Wünschen und Vorstellungen der Nachbarn zu beeinflussen.

Allgemein wird die Erfahrung gemacht, daß die Gemeinden den Infrastrukturausbau und die Industrieansiedlung zu sehr ortsbezogen planen. Die Gemeinden konkurrieren oft eifersüchtig untereinander; entscheidend ist meist, daß eine Dienstleistung in der eigenen Gemeinde aufgebaut wird, obwohl erkennbar ist, daß dadurch die Kapazität nicht optimal geplant und ausgelastet werden kann und der Standort unter regionalen Aspekten in einer anderen Gemeinde günstiger wäre.

---

[45] Nach einer Auskunft der Planungsgemeinschaft Mittelbaden.
[46] Vgl. *H. Reiff:* Methodik und Durchführung staatlicher Entwicklungspläne, a.a.O., S. 32. Rasch weist darauf hin, daß die Bedeutung der Regionalplanung und damit der Planungsgemeinschaften in der Steuerung öffentlicher Investitionen und Förderungsmittel liegt. Vgl. *E. D. Rasch:* Rechtsfragen der Regionalplanung, a.a.O., S. 76.
[47] Die Notwendigkeit regionaler Gremien als *Koordinationsinstanzen öffentlicher Infrastrukturinvestitionen* im kommunalen Bereich ergibt sich aus der Tatsache, daß der größere Teil öffentlicher Grundinvestitionen, die als Vorleistungen zur Realisierung raumordnungspolitischer Ziele in Betracht kommen, von Gemeinden bzw. Gemeindeverbänden geplant und durchgeführt wird. Kommunale Investitionen sind besonders auf den Gebieten Verkehrswesen, Gesundheitswesen, Sport, Erholung, Schul- und Bildungswesen, Versorgung, Abwasser- und Müllbeseitigung für die Raumordnungspolitik von Bedeutung. Vgl. *J. Umlauf:* Öffentliche Investitionen als Instrument der Raumordnungspolitik, Veröffentlichungen der Akademie für Raumforschung und Landesplanung, Abhandlungen, Band 55, Hannover 1968, S. 28.

Hier sollen nur einige Aktivitäten der Planungsgemeinschaften zur besseren Abstimmung der kommunalen Infrastruktur aufgezeigt werden. Die Planungsgemeinschaft Hochrhein hat z. B. ein Krankenhausgutachten — übrigens als erste Planungsgemeinschaft in Baden-Württemberg — erstellt, mit dem Erfolg, daß einige Landkreise die darin ausgesprochene Empfehlung, daß es besser wäre, wenn die Krankenhäuser von den Gemeinden auf die Landkreise als größere und finanziell besser ausgestattete Institutionen übergehen, akzeptierten und die städtischen Krankenhäuser übernahmen[48]. Von mehreren Planungsgemeinschaften wurden Verkehrsgutachten in Auftrag gegeben; die Planungsgemeinschaft Schwarzwald-Baar-Heuberg hat eine Untersuchung über das berufsbildende Schulwesen und seine Neuordnung durchgeführt. In neuester Zeit werden von vielen Planungsgemeinschaften Müllgutachten erstellt, bei der Planungsgemeinschaft Schwarzwald-Baar-Heuberg mit dem Erfolg, daß die Städte Villingen und Schwenningen eine gemeinsame Müllbeseitigungsanlage planen[49, 50].

Die Planungsgemeinschaft Württembergisches Unterland hat besonders die Entstehung wasserwirtschaftlicher Verbände gefördert und die planerischen Vorarbeiten (Bevölkerungsprognose, Bedarfsberechnung und Gebietsabgrenzung) durchgeführt. Derartige *„Aushilfs- und Treuhänderdienste"* für Sachgebiete der interkommunalen Zusammenarbeit standen bis zur Erarbeitung des Regionalplans (1970) im Vordergrund der Arbeit, damit verschaffte sich die Planungsgemeinschaft Publizität und Ansehen[51].

In der Regel wachen die Gemeinden und Kreise darüber, daß sich die Planungsgemeinschaften bei kommunalen Infrastrukturprojekten, soweit sie überhaupt dazu herangezogen werden, auf die planungstechnischen Vorarbeiten beschränken. Bei der Vergabe staatlicher Zuschüsse zu kommunalen Infrastrukturprojekten von überörtlicher Bedeutung werden die Planungsgemeinschaften *nicht* eingeschaltet, hier liegt sicherlich ein Ansatzpunkt zur Reform.

---

[48] Nach einer Auskunft der Planungsgemeinschaft Hochrhein. Dem steht allerdings der häufigere Fall gegenüber, daß die Gemeinden und Gemeindeverbände die Empfehlung der Krankenhausgutachten, eine Konzentration zur Verbesserung der Versorgung und der Erhöhung der Wirtschaftlichkeit durchzuführen, nicht berücksichtigten.

[49] Nach Auskunft der Planunngsgemeischaft Schwarzwald-Baar-Heuberg.

[50] Der Problemstellung im Ballungs- und Verdichtungsgebiet im Rhein-Neckar-Raum entsprechend hat die Kommunale Arbeitsgemeinschaft Rhein-Neckar Untersuchungen über „Mögliche Unternehmensformen zur Neuordnung der Verkehrsbetriebe", die „Koordination des öffentlichen Personenverkehrs im Ballungsraum Rhein-Neckar" und über die „Luftverunreinigung im Raum Mannheim/Ludwigshafen" erstellt. Nach einer Auskunft der Planungsgemeinschaft Unterer Neckar.

[51] Nach einer Auskunft der Planungsgemeinschaft Württembergisches Unterland.

II. Die Koordinationsfunktion der Planungsgemeinschaften

Die Planungsgemeinschaften betreiben selbst keine (aktive) Industrieansiedlungspolitik[52], die Regionalplaner versuchen jedoch z. T., informell auf die kommunalen Entscheidungen bei der Industrieansiedlung Einfluß zu nehmen, in einigen Fällen auch auf die Entscheidungen ansiedlungswilliger Unternehmen. Die allgemeine Erfahrung der Regionalplaner ist, daß Argumente aus regionaler Sicht bezüglich der Standortwahl der Industrie von den Gemeinden nicht akzeptiert werden. Am ehesten Einfluß auf die Industrieansiedlung der Kommunen haben noch Planungsgemeinschaften in Ballungs- und Verdichtungsgebieten; so hat z. B. die Planungsgemeinschaft Neckar-Fils in verschiedenen Fällen bei konkreten Projekten selektiv Einfluß genommen und einzelne Gemeinden zu einem Verzicht auf bestimmte Betriebe mit dem Ziel einer krisenfesteren Industriestruktur bewegt[53].

Die Planungsstelle der Planungsgemeinschaft Hohenlohe nimmt praktisch die Aufgabe einer *zentralen Informationsstelle* für die Wirtschaftsförderungsprojekte im Förderungsgebiet Hohenlohe wahr; doch werden die Möglichkeiten, bei konkreten Projekten und Standortentscheidungen Einfluß zu nehmen, als gering angesehen[54]. Die Planungsgemeinschaft Odenwald wurde zwar ursprünglich mit staatlicher Förderung gegründet, um unter regionalen Gesichtspunkten auf die Mittelverteilung und damit die Industrieansiedlung im Förderungsgebiet Odenwald Einfluß zu nehmen; die Landräte ziehen jedoch die Planungsgemeinschaft bei der Mittelverteilung und bei Standortentscheidungen nicht hinzu[55].

Der Einfluß auf die konkreten Entscheidungen bei der Industrieansiedlung ist *minimal,* da ansiedlungswillige Betriebe in der Regel *direkt* Kontakt mit den Gemeinden aufnehmen und die Gemeinden, wenn

---

[52] Geplant war eine Industrieansiedlungsgesellschaft unter Beteiligung der Planungsgemeinschaft Westlicher Bodensee. Dieses Vorhaben scheiterte jedoch an dem Konflikt über das Ansiedlungskonzept, d. h. die Frage, ob die regional optimalen Standorte — die in der Regel schon Konzentrationsgebiete sind — oder die ländlichen und strukturschwachen Gebiete Ansatzpunkte für Förderungsmaßnahmen sein sollten. Nach Auskunft der Planungsgemeinschaft Westlicher Bodensee.

[53] Nach Auskunft der Planungsgemeinschaft Neckar-Fils.

[54] Die Bürgermeister lehnen eine Beratung von Betrieben, die die Möglichkeit einer Förderung wahrnehmen wollen, in der Regel ab. In den Fällen, wo die Planungsstelle aus regionaler Sicht Standortempfehlungen gab, traten schwere Konflikte mit den Bürgermeistern auf. Nach Auskunft der Planungsgemeinschaft Hohenlohe.

[55] Daß von staatlicher Seite die Notwendigkeit einer aktiven Mitarbeit der Planungsgemeinschaften erkannt wird, geht daraus hervor, daß für strukturschwache Gebiete, z. B. Odenwald und Hohenlohe, die betroffenen Landesressorts zusammen mit den Planungsgemeinschaften Modelle für eine koordinierte Förderungspolitik erarbeiten wollen. Vgl. W. *Krause:* Der Landesentwicklungsplan, ein landespolitisches Leitbild, a.a.O., S. 22 f.

überhaupt, die Planungsgemeinschaft erst dann konsultieren, wenn die Standortentscheidung bereits gefallen ist, so daß die Konsultation praktisch nur noch Alibifunktion hat[56]. Notwendig wäre hingegen eine *verstärkte interkommunale Zusammenarbeit bei der Industrieansiedlung etwa im Rahmen von Verflechtungsbereichen* — die im Hinblick auf die erforderliche Branchenvielfalt nicht zu klein sein sollten — und eine Lenkung der Industrieansiedlung im regionalen Rahmen. Für die Festlegung der aus regionaler Sicht optimalen Standorte ist ein politisches Entscheidungsgremium erforderlich, die Planungsgemeinschaften sind bei dieser Aufgabe überfordert.

bb) Beurteilung der Einflußmöglichkeiten der regionalen Planungsgemeinschaften auf kommunale Entscheidungsträger

Es wird weitgehend anerkannt, daß die Planungsgemeinschaften durch ihre Strukturuntersuchungen die Informationsbasis und durch ihre z. T. intensive Beratungstätigkeit auch die Qualität kommunaler Planungen verbessert haben[57]. Diese *informative Aufgabe* können die privatrechtlich organisierten Planungsgemeinschaften relativ gut erfüllen. Hervorzuheben ist auch die Tätigkeit der Planungsgemeinschaften bzw. ihrer Planungsstellen als *Initiativorgane*, als *Ideenspender* und *Motor der interkommunalen Abstimmung*; sie suchen Koordinationsbereiche und zeigen Probleme auf, die eine gemeinsame Planung erfordern.

Die zentrale Frage ist jedoch die nach den faktischen Einflußmöglichkeiten der Planungsgemeinschaften jenseits rechtlicher Sicherung auf die kommunalen Planungen, besonders die Flächennutzungspläne der Gemeinden. Von den Regionalplanern und Landesplanern werden die praktischen Erfolge der Planungsgemeinschaften bei der Einflußnahme auf die kommunalen Planungen übereinstimmend als *sehr begrenzt* bezeichnet. Das Ergebnis ist besonders schwerwiegend, da damit auch die Durchsetzungschancen der Regionalpläne — vorausgesetzt sie enthalten planerische Entscheidungen — in der heutigen Situation als *gering* an-

---

[56] Typisch ist das Beispiel der Ansiedlung eines großen Industriebetriebes (2000 Beschäftigte) in Neuenburg, Kreis Müllheim. Nachdem die Standortentscheidung gefallen war, hat die Gemeinde die Planungsgemeinschaft informiert und dann allerdings gut mit ihr zusammengearbeitet. Nach Auskunft der Planungsgemeinschaft Hochrhein.

[57] Der Regionalplaner der Planungsgemeinschaft Mittelbaden weist darauf hin, daß nach fünfjähriger Arbeit der Planungsgemeinschaft kein Flächennutzungsplan im Planungsgebiet aufgestellt wird, ohne daß die Gemeinden zumindest mittelbar die Untersuchungsergebnisse der Planungsgemeinschaft heranziehen. Vgl. W. *Fuchs*, a.a.O., S. 6.

II. Die Koordinationsfunktion der Planungsgemeinschaften

gesehen werden müssen[58]. Erfolge der Planungsgemeinschaften bei der Förderung der interkommunalen Abstimmung sind begrenzt und nur dort zu verzeichnen, wo man aus kommunaler Animosität bisher nicht miteinander sprach, Vorteile der Zusammenarbeit aber für *alle* Beteiligten offensichtlich sind. Die relativ besten Einflußmöglichkeiten auf die kommunale Planung haben noch diejenigen Planungsgemeinschaften, die selbst Nahbereichspläne bzw. Flächennutzungspläne erstellen oder bei der Gründung von Planungsverbänden erfolgreich waren und einen *ständigen Informations- und Meinungsaustausch* mit den Gemeinden und Gemeindeverbänden ihres Planungsgebietes pflegen.

Das entscheidende Problem besteht darin, daß die Planungsgemeinschaften auf Grund der heutigen Rechtsform bei ihrer Einflußnahme auf die kommunale Planung nicht mehr als *Empfehlungen aussprechen* und *„gut zureden"* können. „Die jetzige Position der Planungsgemeinschaften gegenüber der kommunalen Planung ist mehr als kümmerlich[59]." Da die Planungsgemeinschaften allein auf ihre Überzeugung und die Einsicht der betroffenen Gemeinden angewiesen sind, werden ihre Vorschläge in der Regel nur dann akzeptiert, wenn sie mit Entwicklungsvorteilen (Ausbau der Verkehrsinfrastruktur, der Dienstleistungen u. a.) verbunden sind. Regionale Ziele bzw. raumordnungspolitische Vorstellungen der Planungsgemeinschaften können *nicht* durchgesetzt werden, wenn sie einer Gemeinde einen Verzicht nahelegen, z. B. den Verzicht auf Industrieansiedlung, auf eine stärkere Bebauung im Naherholungsgebiet, auf einen Anschluß an eine regionale Straße im Interesse einer höheren Leistungsfähigkeit[60].

Wenn es bei der heutigen Rechtslage den Planungsgemeinschaften nicht gelingt, die Gemeinden zu überzeugen, dann halten sie sich nicht an die regionalen Ziele. Eben weil die Planungsgemeinschaften nur „gut zureden" können, hängt ihre Wirkungsmöglichkeit stark von der Aufgeschlossenheit der Mitglieder in den Planungsgremien, speziell der Landräte, und der Persönlichkeit des Geschäftsführers bzw. Planers ab.

---

[58] In der Diskussion auf der Regionalplanertagung am 28. November 1966 in Kirchzarten wurde von den Vertretern der Planungsgemeinschaften die Auffassung vertreten, daß die Ziele der Regionalpläne bei der gegebenen Rechtssituation der Planungsgemeinschaften, also ohne Einschränkung der Kompetenzen der Gemeinden, nicht verwirklicht werden können. Vgl. Innenministerium Baden-Württemberg (Hrsg.): Rundbrief Nr. 3 für die Landesplanung in Baden-Württemberg, a.a.O., S. 8 f.

[59] Ausspruch eines Landesplaners im Innenministerium Baden-Württemberg.

[60] Die Erfahrungen der Planungsgemeinschaften gehen dahin, daß, falls sie Empfehlungen im Regionalplan bzw. in Stellungnahmen bezüglich einer Konzentration von Industrie, Dienstleistungen, Wohngebieten, Naherholungsgebieten u. a. aussprechen, die Bürgermeister auf ihre Planungskompetenz verweisen und nicht bereit sind, regionale Ziele als Grundlage ihrer Planungen zu akzeptieren.

Eine indirekte Möglichkeit, regionale Ziele gegenüber den Gemeinden durchzusetzen, besteht in der Einflußnahme auf die Institutionen der Kommunalaufsicht (Regierungspräsidien) bei der Genehmigung der Flächennutzungspläne. „In der Praxis erweist sich jedoch bei der Verabschiedung vorbereitender Bauleitplanungen immer wieder, daß die Aufsichtsbehörden selten bereit sind, selbst unerhebliche regionalpolitische Planungsvorstellungen bei den Gemeinden durchzusetzen"[61], etwa bei der Freihaltung von Trassen für Ortsumgehungsstraßen, der Ausweisung von Baugelände in Entwicklungsachsen mit hinreichend hohen Dichteziffern von 100—200 Einwohner pro ha oder der Konzentration von Versorgungseinrichtungen auf den jeweiligen zentralen Ort[62, 63]. Die Planungsgemeinschaften müßten organisatorisch in den Genehmigungsvorgang bei den Flächennutzungsplänen eingeschaltet werden. Eine Beteiligung an den Behördenterminen, die heute bei einzelnen Planungsgemeinschaften erfolgt, dürfte kaum ausreichen, da die Entscheidungen zu diesem Zeitpunkt bereits getroffen sind.

Wie ungesichert die Einflußnahme der Planungsgemeinschaften auf die kommunale Planung ist, zeigt die Erfahrung, daß bei Meinungsverschiedenheiten zwischen dem Regierungspräsidium und einer Gemeinde über die Konformität der Bauleitplanung mit regionalen Zielen, der betreffende Landrat oft nicht akzeptiert, daß der Vorsitzende der Planungsgemeinschaft — meist auch ein Landrat — zur Interpretation der regionalen Ziele herangezogen wird[64].

Die Gründung von Planungsverbänden zur interkommunalen Bauleitplanung ist als Erfolg der Planungsgemeinschaften anzusehen; sie haben sicherlich die Zusammenarbeit der Gemeinden auf dem Gebiete der Bauleitplanung gefördert. Als Instrumente zur Verwirklichung regionaler Planziele sind sie heute jedoch *nur begrenzt* geeignet. Die Erfahrung der Regionalplaner ist, daß das Hauptziel der Planungsverbände unter raumordnungspolitischem Aspekt, eine Konzentration öffentlicher Versorgungseinrichtungen auf den zentralen Ort des Verflechtungsbereiches, eine Konzentration der Industrieflächen und eine Ausweisung von Wohngebieten unabhängig von den Gemarkungsgrenzen, *nur selten* erreicht wird[65].

---

[61] V. v. *Malchus:* Planungsgemeinschaft Breisgau, a.a.O., S. 17.
[62] Vgl. ebenda, S. 17.
[63] Die Planer der Regierungspräsidien weisen allerdings darauf hin, daß die Ziele in den Regionalplänen in der Regel so wenig konkretisiert sind, daß bei der Genehmigung der Flächennutzungspläne gar nicht festgestellt werden kann, ob eine kommunale Planung plankonform ist, oder nicht.
[64] Nach einer Auskunft des Regierungspräsidiums Tübingen.
[65] Vgl. dazu V. Frhr. v. *Malchus:* Zehn Jahre Planungsgemeinschaft Breisgau, a.a.O., S. 22.

II. Die Koordinationsfunktion der Planungsgemeinschaften

Die Planungsgemeinschaften sind bei der heute bestehenden mangelnden Koordinationsbereitschaft der Gemeinden und Gemeindeverbände *nicht* in der Lage, regionale Ziele, die allokationspolitische Entscheidungen enthalten, durchzusetzen. Sie können ihre *Funktion der vertikalen Koordination zwischen Landesplanung und kommunaler Planung wie der interkommunalen Koordination nur ungenügend erfüllen.* Es besteht daher die Notwendigkeit, die rechtlich-organisatorische Struktur der Planungsgemeinschaften zu ändern und ihre Kompetenzen zur Durchsetzung regionaler Ziele gegenüber den Gemeinden zu erweitern. Als entscheidende Aspekte seien dazu herausgestellt:

(1) Die Ziele der Regionalpläne müßten für die Gemeinden verbindlich sein, (2) die Planungsgemeinschaften müßten die Kompetenz zur Genehmigung von Flächennutzungsplänen der Gemeinden haben, bzw. organisatorisch (institutionell) gesichert in das Genehmigungsverfahren einbezogen werden und (3) einen gesicherten Einfluß (Mitspracherecht) auf die Verteilung staatlicher Zuschüsse für kommunale Infrastrukturinvestitionen und zur Förderung der Industrieansiedlung haben.

c) Die Planungsgemeinschaften als Instrument des kommunalen Interessenausgleichs

Kommunaler Interessenausgleich als Aufgabe der Planungsgemeinschaften ist zu verrichten im Hinblick auf die regionale Willensbildung (Formulierung regionaler Ziele, Vertretung der Region gegenüber Landesplanung und Fachplanung), aber auch bei der interkommunalen Abstimmung zur Durchsetzung der regionalen Ziele, etwa im Stadt-Umland-Bereich, wo planerische Entscheidungen auf rein kommunaler Basis oft als Fehlentscheidungen angesehen werden müssen. Die Schwierigkeit besteht darin, daß Koordinierung im kommunalen Bereich wegen der divergierenden Interessen *in der Regel Kompromißlösungen* impliziert, d. h. mit gradueller Zielerreichung, teilweise sogar mit Verzicht auf Förderungsmittel und eigene Entwicklung bzw. Einengung auf eine bestimmte Funktion (Erholungsgebiet, Wohngemeinde), verbunden ist[66]. Damit wird der Kompromiß zwischen den divergierenden Interessen und Zielen der Mitglieder zum entscheidenden Problem und zur Aufgabe, die die Planungsgemeinschaften zu lösen haben; sie ist nur dann erfüllbar, wenn bei den Mitgliedern der Planungsgemeinschaften

---

[66] Das zentrale Problem einer sinnvollen Regionalplanung wie Planung im Nahbereich besteht gerade darin, daß sie die Region als Ganzes bzw. den Nahbereich fördert, während Teilgebiete u. U. in ihren Entwicklungschancen gehemmt werden bzw. dazu angehalten, ihre Entwicklungsmöglichkeiten (Industrieansiedlung, Infrastrukturausbau) nicht voll auszuschöpfen.

die Bereitschaft zu einer graduellen Verwirklichung örtlicher Ziele vorhanden ist.

Die Koordinationsbereitschaft unter den Mitgliedern der Planungsgemeinschaften ist heute noch sehr begrenzt; die Planungsgemeinschaften werden auch nicht überall als *Institution des kommunalen Interessenausgleichs* anerkannt[67, 68]. Die Erfahrungen in den Planungsgemeinschaften hinsichtlich der Möglichkeit, einen Interessenausgleich herbeizuführen, lassen sich in drei typischen Situationen zusammenfassen. Wenn *alle* Mitglieder der Planungsgemeinschaft von einer Maßnahme einen Vorteil haben, dann einigt man sich im Rahmen der Planungsgemeinschaft und vertritt diese Meinung auch nach außen. So etwa, wenn es gilt, die Stillegung einer Eisenbahnlinie zu verhindern oder eine bessere Verkehrserschließung für den Raum zu fordern[69, 70]. Falls nur Teile der Region einen Vorteil und andere einen Nachteil haben — etwa bei der Festlegung eines zentralen Ortes oder wenn es gilt, eine Straßentrasse zu lokalisieren —, dann stehen die Unteressen gegeneinander und im Rahmen der Planungsgemeinschaft wird meist *kein Kompromiß gefunden,* der dann als regionale Vorstellung gegenüber dem Land und den Gemeinden vertreten wird[71]. Bei starken Interessengegensätzen zwischen Landkreisen und/oder Gemeinden besteht die Tendenz, die Planungsgemeinschaft nicht als Forum der Aussprache und des Interessenclearings zu akzeptieren; man verhandelt bilateral mit der Landesplanung und den Fachbehörden.

---

[67] Siehe dazu auch S. 121 dieser Arbeit.

[68] Die Stadt Freiburg und 13 Umlandgemeinden haben 1966 eine Vereinbarung zur Koordinierung gemeinsamer Planungsinteressen (Flächennutzungsplan, Straßenbau, Abwasser, Energie) getroffen, die für Konfliktfälle die Planungsgemeinschaft als neutrale gutachterliche Beratungsstelle vorsieht. Vgl. H. *Evers,* a.a.O., S. 53 f. In anderen Gebieten, so z. B. im Raum Donau-Iller-Blau, tritt die Planungsstelle als neutraler Mittler bei Interessengegensätzen der Kommunen auf, ohne dazu legitimiert zu sein, es handelt sich daher nur um informelle Aktivitäten. Nach Auskunft der Planungsgemeinschaft Donau-Iller-Blau.

[69] Daher entfalten die Planungsgemeinschaften in der Frage der großräumigen Verkehrserschließung auch ihre stärksten Aktivitäten.

[70] Man einigt sich im Rahmen der Planungsgemeinschaft, „wenn es gilt, gut im Kampf um die Anteile am Kuchen abzuschneiden, schwieriger wird es schon, diese Anteile in der Region zu verteilen". Ausspruch eines Landesplaners.

[71] Als ein Beispiel sei hier auf den Konflikt in der Planungsgemeinschaft Nördlicher Schwarzwald bei der Festlegung der Linienführung der geplanten Autobahn zur Entlastung der Strecke Karlsruhe—Stuttgart hingewiesen. Hinsichtlich der Trassenführung bestanden eine nördliche und eine südliche Alternative, die von der Stadt Pforzheim bzw. dem Landkreis Calw vertreten wurde. Man konnte sich im Rahmen der Planungsgemeinschaft nicht auf eine Alternative einigen, so daß die Planungsstelle beide Alternativen in den Regionalplan aufnahm und als vernünftige Lösungen zu stützen versucht.

II. Die Koordinationsfunktion der Planungsgemeinschaften

Die Planungsgemeinschaften werden von ihren Mitgliedern vielfach noch nicht als Institution angesehen, die bei übergeordneten Planungsproblemen als *Planungs-, Koordinations-* und *Clearingstelle* eingeschaltet werden muß und der geeignete Rahmen ist, um etwa eine regionale Infrastrukturplanung durchzuführen mit dem Ziel, zu Ergebnissen zu kommen, d. h. auch gemeinsame Aktionen auf die Planentwürfe folgen zu lassen[72].

Ungesichert ist auch die Position der Planungsgemeinschaften bei der interkommunalen Koordination. Wenn stärkere Konflikte auftreten bzw. die Gemeinden befürchten, durch die Aktivitäten der Planungsgemeinschaften in ihrer Planungshoheit beeinträchtigt zu werden, lehnen sie im allgemeinen eine Mitarbeit ab. Die Fälle sind zahlreich, in denen die Planungsgemeinschaften zunächst einen Ansatz zur interkommunalen Planabstimmung gemacht haben, bei sichtbar werdenden *Ziel- und Interessenkonflikten* zwischen benachbarten Gemeinden wurde die Vermittlung der Planungsgemeinschaft dann jedoch abgelehnt, so daß ein Interessenclearing nicht stattfand.

Im Gebiet der Planungsgemeinschaft Westlicher Bodensee-Linzgau-Hegau bildet der Verdichtungsraum Singen — Radolfzell den wirtschaftlichen Entwicklungsschwerpunkt mit starken Verflechtungen. Die betroffenen Gemeinden wollten daher die bestehenden Flächennutzungspläne über die Planungsgemeinschaft koordinieren. Vorarbeiten zeigten zahlreiche Widersprüche zwischen den einzelnen Flächennutzungsplänen auf; eine einheitliche Konzeption für den Raum bestand nicht. Die Planungsgemeinschaft hat daher mit den betroffenen Flächennutzungsplanern eine Konzeption erarbeitet, die auch die Zustimmung der Bürgermeister und Gemeinderäte fand. Als dann allerdings die Flächennutzungspläne der Gemeinden abgeändert werden sollten, haben sich die zentralen und finanzstarken Städte Singen und Radolfzell auf ihre Planungshoheit berufen und den Standpunkt vertreten, daß eine Abstimmung zwar erforderlich sei, jedoch nur derart erfolgen könne, daß die Umlandgemeinden sich an die Flächennutzungspläne der zentralen Städte anpassen[73].

---

[72] Das Bedürfnis ist zwar in den meisten Planungsgemeinschaften vorhanden, überörtliche Planungsprobleme in einer anderen Konstellation zu diskutieren, als es von der Verwaltungsgliederung her gegeben ist. Das Bewußtsein jedoch, daß man ein einheitlicher Raum ist, für den möglichst auf allen Gebieten gemeinsam geplant und entschieden werden sollte, auf denen es öffentliche Investitionen von überörtlicher Bedeutung zu tätigen gilt, ist nicht vorhanden.

[73] Nach einer Auskunft der Planungsgemeinschaft Westlicher Bodensee-Linzgau-Hegau. Allgemein kann festgestellt werden, daß unter den Mitgliedern der Planungsgemeinschaften das Bewußtsein, daß Kompromisse zur Abstimmung der kommunalen Planungen notwendig sind, noch wenig verbreitet ist. Koordination wird selten als Inrechnungstellen der Interessen der

Da es jedem Mitglied der Planungsgemeinschaft freisteht, ob es sich an die vom Vorstand bzw. der Mitgliederversammlung gefaßten Resolutionen hält, besteht die Tendenz, nur solche Projekte zu bearbeiten, über die *weitgehende Interessenharmonie* besteht — was in der Regel davon abhängt, ob eine gemeinsame Planung und ein gemeinsames Vorgehen für *alle* Mitglieder finanzielle Vorteile erhoffen läßt —, so daß über sie einstimmig beschlossen werden kann[74]. Das führt jedoch dazu, daß *viele notwendige Aufgaben und Entscheidungen von regionaler Bedeutung nicht gelöst bzw. getroffen werden.*

Die Planungsgemeinschaften treten wegen ihrer mangelnden Kompetenzen und schwachen Rechtskonstruktion nur sehr begrenzt als Institution des Interessenausgleichs im kommunalen Bereich in Erscheinung. Heute besteht die Tendenz, daß entweder konfliktreiche Themen (z. B. die Festlegung von Mittelpunktgemeinden und Schulstandorten) nicht im Rahmen der Planungsgemeinschaft behandelt werden, oder durch die Unmöglichkeit, zentrale Konflikte unter den Mitgliedern zu lösen, werden auch wesentliche Teile der Planungsarbeit auf weniger konfliktreichen Gebieten blockiert[75]. Die Folge der sehr begrenzten Möglichkeiten der interkommunalen Koordination und der regionalen Kompromisse ist, daß die regionalen Planungsgemeinschaften sich auf die Entwicklung *(„Produktion")* großräumiger Planungsvorstellungen konzentrieren, die allen Mitgliedern Vorteile versprechen, und damit zusammenhängend auf die *Interessenvertretung nach außen*[76].

3. Die Koordination mit staatlichen Fachplanungsträgern

Fachplanungen sind nur im Rahmen einer Gesamtkonzeption für die Region zu beurteilen. Sie lassen sich in ihrer Wirkung steigern, wenn

---

Nachbargemeinden — etwa bei der Flächennutzungsplanung — aufgefaßt, sondern meistens als eigene autonome Planung, an die sich die anderen anpassen können.

[74] So wurden z. B. in der Planungsgemeinschaft Donau-Iller-Blau bisher nur einstimmige Beschlüsse gefaßt, obwohl die Satzung Mehrheitsbeschlüsse zuläßt; über konfliktreiche Themen wurde bisher nicht abgestimmt. Da die Bürgermeister und Landräte in den Gremien der Planungsgemeinschaft meistens als Vertreter örtlicher Interessen votierten, klammert man kontroverse Punkte und Abstimmungen darüber aus.

[75] Die ungelöste Frage des Oberzentrums im Raum Aalen und die Festlegung der Mittelpunktgemeinden bringt so viel Konfliktstoff in die Planungsgemeinschaft Württemberg-Ost, daß deren Arbeit weitgehend gelähmt wird. Nach Auskunft der Planungsgemeinschaft Württemberg-Ost.

[76] Der Leiter der Landesplanungsstelle im Innenministerium hat aus aktuellem Anlaß warnend darauf hingewiesen, daß die Planungsgemeinschaften erkennen müssen, „daß ihre Wirksamkeit sich aufhebt, wenn die Mitglieder gegeneinander arbeiten oder miteinander nur den Vorteil ihrer Region gegenüber anderen Regionen durchsetzen wollen". G. *Ziegler:* Raumordnung im regionalen Rahmen (Referat), in: Die Gemeinde als Träger von Aufgaben der Landesplanung und Raumordnung, Heft 3 der Planungsgemeinschaft Hochrhein, Säckingen 1958, S. 7.

II. Die Koordinationsfunktion der Planungsgemeinschaften

sie untereinander und mit dem Siedlungskonzept der Planungsgemeinschaften abgestimmt sind. Da die staatlichen Fachpläne zugleich Durchführungspläne sind, besteht für die Planungsgemeinschaften in der Einflußnahme auf sie — neben der Einflußnahme auf die kommunalen Pläne — die Möglichkeit, regionale Ziele zu realisieren[1]. Eine Abstimmung zwischen dem Regionalplan der Planungsgemeinschaft und staatlichen Fachplänen ist erforderlich, da durch die vorhandenen Fachpläne in Baden-Württemberg, etwa den Schulentwicklungsplan I und II, den Krankenhausplan, den Generalverkehrsplan und die landwirtschaftlichen Anpassungsprogramme, Entscheidungen über die räumliche Verteilung der Infrastruktur getroffen werden, die für die Entwicklung der Planungsräume der Planungsgemeinschaften von großer Bedeutung sind. Die Koordinierung der fachlichen Ziele und Maßnahmen ist als überfachliche Aufgabe anzusehen, die nicht bilateral zwischen einzelnen Fachplanungsträgern erfolgen kann; eine Möglichkeit, diese Abstimmung vorzunehmen — soweit sie nicht schon durch die staatliche Landesplanung erfolgt —, ist durch die Planungsgemeinschaften gegeben[2]. Von den Regionalplanern wird allgemein darauf hingewiesen, daß in Baden-Württemberg die Notwendigkeit besteht, eine wirksame Koordination zwischen den einzelnen Fachplänen herbeizuführen.

Die heutigen Regionalpläne eignen sich wegen der unzureichenden Konkretisierung der regionalen Ziele und der in der Regel nicht vorhandenen allokationspolitischen Entscheidungen *nur begrenzt* als Basis für eine Koordinierung der Fachpläne. Hingewiesen sei nur auf das Problem der Festlegung des Netzes der zentralen Orte auf der untersten Stufe (Mittelpunktgemeinden) durch die Planungsgemeinschaften[3]. Zentrale Orte dienen als Fixpunkte für die Koordinierung der staatlichen Infrastrukturpläne (Verkehrspläne, Schulstandorte, Krankenhausstandorte u. a.)[4], die dadurch erschwert wird, daß in den Regionalplänen

---

[1] Die Koordination mit staatlichen Fachplanungsträgern soll hier einer besonderen Betrachtung unterzogen werden, da die Probleme zum Teil anders geartet sind, als bei der Einflußnahme der Planungsgemeinschaften auf kommunale Infrastrukturpläne.

[2] Aufgabe der staatlichen Landesplanung ist es, dafür zu sorgen, daß sich die Fachplanungen (besonders staatliche Infrastrukturpläne) in das Konzept des Landesentwicklungsplans einpassen. Die Abstimmung der Fachpläne mit den raumordnungspolitischen Zielen der Regionalpläne, soweit diese konkreter als die Landespläne sind, sollte auch Aufgabe der Planungsgemeinschaften sein.

[3] Vgl. dazu die Ausführungen über die „Inflation" der zentralen Orte und Entwicklungsachsen in den Regionalplänen, S. 102 f. dieser Arbeit.

[4] Im Landesentwicklungsplan wird z. B. gefordert, daß die Standorte der Bildungseinrichtungen (Nachbarschaftsschulen, Realschulen, Gymnasien, Sonderschulen, Berufsschulen u. a.) auf das Netz der zentralen Orte abzustimmen sind. Eine Konzentration der Bildungseinrichtungen besonders im ländlichen Raum ist erforderlich, damit die Ziele der Wirtschaftlichkeit der

die Mittelpunktgemeinden entweder noch nicht festgelegt sind oder in einer Anzahl, die über das in den angegebenen Zeiträumen Realisierbare weit hinausgeht. Die Tendenz der Planungsgemeinschaften, nicht realisierbare Ziele für einzelne Fachbereiche (Forderungen an staatliche Fachplanungsträger) in die Regionalpläne aufzunehmen, erschwert zumindest eine Koordination bei konkreten Projekten; sie fördert die Tendenz, Fachplanungen nicht vor dem Hintergrund der regionalen Konzeption zu beurteilen, sondern unter dem Aspekt, *möglichst viele* Infrastrukturinvestitionen im Planungsgebiet zu realisieren.

Kontakte zu den Fachplanungsträgern im Sinne eines Informationsaustausches werden von allen Planungsgemeinschaften gepflegt. Die Planungsgemeinschaften versorgen die staatlichen Fachplanungsträger mit statistischen Unterlagen (Strukturdaten und Prognosewerten) und dienen als *Kontaktstelle* und *regionaler Gesprächspartner*. Fachbehörden werden in der Regel mit dem Ziel der Koordination zu den Beratungen des Regionalplans bzw. einzelner fachlicher Ziele herangezogen. Andererseits nehmen die Planungsgemeinschaften an Behördenterminen zu staatlichen Fachplanungen teil.

Das Problem besteht jedoch darin, daß die Abstimmung und Zusammenarbeit zwischen Regionalplanung und Fachplanung nicht rechtlich und organisatorisch gesichert ist[5]. Das führt dazu, daß die Planungsgemeinschaften je nach der aktuellen Situation zu den staatlichen Fachplanungen gehört oder von einer Mitarbeit ausgeschlossen werden. Die Koordinationserfolge sind daher unterschiedlich von Planungsgemeinschaft zu Planungsgemeinschaft und differieren mit dem jeweiligen Fachplanungsträger. Differenzen zwischen den Planungsgemeinschaften sind u. a. bedingt durch den unterschiedlichen Planungsstand, die personelle Besetzung der Planungsstelle und die Intensität der Bemühungen der Planungsgemeinschaften[6]. Allgemein leidet die Abstimmung

---

Nutzung und der allseitig guten Erreichbarkeit erfüllt werden können. Vgl. Innenministerium Baden-Württemberg (Hrsg.): Entwurf des Landesentwicklungsplans Baden-Württemberg, a.a.O., S. 156 f.

[5] Zu dem Komplex der unzulänglichen organisatorischen Sicherung der Koordination zwischen Regionalplanung und Fachplanung gehört auch, daß die Planungsgemeinschaften nicht in die Informationskette der Fachplanungsbehörden eingereiht sind, was eine Koordination im Entstehungsstadium der Fachpläne, wenn regionale Aspekte noch leichter zu berücksichtigen sind, da die Pläne noch nicht im „Kreuzfeuer" der kommunalen Interessen stehen, in der Regel verhindert.

[6] Als Beispiel sei auf die umfangreichen Aktivitäten der Planungsgemeinschaft Breisgau verwiesen, die auf den Gebieten der Verkehrsinfrastruktur, Wirtschaftsstruktur, Wasserwirtschaft, Landespflege, Bildungsplanung, Sozialplanung u. a. eigne Untersuchungen durchgeführt und mit staatlichen Planungsstellen zusammengearbeitet hat. Vgl. *V. Frhr. v. Malchus*: Zehn Jahre Planungsgemeinschaft Breisgau, a.a.O., S. 23 ff.

II. Die Koordinationsfunktion der Planungsgemeinschaften

mit den Fachplanungsträgern darunter, daß die Planungsstellen der Planungsgemeinschaften personell und fachlich unzulänglich besetzt sind und daher Schwierigkeiten haben, eigene fundierte Vorstellungen (besonders in kürzeren Fristen) zu erarbeiten.

Eine organisatorisch gesicherte Zusammenarbeit mit staatlichen Fachplanungsträgern ergibt sich im Rahmen der Gruppenflächennutzungspläne der Planungsgemeinschaft Nördlicher Schwarzwald. Die betroffenen Fachplanungsträger müssen bei Behördenterminen zu den Gruppenflächennutzungsplänen Stellung nehmen und sich in das Gesamtkonzept mit ihrer Planung einpassen. Diese Gruppenflächennutzungspläne werden von der Planungsgemeinschaft als Teil des Regionalplans angesehen[7].

Eine relativ intensive Zusammenarbeit erfolgt mit den Straßenbaubehörden, da die Frage der Verkehrserschließung ein zentrales Ordnungs- bzw. Entwicklungsproblem darstellt und man sich in den Planungsgemeinschaften am ehesten über Projekte einigt, die *allen oder doch möglichst vielen Mitgliedern* zugute kommen.

Daß die Planungsgemeinschaften, falls sie intern eine einheitliche Meinung gebildet haben und diese geschlossen nach außen vertreten, auch Einfluß auf die staatlichen Fachplanungen haben (die Planungskompetenz der Gemeinden und Gemeindeverbände steht dann hinter den Planungsgemeinschaften), zeigt etwa der Erfolg der Planungsgemeinschaft Schwarzwald-Baar-Heuberg bei der Planung der Autobahn Stuttgart—Westlicher Bodensee. Durch Initiative der Planungsgemeinschaft wurde die Trassenführung weiter nach Westen verschoben und die zeitliche Planung beeinflußt, außerdem konnten einige Zubringer zusätzlich durchgesetzt werden[8].

Das Problem der mangelnden Planungs- und Koordinationskompetenz der Planungsgemeinschaften besteht aber auch hier; bei der Erarbeitung des Schulentwicklungsplans I hat sich deutlich gezeigt, wie ungesichert letztlich die Koordination zwischen Regionalplanung und Fachplanung ist. Einige Planungsgemeinschaften wurden zur Mitarbeit an diesem unter raumordnungspolitischen Aspekten wichtigen Planwerk herangezogen, so daß ein Landesplaner die Meinung vertreten hat: „Die intensive Mitarbeit der regionalen Planungsgemeinschaften hat sich, soweit ich die Dinge übersehe, hervorragend bewährt und vielfach maßgebend dazu beigetragen, örtliche und regionale Meinungsverschiedenheiten auszugleichen[9]."

---

[7] Nach Auskunft der Planungsgemeinschaft Nördlicher Schwarzwald.
[8] Nach Auskunft der Planungsgemeinschaft Schwarzwald-Baar-Heuberg.
[9] *H. Reiff*: Zentralörtliche Gliederung, a.a.O., S. 77.

Als sehr positiv wird die Zusammenarbeit mit dem Kultusministerium bei der Schulplanung auch von der Planungsgemeinschaft Rems-Murr bezeichnet. Der Landkreis Waiblingen als Testkreis für die Schulplanung hat die Planungsgemeinschaft beauftragt, eine Studie über die Standorte der Hauptschulen und Gymnasien zu erarbeiten. Die Planungsgemeinschaft Rems-Murr hat bei den Standortempfehlungen weitgehend die örtlichen Wünsche vertreten („wir waren Anwalt der Gemeinden")[10], was sicherlich eine Voraussetzung dafür war, daß die Arbeit als erfolgreich bezeichnet wurde. Ganz anders etwa in den Planungsgemeinschaften Hochrhein, Westlicher Bodensee-Linzgau-Hegau und Mittelbaden, wo die Planungsgemeinschaften von den Beratungen über den Schulentwicklungsplan mit dem Hinweis ausgeschlossen wurden, daß die Festlegung von Schulstandorten nicht Aufgabe der Planungsgemeinschaft sei. So faßte der Vorstand der Planungsgemeinschaft Mittelbaden auf Betreiben der Landräte und einzelner Gemeinden den Beschluß, daß die Planungsgemeinschaft an der Diskussion über die Festlegung der Schulstandorte für Hauptschulen und Gymnasien nicht zu beteiligen sei. Das Motiv war dabei, daß man sich im Rahmen der Planungsgemeinschaft nicht auf bestimmte Schulstandorte einigen konnte und einzelne Gemeinden und Landkreise sich von bilateralen Verhandlungen mit dem Kultusministerium eher eine Durchsetzung örtlicher Vorstellungen erhofften[11].

Je nach Interessenlage der Gemeinden und Gemeindeverbände, d. h. ob man sich durch Heranziehung der Planungsgemeinschaft eher eine Durchsetzung örtlicher Vorstellungen erhofft, beteiligen sich die Planungsgemeinschaften an regional bedeutsamen Planungen oder werden von einer Mitarbeit ausgeschlossen. Da die Planungsgemeinschaften keine Planungsträger sind (keine Planungskompetenz haben), werden sie von den Fachplanungsträgern nur dann als Verhandlungspartner akzeptiert und ihre Zielvorstellungen berücksichtigt, wenn die *Interessen ihrer Mitglieder gleichgerichtet sind,* d. h. wenn das von der Planungsgemeinschaft erarbeitete Konzept von möglichst allen Gemeinden vertreten wird. Sobald die Gemeinden nicht einer Meinung sind, gilt das von der Planungsgemeinschaft erarbeitete und vom Vorstand gebilligte Konzept überhaupt nichts, die Probleme werden dann bilateral zwischen den Gemeinden und den Fachplanungsträgern geklärt[12]. Da regionale Konzeptionen wohl immer einzelne Gemeinden benachteiligen müssen und Kompromißlösungen darstellen, deutet das auf einen

---

[10] Nach Auskunft der Planungsgemeinschaft Rems-Murr.
[11] Nach Auskunft der Planungsgemeinschaft Mittelbaden.
[12] Nach einer Auskunft der Planungsgemeinschaft Westlicher Bodensee-Linzgau-Hegau.

II. Die Koordinationsfunktion der Planungsgemeinschaften

entscheidenden Funktionsmangel der regionalen Planungsgemeinschaften und der raumordnungspolitischen Willensbildung hin[13].

4. Die Abstimmung mit privaten Planungs- und Entscheidungsträgern

Die Aktivitäten der Planungsgemeinschaften mit dem Ziel, eine Abstimmung zwischen Regionalplan bzw. regionalen Zielvorstellungen und den Entscheidungen Privater (der Bevölkerung, speziell: privater Unternehmungen) herbeizuführen, sind unterschiedlich je nach Planungsstand und Problemlage in den einzelnen Regionen; sie beschränken sich generell auf informative Tätigkeiten und haben besonders in den älteren und relativ gefestigten Planungsgemeinschaften einige sinnvolle Ansatzpunkte aufgezeigt.

Der *Öffentlichkeitsarbeit* im Sinne einer Aufklärung der Bevölkerung im Planungsgebiet über die aktuelle Problemsituation, die angestrebten Ziele und die notwendigen Maßnahmen, wird von allen Planungsgemeinschaften Beachtung geschenkt[1]. Die privatrechtlich organisierten Planungsgemeinschaften eignen sich für diese Aufgabe besonders gut, da sie von der Organisation her flexibel sind und weitgehend unabhängig von „bürokratischem" Denken. Speziell die Planungsgemeinschaften in ländlichen Gebieten haben in eigenen Publikationen, durch öffentliche Vortragstätigkeit, Presseberichte u. a. auf allgemeine Strukturschwächen und die Rückständigkeit ihres Planungsgebietes mit dem Ziel hingewiesen, regionale und überregionale Aktivitäten zu ihrer Beseitigung zu mobilisieren.

Vergleichsweise intensiv wird die Öffentlichkeitsarbeit in der Planungsgemeinschaft Mittelbaden betrieben. Man geht davon aus, daß eine Regionalplanung mit dem Willen der Bevölkerung in Übereinstim-

---

[13] Abgesehen von anderen Hemmnissen sind einige Konfliktpunkte zwischen Regionalplanung und Fachplanung sachlich bedingt. Etwa dadurch, daß die Fachplanungsträger primär sektorale Ziele verfolgen, ein unterschiedlicher Zeithorizont bei Regional- und Fachplanung besteht, und Fachplanungen vielfach zur ex-post-Orientierung tendieren (Behebung aktueller Notstände), während sinnvolle Regionalplanung als regionale Strukturplanung Entwicklungsverläufe beeinflussen will.

[1] Auf die Bedeutung der Öffentlichkeitsarbeit als Mittel der Raumordnungspolitik hat Olsen hingewiesen. Er vertritt die Meinung, daß durch eine gezielte Öffentlichkeitsarbeit Steuerungseffekte zu erzielen seien, etwa bei der Durchsetzung von Forderungen des Natur- und Landschaftsschutzes, der Favourisierung von Verkehrswegen, Wohn- und Industriegebieten und der Verhütung von Raumschäden, die sonst nur durch Gebote oder Verbote zu erreichen sind. Die Tätigkeit der Planungsgemeinschaften auf dem Gebiete der Öffentlichkeitsarbeit wird als Besonderheit deutlich, wenn man sie mit der These von Olsen konfrontiert: „Eine wirklich intensive und gezielte Öffentlichkeitsarbeit als bewußt eingesetztes raumordnungspolitisches Mittel hat es ... bislang kaum gegeben." K. H. *Olsen:* Die raumordnungspolitischen Mittel, Raumforschung und Raumordnung, 22. Jg. (1964), H. 3/4, S. 231.

3. Teil: Darstellung und Würdigung der Funktionen

mung stehen sollte, und leitet daraus die Aufgabe der Planungsgemeinschaft ab, die Bevölkerung planungsbewußt zu machen, die öffentliche Meinungsbildung zu fördern und die Bevölkerung an den Planungsproblemen zu beteiligen, um so zugleich eine *Kontrolle der raumordnungspolitischen Zielsetzungen* zu erhalten[2].

Die Aktivitäten der Planungsgemeinschaften auf dem Gebiete der Öffentlichkeitsarbeit zeigen zugleich, daß ihre Bedeutung über den engeren Bereich der Raumordnungspolitik hinausgeht. Indirekt versuchen die Regionalplaner durch die Öffentlichkeitsarbeit (Aktivierung der öffentlichen Meinung) auch einen Zwang auf die kommunalen Entscheidungsträger auszuüben, raumordnungspolitische Vorstellungen der Planungsgemeinschaften stärker in ihrer Planung zu berücksichtigen. Allerdings wäre für einen gezielten Einsatz der Öffentlichkeitsarbeit in diesem Sinne ein unabhängiger Status der Planungsgemeinschaften erforderlich.

Neben dieser allgemeinen Meinungsbildungs- und Aufklärungsarbeit steht bei einigen Planungsgemeinschaften die als informelle und sporadische Tätigkeit der Regionalplaner anzusehende Information und Beratung privater Industrieunternehmen, Versorgungsunternehmen, Wohnungsbaugesellschaften und Handelsketten. Private Entscheidungsträger sind an die Regionalpläne nicht gebunden, sie nehmen jedoch manchmal die Planungsstellen für eine Interpretation der Planziele und der Entwicklungstendenzen in Anspruch. Besonders kleine und mittlere Industriebetriebe lassen sich durch die Planungsgemeinschaften über Standortbedingungen, die Arbeitsmarktsituation, die zukünftige Bevölkerungsentwicklung und den beabsichtigten Ausbau der Infrastruktur informieren[3, 4].

---

[2] Die Planungsgemeinschaft Mittelbaden hat zur Förderung der öffentlichen Meinungsbildung u. a. Filme über einen Modellplan für die neue Stadt Kehl-Offenburg und die Funktionen der kleineren Gemeinden in der Region erstellt. Durch ihre Aktivitäten auf dem Gebiete der Öffentlichkeitsarbeit hat die Planungsgemeinschaft Mittelbaden auch die Anregung für einen Forschungsauftrag des Innenministeriums mit der Themenstellung: „Methoden zur Beteiligung der Bevölkerung an der regionalen Bereichsplanung" gegeben. Die dabei zu behandelnden, an der Situation in Mittelbaden orientierten Aspekte zeigen zugleich Probleme der Öffentlichkeitsarbeit auf:
(1) Gewinnung eines repräsentativen Querschnitts der Bevölkerung als Gesprächspartner der regionalen Bereichsplanung, (2) Mittel und Wege der Information der Bevölkerung über Wesen und Aufgaben der Raumplanung und konkrete Entwicklungsprobleme, (3) Gewinnung öffentlich diskutierbarer alternativer Entwicklungsvorschläge für regionale Bereiche, (4) Methoden der öffentlichen Diskussion über alternative Entwicklungsvorschläge, (5) Nutzbarmachung der Ergebnisse der öffentlichen Diskussion für die Planung und raumordnungspolitische Entscheidungen. Vgl. Innenministerium Baden-Württemberg (Hrsg.), Rundbrief Nr. 11 für die Landesplanung in Baden-Württemberg, Jan. 1970, S. 2 f., Hektographie.

[3] Die Planungsstelle der Planungsgemeinschaft Donau-Iller-Blau z. B. gibt den ansiedlungswilligen Betrieben allgemeine Empfehlungen mit Hinweis

II. Die Koordinationsfunktion der Planungsgemeinschaften

Den Planungsgemeinschaften sind jedoch auch bei ihrer Informationstätigkeit heute Grenzen gesetzt — besonders bezüglich der Beratung ansiedlungswilliger Industriebetriebe —, die aus der Furcht der Gemeinden resultieren, die Planungsgemeinschaften könnten aus regionaler Sicht andere Standorte vorschlagen und damit die einzelne Gemeinde in ihrem Aktionsspielraum einengen. So hat z. B. die Planungsstelle der Planungsgemeinschaft Hochrhein Unterlagen über die Preise der Industrieflächen (mit und ohne Erschließungskosten) im Planungsgebiet gesammelt; sie durfte jedoch diese für eine Objektivierung der Standortentscheidungen notwendigen Informationen nicht in Kartenform veröffentlichen, da die Landräte und Bürgermeister zu viel Transparenz nicht wünschten und mit den Industriebetrieben von Fall zu Fall über die Konditionen selbst verhandeln wollten[5].

Als Institutionen der gemeinsamen Werbung der Landkreise und Gemeinden besonders auf dem Gebiete der Industrieansiedlung dienen die Planungsgemeinschaften heute noch nicht, abgesehen von dem Werbungseffekt eines publizierten Regionalplans. Einen Einzelfall dürfte die Aktion der Planungsgemeinschaft Hochrhein darstellen, für ihre Landkreise auf Bundesebene mit dem Ziel einer verstärkten Industrieansiedlung zu werben. Dabei wurden, ausgehend von einem Standort-

---

auf die Bevölkerungskonzentration und -entwicklung, die vorhandenen Arbeitskraftreserven, die geplante Infrastruktur, im Einzelfall auch präzise Standortvorschläge. Nach einer Auskunft der Planungsgemeinschaft Donau-Iller-Blau.

Von der Planungsgemeinschaft Nördlicher Schwarzwald wird darauf hingewiesen, daß Prognosewerte und das Netz der zentralen Orte von Konsumgenossenschaften und anderen Einzelhandelsgesellschaften als Grundlage für eigene Planungen benutzt werden, nicht zuletzt, da man aus falschen Standortentscheidungen der Vergangenheit gelernt hat. Wenig gute Erfahrungen, die wohl der allgemeinen Tendenz entsprechen, hat allerdings die Planungsgemeinschaft Hochrhein bei der Zusammenarbeit mit den Energieversorgungsgesellschaften gemacht. Die Energieversorgungsgesellschaften als Mitglieder der Planungsgemeinschaft fördern diese zwar finanziell, ziehen sie jedoch nicht zu ihren raumordnungspolitisch bedeutsamen Planungen heran, berücksichtigen auch bei eigenen Planungen keine raumordnungspolitischen Aspekte, sondern orientieren sich etwa bei der Lokalisation von Überlandleitungen strikt an Rentabilitätsgesichtspunkten. Nach einer Auskunft der Planungsgemeinschaft Hochrhein.

[4] Rationale Entscheidungen der Unternehmer setzen bei den in räumlicher Hinsicht oft bestehenden komplementären Beziehungen zwischen öffentlichen und privaten Investitionen besonders Informationen über das geplante Grundnetz der öffentlichen Infrastruktureinrichtungen voraus. Kloten und Müller weisen auf die Zweckmäßigkeit der Information und Beratung durch Planungsgemeinschaften hin, die dazu führen kann, daß der *Marktmechanismus entlastet* und die *Markttransparenz verbessert* wird, so daß Fehlinvestitionen und Fehlanpassungen im privaten Bereich vermieden werden können. Vgl. *N. Kloten, J. H. Müller* und Mitarbeiter, a.a.O., S. 263.

[5] Nach Auskunft der Planungsgemeinschaft Hochrhein.

katalog, die besonderen Standortvorteile der Landkreise (der Rhein als Wasser- und Energieträger) herausgestellt[6].

Ansatzpunkte für eine Intensivierung der Kontakte zwischen den Planungsgemeinschaften und privaten Entscheidungsträgern liegen allgemein in einer verstärkten Öffentlichkeitsarbeit mit dem Ziel, die Information der Bevölkerung in der Region über die Aufgaben und Probleme der Regionalplanung und die angestrebten raumordnungspolitischen Ziele zu verbessern. Speziell aber sollte der Kontakt der Planungsstellen zu privaten Unternehmungen, etwa zu Industrie-, Gewerbe- und Dienstleistungsbetrieben, nicht sporadisch und informell bleiben, sondern den Planungsstellen als Aufgabe zugewiesen werden; die Planungsstellen müßten etwa bei der Industrieansiedlung federführend für den Gesamtraum tätig werden. Weiterhin wäre es sinnvoll, die Planungsstellen zu einer Werbungszentrale auszubauen und ihnen damit eine Aufgabe zu übertragen, die sie bisher — bis auf Ausnahmen — nicht erfüllen. Zu einer ähnlichen Empfehlung kommt auch ein für die Planungsgemeinschaft Mittelbaden erstelltes Gutachten, in dem im Hinblick auf die erforderliche differenzierte Industrieansiedlungs- und Arbeitsmarktpolitik festgestellt wird, daß ein Ausbau der Planungsstelle zu einer *gemeinsamen Werbungs-, Informations- und Beratungszentrale* für Industrieansiedlungs- und Förderungsprojekte erforderlich ist[7].

5. Die Zusammenarbeit zwischen den Planungsgemeinschaften und mit dem Ausland

Die Koordination zwischen den regionalen Planungsgemeinschaften, ihren Plänen und planerischen Arbeiten, ist Aufgabe einer leistungsfähigen Planungsstelle beim Innenministerium, aber auch Aufgabe der Planungsgemeinschaften selbst. Das ist besonders dort der Fall, wo starke Interdependenzen zwischen den Gebieten der Planungsgemeinschaften bestehen und wo durch eigene Planungen Interessen der Nachbarkreise und -gemeinden betroffen werden, was bei der heutigen Größenordnung und der unter sozialökonomischen Aspekten wenig zufriedenstellenden Abgrenzung der regionalen Planungsräume häufig der Fall sein dürfte. Formal ist eine horizontale Koordination der Regionalpläne seit Vorliegen der Entwürfe zum Landesentwicklungsplan und der Gebietsentwicklungspläne Südliches Oberrheingebiet und Mittlerer Neckarraum gesichert, da sich die Regionalpläne in den durch die Entwicklungspläne des Landes gegebenen Rahmen einpassen müssen; faktisch erfolgt sie jedoch nur *begrenzt,* da es sich bei den Landes-

---

[6] Nach Auskunft der Planungsgemeinschaft Hochrhein.
[7] Vgl. B. *Lengelsen,* J. H. *Müller* und F. *Niens,* a.a.O., S. 61.

II. Die Koordinationsfunktion der Planungsgemeinschaften

zielen vielfach um „Leerformeln" handelt, und die Planungsgemeinschaften die Prognosen und Ziele der Landespläne zum Teil nicht akzeptieren und sich daran ausrichten[1].

Eine Zusammenarbeit zwischen den Planungsgemeinschaften erfolgt in der Regel in der lockeren Form von ad-hoc Zusammenkünften der Geschäftsführer (Regionalplaner) bzw. der Vorstände bei gemeinsam interessierenden Planungen und Projekten. Institutionalisiert ist die Zusammenarbeit im Mittleren Neckarraum und in Oberschwaben, wo Planungsverbände als lockere Zusammenschlüsse ohne satzungsmäßige Organe gegründet wurden, und im Rhein-Neckar-Gebiet, wo der grenzüberschreitende Raumordnungsverband Rhein-Neckar als fester Zusammenschluß die Abstimmungsprobleme lösen soll[2].

Die Tatsache, daß sich mehrere Planungsgemeinschaften wiederum zu größeren räumlichen Einheiten zusammengeschlossen haben, deutet darauf hin, daß nicht nur die Abgrenzung der heutigen Planungsgemeinschaften problematisch ist, sondern auch deren Größenordnung besonders in den Ballungs- und Verdichtungsgebieten den sozialökonomischen Gegebenheiten nicht gerecht wird. Anlaß zur Gründung des „Landschafts-Planungsverbands Oberschwaben" im Jahre 1961, der das Gebiet der drei Planungsgemeinschaften Östlicher Bodensee-Allgäu, Donau-Riß und Donau-Iller-Blau umfaßt, waren eine ähnliche Struktur und damit gemeinsame Planungsprobleme in diesem Raum und das Motiv, durch eine Zusammenarbeit der Landkreise in diesem strukturschwachen Gebiet eine größere „politische Plattform" gegenüber dem Land zu haben. Die Schwerpunkte der Aktivitäten des Planungsverbandes Oberschwaben lagen auf der Untersuchung des Planungsgebietes (Erstellung des Oberschwäbischen Strukturatlas, Veröffentlichungen zur Landschaftspflege, Kultur u. a.) und der Abstimmung und Vertretung der Interessen bei der großräumigen Verkehrsplanung; daneben wurden gemeinsame Bemühungen zur Verbesserung der Energieversorgung und der Industrieansiedlung unternommen[3].

Der Planungsverband Mittlerer Neckarraum, der 1967 gegründet wurde, und dem die drei Planungsgemeinschaften Neckar-Fils, Rems-

---

[1] Vgl. dazu die Ausführungen über die Konsistenz der Prognosen S. 84 ff. und über die Gründe für eine unzulängliche Koordination zwischen Landesplanung und Regionalplanung S. 122 ff. dieser Arbeit.

[2] Erwähnt sei der Versuch, einen Dachverband der bestehenden Planungsgemeinschaften zu gründen, mit dem Ziel, den Erfahrungsaustausch und die Zusammenarbeit zwischen den Planungsgemeinschaften zu verbessern. Dieser Versuch ist allerdings an den zu unterschiedlichen Interessenlagen der einzelnen Planungsgemeinschaften bzw. ihrer Mitglieder gescheitert.

[3] Auf Anregung des Regionalverbands wurde eine Entwicklungsgesellschaft Oberschwaben GmbH gegründet, die zur Aufgabe hat, eine bessere Versorgung des Gebietes mit Kohlenwasserstoffen (Erdöl, Erdgas) zu erreichen. Nach Auskunft der Planungsgemeinschaft Östlicher Bodensee-Allgäu

3. Teil: Darstellung und Würdigung der Funktionen

Murr, Württemberg-Mitte und die Stadt Stuttgart angehören, ist als Koordinierungsinstitution im Ballungs- und Verdichtungsgebiet um Stuttgart gegründet worden[4]. Der Planungsrat, bestehend aus den Geschäftsführern der drei Planungsgemeinschaften und dem Leiter der Planungsabteilung der Stadt Stuttgart, tritt regelmäßig und in kürzeren Abständen zusammen, diskutiert gemeinsame Probleme und versucht eine Abstimmung der Interessen. Als positives Ergebnis seiner Arbeit ist anzusehen, daß der Planungsverband z. B. eine gemeinsame Stellungnahme zum Gebietsentwicklungsplan Mittlerer Neckarraum erarbeitet hat[5]. Erschwert wird die Zusammenarbeit im Mittleren Neckarraum dadurch, daß Stuttgart als zentrale Stadt, deren raumordnungspolitische Aktivitäten für die umliegenden Planungsgemeinschaften von großer Bedeutung sind, kein Entwicklungskonzept hat, bzw. es den Planungsgemeinschaften im Planungsverband nicht zur Verfügung stellt[6, 7].

Allgemein kann die Tendenz festgestellt werden, daß sich die Zusammenarbeit zwischen den Planungsgemeinschaften — die beiden Planungsverbände Mittlerer Neckarraum und Oberschwaben sind hier nur begrenzt auszunehmen —, auf mehr oder weniger regelmäßige Kontakte zwischen den Regionalplanern beschränkt. Zu einer gemeinsamen Planung bzw. systematischen Abstimmung der Planungskonzepte sind die Vorstände wegen der starken Interessenkonflikte auch in jenen Gebieten nicht bereit, die auf Grund starker Verflechtungen mit angrenzenden Regionen ein gemeinsames Vorgehen erforderlich machen[8]. Selten und nur bei sehr wichtigen gemeinsam interessierenden Problemen treffen sich auch die Vorstände benachbarter Planungsgemeinschaften.

---

[4] Die Größenordnung des Planungsverbandes Mittlerer Neckarraum geht daraus hervor, daß er 18 % der Fläche und 25 % der Bevölkerung in Baden-Württemberg umfaßt, und daß 33 % des BIP von Baden-Württemberg in diesem Raum erstellt werden. Vgl. *R. Seeger:* Regionalpolitik, Aufgabe der Gesellschaftspolitik, Aktuelle Gespräche, Berichte und Kommentare der Evangelischen Akademie Bad Boll, Heft 5/6, 1968, S. 6.

[5] Nach einer Auskunft der Planungsgemeinschaft Rems-Murr.

[6] Nach einer Auskunft der Planungsgemeinschaft Württemberg-Mitte.

[7] Die drei Planungsgemeinschaften Hohenlohe, Odenwald und Württembergisches Unterland haben sich 1968 durch Beschluß der zehn betroffenen Landkreise und der Stadt Heilbronn zu einer Arbeitsgemeinschaft Franken zusammengeschlossen, deren Wirksamkeit als Institution der Koordination und Zusammenarbeit jedoch gering ist, da die strukturschwachen Landkreise der Planungsgemeinschaften Odenwald und Hohenlohe „Frontstellung" gegenüber dem expandierenden Oberzentrum Heilbronn machen und die Konflikte eine sinnvolle Zusammenarbeit nicht ermöglichen.

[8] Nach einer Auskunft der Planungsgemeinschaft Westlicher Bodensee-Linzgau-Hegau.

II. Die Koordinationsfunktion der Planungsgemeinschaften

Bemerkenswert ist, daß man interregional keine Abstimmung der Prognosemethoden und -ergebnisse vorgenommen hat — wenn auch Ansätze dazu in den Planungsverbänden vorhanden sind —; diese Abstimmung wird weitgehend noch nicht einmal als Problem erkannt[9]. Eine systematische horizontale Koordination der Planziele findet in der Regel nicht statt, ausgenommen die Bekundung gemeinsamer Interessen bei konkreten Projekten, die durch ein gemeinsames Vorgehen eine größere Realisierungschance erhalten (Autobahnbau!)[10]. *Interessenkonflikte* zwischen den Planungsgemeinschaften — sie konkurrieren untereinander um staatliche Finanzierungsmittel — verhindern eine weitergehende Zusammenarbeit.

Gefördert haben die Planungsgemeinschaften eine Zusammenarbeit auf regionalplanerischem Gebiet über die Landesgrenzen hinweg und mit dem Ausland. Zur Sicherung der Zusammenarbeit über die Landesgrenzen hinaus wurde im Ballungs- und Verdichtungsgebiet Mannheim—Ludwigshafen 1970 der Raumordnungsverband Rhein-Neckar gegründet, der einen Raumordnungsplan als Rahmenplan für die Regionalpläne der Planungsgemeinschaften Unterer Neckar (Baden-Württemberg), Vorderpfalz (Rheinland-Pfalz) und des Landkreises Bergstraße (Hessen) erstellen soll[11]. Die Errichtung eines Raumordnungsverbandes als Körperschaft des öffentlichen Rechts wurde erforderlich, da die grenzüberschreitenden Planungsprobleme nicht durch die bestehende privatrechtlich organisierte Kommunale Arbeitsgemeinschaft Rhein-Neckar gelöst werden konnten[12]. Es ist allerdings fraglich, ob die komplizierten organisatorischen Regelungen, die noch zu sehr die Landesgrenzen und die unterschiedliche rechtliche und organisatorische Struktur der Regionalplanung in den drei Bundesländern betonen — der Raumordnungsverband als Dachorganisation stellt einen unverbindlichen Raumordnungsplan auf, der von den drei Planungsgemeinschaften in den jeweiligen Landesgrenzen „zu beachten" ist, während die Planungsgemeinschaften einen eigenen Regionalplan (unverbindlich in Baden-Württemberg, verbindlich in Rheinland-Pfalz und Hessen) aufstellen —, eine wirksame grenzüberschreitende Koordination in diesem Gebiet ermöglichen.

---

[9] Siehe dazu auch S. 84 ff. dieser Arbeit.
[10] So haben z. B. die beiden Planungsgemeinschaften Hochrhein und Westlicher Bodensee-Linzgau-Hegau mehrere gemeinsame Vorstandssitzungen zur einheitlichen Willensbildung im Hinblick auf die geplante Hochrheinschnellstraße abgehalten.
[11] Vgl. Satzung des Raumordnungsverbands Rhein-Neckar vom 30. April 1970, S. 1, Hektographie.
[12] Zu den Problemen der grenzüberschreitenden Planung und Koordination im Rhein-Neckar-Gebiet vgl. K. *Becker-Marx:* Grenzüberschreitende Regionen, a.a.O., S. 117.

Bedingt durch die Randlage der Regionen Mittelbaden, Breisgau, Hochrhein und Westlicher Bodensee, hat sich hier eine bemerkenswerte Zusammenarbeit in der Planung mit französischen und schweizer Planungsinstitutionen entwickelt, die maßgeblich durch die Planungsgemeinschaften gefördert wird. Besonders enge Kontakte werden von der Planungsgemeinschaft Hochrhein mit schweizer Regionalplanern gepflegt; eine Planabstimmung in diesem Gebiet wird durch enge Verflechtungen mit der Schweiz (das Hochrheingebiet liegt weitgehend im Verflechtungsbereich des Oberzentrums Basel, zur Schweiz hin bestehen starke Auspendlerströme) erforderlich. Man behandelt u. a. Fragen der Verkehrsplanung, Energiefragen und Müllprobleme. Dabei wurde die Erfahrung gemacht, daß ein Informationsaustausch und laufende Kontakte gut durch privatrechtlich organisierte Planungsgemeinschaften erfolgen können, während eine Koordination auf politischer Ebene — zuständig wären eigentlich die Regierungspräsidien — wenig flexibel und durch Ressentiments belastet ist[13].

Einen organisatorischen Rahmen hat die Zusammenarbeit mit dem Elsaß durch die Gründung der „Interessengemeinschaft Breisgau-Mittleres Elsaß" gefunden, in der die Planungsgemeinschaft Breisgau als Mitglied vertreten ist. Aufgabe dieser Interessengemeinschaft sind gemeinsame Strukturuntersuchungen (Untersuchung von Fragen der Industrieansiedlung und des Arbeitsmarktes) und der Abstimmung überörtlicher Planvorhaben, besonders auf dem Verkehrssektor im Grenzgebiet (Rheinübergänge)[14, 15].

---

[13] Nach einer Auskunft der Planungsgemeinschaft Hochrhein.
[14] Vgl. H. *Evers*, a.a.O., S. 55.
[15] Einen Ansatzpunkt zu einer grenzüberschreitenden Planung und Koordination im Verdichtungsgebiet um Basel bildet die 1964 gegründete „Regio Basiliensis", der auf deutscher Seite auch die Planungsgemeinschaften Breisgau und Hochrhein als Mitglieder angehören. Im Jahre 1970 nahm die internationale Koordinationsstelle der „Regio Basiliensis" ihre Arbeit auf, die für eine Koordinierung der Planungen zwischen dem Elsaß, Südbaden und der Nordwestschweiz sorgen soll, wobei man sich zunächst darauf beschränkt, den Informationsaustausch über die in der „Regio" vorhandenen Planungen zu erleichtern und Mißverständnisse bei grenzüberschreitenden Aktionen und Projekten zu beseitigen. Vgl. Ohne Verfasserangabe: Die Regio-Koordination kann anlaufen. Für die Gesamtplanung im Raum der Regio Basiliensis eingerichtet, Badische Zeitung, 3. Juli 1971, S. 9.

Vierter Teil

Zusammenfassende Würdigung der Planungsgemeinschaften und Ansatzpunkte zur Reform

I. Zusammenfassende Würdigung der regionalen Planungsgemeinschaften als Instrument der Raumordnungspolitik

(1) Die regionalen Planungsgemeinschaften in Baden-Württemberg stellen mit ihren Aufgaben, Kompetenzen und institutionellen Regelungen *lockere Zusammenschlüsse* und entwicklungsmäßig eine *untere Stufe der Integration* dar. Sie sind als Versuch anzusehen, ohne Änderung der bestehenden Kompetenzverteilung und der administrativen Grenzen die neue Aufgabe der Regionalplanung wahrzunehmen und ein Mindestmaß an Koordination zu ermöglichen.

(2) Die raumordnungspolitische Effizienz (Wirksamkeit, Leistungsfähigkeit) der regionalen Planungsgemeinschaften ist nicht quantifizierbar, jedoch indirekt erfaßbar über eine Würdigung ihrer Regionalpläne als Vorbedingung rationaler Raumordnungspolitik unter theoretischen und methodischen Aspekten und eine Ermittlung ihrer Koordinationsmöglichkeiten und -grenzen, speziell unter dem Gesichtspunkt der Durchsetzung der Regionalpläne. Je nach den gewählten Kriterien fällt das Ergebnis der Würdigung unterschiedlich aus. Geht man von dem Zustand vor Gründung der regionalen Planungsgemeinschaften und der damaligen politischen Konstellation aus, dann haben sie beachtliche Erfolge erzielt. Geht man dagegen, wie in dieser Untersuchung, von grundsätzlichen Überlegungen aus — von dem Ziel und den Bedingungen einer rationalen und konsistenten Raumordnungspolitik —, so kann festgestellt werden, daß dafür erst Ansatzpunkte vorhanden sind; die raumordnungspolitische Effizienz der regionalen Planungsgemeinschaften in Baden-Württemberg muß daher als *gering* angesehen werden[1].

(3) Wenn auch das generelle Ergebnis dieser Untersuchung ist, daß die regionalen Planungsgemeinschaften als Instrument der Raumord-

---

[1] Eine Verallgemeinerung dieses Ergebnisses und damit eine Übertragung auf die anderen Planungsgemeinschaften in der BRD ist nur unter Vorbehalten möglich, doch dürfte die Beurteilung tendenziell für alle privatrechtlich organisierten Planungsgemeinschaften gelten, die nur unverbindliche Regionalpläne erstellen und darüber hinausgehend keine Kompetenzen haben.

nungspolitik in Baden-Württemberg *nur begrenzt funktionsfähig* sind und ihre entscheidenden Aufgaben nur ungenügend erfüllen können, wobei die Gründe weitgehend struktureller Art sind und für alle Planungsgemeinschaften gelten — *es fehlen die institutionellen Voraussetzungen für eine konsistente Raumordnungspolitik auf regionaler Ebene* —, so soll nicht übersehen werden, daß Unterschiede bezüglich bestimmter Aufgabengebiete und einzelner Planungsgemeinschaften vorhanden sind.

(4) Die Würdigung der methodischen Grundlagen der Regionalpläne führt zu dem Ergebnis, daß bis auf Ausnahmen die angewendeten Methoden der Analyse und Prognose nicht befriedigen können; das Maß an notwendiger und möglicher Information über Entwicklungstendenzen struktureller Art, das für eine rationale Planung und fundierte raumordnungspolitische Entscheidungen erforderlich ist, wird oft nicht erreicht. Bei der Diskussion des methodischen Ansatzes der Prognosen wird festgestellt, daß es sich meist um einfache und methodisch bedenkliche Bevölkerungsprognosen handelt, die in der Regel optimistische Wanderungsgewinne unterstellen und Zielelemente enthalten.

Die nicht erfolgte Abstimmung der Prognoseergebnisse zwischen den Planungsgemeinschaften und mit der Prognose für den größeren Raum ist zum Teil auf *Zielkonflikte* zurückzuführen. Optimistische Prognoseergebnisse werden besonders in ländlichen und strukturschwachen Gebieten als politisches Instrument benutzt, um eine Förderungsnotwendigkeit zu „beweisen"; die Konkurrenz der Planungsgemeinschaften um staatliche Förderungsmittel findet ihren Niederschlag in den Prognoseergebnissen. Wegen der Zielkonflikte — dem Landesentwicklungsplan liegt eine Zielprognose mit Nivellierungstendenz zugrunde — wollen sich die Planungsgemeinschaften besonders in den Ballungs- und Verdichtungsräumen nicht an die Landesprognose anpassen, mit dem Ergebnis, daß *die regionalen Prognosen in der Summe nicht konsistent sind* und *wenig gesicherte Aussagen über die zukünftige Entwicklung in der Region machen.*

(5) Die Frage, ob die regionalen Planungsgemeinschaften in ihrer heutigen rechtlichen und organisatorischen Struktur konkrete und realisierbare raumordnungspolitische Ziele (Pläne) aufstellen können, die zugleich landesplanerische Ziele für die Region konkretisieren, muß *verneint* werden. Eine Durchsicht der Regionalpläne zeigt, daß hinreichend konkrete Ziele, die gleichzeitig allokationspolitische Entscheidungen enthalten, selten formuliert werden; ein Vergleich der Ziele des für unbedenklich erklärten Regionalplans der Planungsgemeinschaft Breisgau mit den Zielen des staatlichen Gebietsentwicklungs-

plans Südliches Oberrheingebiet ergibt, daß die regionalen Ziele im Grad der Konkretisierung kaum über die des staatlichen Plans hinausgehen.

Die Planungsgemeinschaften sind infolge ihrer schwachen organisatorischen Struktur und fehlenden Selbständigkeit nicht in der Lage, bei Konflikten zwischen den Gebietskörperschaften — die regelmäßig bei der Erstellung konkreter und realisierbarer Ziele auftreten —, die notwendigen Kompromisse und Entscheidungen herbeizuführen, die eine einheitliche und wirkungsvolle Raumordnungspolitik zur Voraussetzung hat; sie sind praktisch gezwungen, die einzelnen örtlichen Interessen ihrer Mitglieder bei der Formulierung der regionalen Ziele zu berücksichtigen. Ein Zwang zu dem in der Raumordnungspolitik unumgänglichen Kompromiß besteht in den Planungsgremien nicht, mit dem Ergebnis, daß die Regionalpläne eine *Zusammenstellung örtlicher Wünsche* darstellen und „utopische" Ziele formulieren. Deutliches Zeichen dieser Tendenz ist die *„Inflation" der zentralen Orte* und *Entwicklungsachsen* in den Regionalplänen.

(6) Die nicht vorhandene Ergänzung der Regionalpläne durch ein Aktionsprogramm, das Aussagen über den Finanzbedarf und die vorhandenen Mittel macht, fördert die Tendenz zur Formulierung unrealistischer Ziele. Daher sind die von einigen Planungsgemeinschaften geplanten Investitionsprogramme zur Abstimmung der Durchführungsmaßnahmen als Fortschritt zu begrüßen.

Bisher bilden die Regionalpläne der Planungsgemeinschaften *höchstens Ansatzpunkte für eine einheitliche, umfassende und widerspruchsfreie raumordnungspolitische Konzeption auf regionaler Ebene.* Wegen der wenig konkreten Ziele in den Regionalplänen, der mangelnden rechtlichen Bindungskraft der Ziele und des damit verbundenen begrenzten Informations- und Orientierungswertes muß auch bezweifelt werden, ob die Regionalpläne wirkungsvolle *Koordinierungsmittel* und eine sinnvolle *Koordinationsbasis* darstellen.

(7) Sind auch unter theoretischen und methodischen Aspekten schwerwiegende Einwände gegen die Regionalpläne zu erheben, so soll andererseits nicht übersehen werden, daß die regionalen Planungsgemeinschaften durch ihre Strukturuntersuchungen, Prognosen und planerischen Konzeptionen das *Informationsniveau* bezüglich regionaler Daten und Strukturzusammenhänge erhöhen, das Denken in regionalen Zusammenhängen anregen und die *Informationsbasis* kommunaler und staatlicher Planungen verbreitern.

Die regionalen Planungsgemeinschaften fördern die Zusammenarbeit zwischen örtlicher Kommunalplanung und zentraler Staatsplanung und leisten durch ihre Gutachten und Stellungnahmen einen wesentlichen

Beitrag zur Willensbildung bei der Aufstellung der Entwicklungspläne des Landes.

Auch der Aspekt, daß die Planungsgemeinschaften in Baden-Württemberg zum Teil *vor* der staatlichen Landesplanung als freiwillige kommunale Organisationen entstanden sind, auf dem Gebiete der Regionalplanung *„Pionierleistungen"* erbracht und eine aktive Planungskonkurrenz zwischen Staat und Kommunen gefördert haben, verdient Beachtung.

(8) Die Planungsgemeinschaften dienen der Landesplanung und den staatlichen Fachplanungsträgern als Kontaktstelle und als (unverbindlicher) regionaler Gesprächspartner. Eine wesentliche Grenze für die Realisierung des Gegenstromprinzips, d. h. für eine erfolgreiche Vertretung der Region gegenüber der Landesplanung und der staatlichen Fachplanung, ist — neben der unzulänglich gesicherten Beteiligung an der staatlichen Landesplanung — in der mangelnden Fähigkeit der Planungsgemeinschaften zu sehen, einen Interessenausgleich unter ihren Mitgliedern herbeizuführen. Die schwache Konstruktion der Planungsgemeinschaften im Innenverhältnis gegenüber ihren Mitgliedern erschwert auch einen Interessenausgleich im Außenverhältnis mit den staatlichen Instanzen. Zur Koordination der Maßnahmen einzelner Fachplanungsträger, die für die Verwirklichung der Regionalpläne erforderlich ist, sind die regionalen Planungsgemeinschaften wegen ihrer schwachen Rechtskonstruktion kaum geeignet.

(9) Einige Planungsgemeinschaften, wie Württemberg-Mitte und Nördlicher Schwarzwald, die stärker auf dem Gebiete der Bereichsplanung und der interkommunalen Flächennutzungsplanung gearbeitet haben, bzw. wie Mittelbaden und Breisgau, die bei der Gründung von Planungsverbänden erfolgreich waren, haben die interkommunale Zusammenarbeit auf dem Gebiete der Flächennutzungsplanung gefördert.

Das entscheidende Problem besteht heute jedoch darin, daß die Planungsgemeinschaften auf Grund ihrer Rechtsform und Kompetenzen bei der Einflußnahme auf die kommunalen Planungen *nicht mehr als gutachterlich-informativ wirken können*. Da die Planungsgemeinschaften nur Empfehlungen geben und durch Überzeugung wirken können, die Koordinationsbereitschaft der Gemeinden und Gemeindeverbände aber gering ist, werden regionale Ziele nur dann akzeptiert und den eigenen Planungen zugrundegelegt, wenn sie mit Entwicklungsvorteilen für *alle* Gebietskörperschaften verbunden sind. Regionale Ziele, die zeitliche, räumliche und sachliche Entscheidungen enthalten und eine Begrenzung der kommunalen Planungsautonomie bedeuten, können gegenüber den Gemeinden in der Regel nicht durchgesetzt werden. Die Einflußmöglichkeiten der Planungsgemeinschaften auf die kommu-

I. Zusammenfassende Würdigung der Planungsgemeinschaften

nale Planung sind *gering* und damit auch die Durchsetzungschancen der Regionalpläne. Soweit es sich um Planvorstellungen handelt, die für alle Entscheidungsträger einen Vorteil bedeuten, mag die „*Informationsfunktion*" der Planungsgemeinschaften plankonforme Entscheidungen fördern; bei Zielkonflikten jedoch sind für die Realisierung einer konsistenten Raumordnungspolitik auf regionaler Ebene *Entscheidungs- und Durchführungsbefugnisse* unerläßlich.

(10) Zusammenfassend kann festgestellt werden, daß die privatrechtlich organisierten regionalen Planungsgemeinschaften — abgesehen von personellen und finanziellen Engpässen — die Aufgaben der Informations- und Planungszentrale, des Gutachters, der regionalen Kontaktstelle, des Initiators der horizontalen und vertikalen Koordination und der kommunalen bzw. regionalen Interessenvertretung gegenüber dem Staat relativ gut erfüllen konnten. Die entscheidenden Aufgaben jedoch, *konkrete und realisierbare regionale Ziele* als Grundlage für eine Koordination der kommunalen Flächennutzungspläne und der regional bedeutsamen Fachpläne aufzustellen und diese insbesondere gegenüber den Einzelinteressen ihrer Mitglieder durchzusetzen, können die Planungsgemeinschaften nicht erfüllen.

Einer der Gründe dafür liegt in den Konfliktsituationen, die sich aus der *Doppelfunktion* der regionalen Planungsgemeinschaften als *kommunale Interessenvertretung* und *regionale Planungs- und Koordinierungsinstitution* ergeben. Die tendenzielle Überbewertung der regionalen Planungsgemeinschaften als kommunale bzw. regionale Interessenvertretung gegenüber dem Staat führt dazu, daß — etwas überspitzt — in den Regionalplänen kommunale Wünsche zusammengestellt werden und eine Durchsetzung regionaler Ziele, soweit sie nicht nur Entwicklungsvorteile für die Mitglieder der Planungsgemeinschaften bringen, sondern auch Beschränkungen kommunaler Planungen, nicht möglich wird.

Die regionalen Planungsgemeinschaften sind nicht funktionsfähig in dem Sinne, daß sie zu einheitlichen Aktionen bei bestimmten regional bedeutsamen Problemen führen. Eine Institutionalisierung der Koordination ist durch die Gründung der Planungsgemeinschaften und die Festlegung von Informations- und Konsultationsverpflichtungen zwar erfolgt, aber auf freiwilliger Basis und ohne Einschränkung des Entscheidungsspielraums der Mitglieder der Planungsgemeinschaften und des Landes, so daß Funktionieren und Leistungsfähigkeit der Planungsgemeinschaften von dem guten Willen der Beteiligten abhängen, was vor dem Hintergrund der zu lösenden Koordinationsprobleme — die Planungsgemeinschaften stehen im Konfliktbereich der Kommunen untereinander und zwischen kommunaler Politik und Landespolitik —

problematisch erscheint. Regionalplanung, insbesondere die Aufstellung konkreter und realisierbarer Ziele und die Lösung der horizontalen und vertikalen Koordinationsprobleme auf regionaler Ebene sind *politische Entscheidungsprobleme,* deren Lösung regionale Instanzen mit entsprechenden Kompetenzen voraussetzt.

Die kritische Würdigung der regionalen Planungsgemeinschaften hat unter anderem die Notwendigkeit aufgezeigt, ihre *rechtlich-organisatorische Struktur* zu stärken und ihre *Kompetenzen* zu erweitern, um sie zu einem funktionsfähigen Instrument der Raumordnungspolitik zu machen, und damit die Möglichkeiten rationaler Politik auf regionaler Ebene zu erweitern. Da die aktuelle Diskussion in Baden-Württemberg sich mit einer Neuorganisation der Regionalplanung befaßt und die Reformvorstellungen konkrete Gestalt angenommen haben, sollen sie abschließend in ihren Grundzügen dargestellt und vor dem Hintergrund der mit den regionalen Planungsgemeinschaften gemachten Erfahrungen gewürdigt werden.

II. Reformvorstellungen

1. Die Grundzüge der Reformdiskussion in Baden-Württemberg

Raumordnungspolitik auf regionaler Ebene ist eine neue Aufgabe, so daß Aufgaben und Kompetenzen der regionalen Planungsgemeinschaften nur zum Teil juristisch normiert sind und sich diese Normierung in der Bewährungsphase befindet; aufgetretene Hemmnisse geben Anlaß zur Reform. Generell bestehen die Alternativen zur Steigerung der Leistungsfähigkeit der Raumordnungspolitik auf regionaler Ebene darin, die Planungsgemeinschaften in ihrer rechtlich-organisatorischen Struktur zu stärken, etwa durch einen Ausbau zu öffentlich-rechtlichen Körperschaften, oder die Regionalplanung als Aufgabe in den allgemeinen Verwaltungsaufbau einzugliedern. Beide Alternativen wurden in Baden-Württemberg diskutiert und haben ihren Niederschlag in Gutachten, Denkmodellen und Stellungnahmen gefunden[1].

Die Reformvorstellungen der ersten Phase der Diskussion tendierten dahin, die Raumordnungspolitik auf regionaler Ebene effektiver zu

---

[1] Die Diskussion über eine Reform der Planungsgemeinschaften begann quasi mit deren Gründung, die Themenstellungen auf den Regionalplanertagungen zeigen, daß besonders das Problem der *mangelnden Kompetenzen* der Planungsgemeinschaften gesehen wurde. So setzt sich z. B. G. Jonak schon 1964 auf einer Regionalplanertagung mit dem Problem der Institutionalisierung der Planungsgemeinschaften auseinander und weist darauf hin, daß es vielfach bedauert wird, daß die Planungsgemeinschaften keine Durchführungskompetenzen für ihre Planungen haben. Vgl. *G. Jonak,* a.a.O., S. 3.

II. Reformvorstellungen

gestalten, ohne die überkommene Verwaltungsgliederung zu verändern. Dazu gehören die Bestrebungen von kommunaler Seite, wie etwa die der Planungsgemeinschaft Breisgau, die sich darauf konzentrierten, die Planungsgemeinschaften durch eine andere Rechtsform (Zweckverband) zu einem funktionsfähigen Instrument zu machen[2, 3].

Von staatlicher Seite wurden mehr grundsätzliche Lösungen diskutiert, wobei eine Präferenz für die Neuorganisation der Regionalplanung im Rahmen einer allgemeinen Verwaltungsreform erkennbar ist. Innenminister Krause hat schon 1967 auf einer Regionalplanertagung das Problem der Durchsetzung der Regionalpläne angesprochen und die Frage gestellt, ob nicht längerfristig die Notwendigkeit zur Kooperation in der Planung auf regionaler Ebene auch zur Kooperation in der Planverwirklichung — etwa in Form einer Regionalverwaltung — führen muß[4]. Im Dezember 1969 hat die Landesregierung von Baden-Württemberg ein Denkmodell zur Kreisreform als Teil einer umfassenden Konzeption für eine Verwaltungsreform, die u. a. die Gemeindereform und die Reform der staatlichen Mittelinstanz einschließt, vorgelegt, und damit auch den Anstoß zur Neuorganisation der Regionalplanung gegeben.

Der Grundgedanke des Denkmodells zur Kreisreform ist in dem Versuch zu sehen, im Zuge einer allgemeinen Verwaltungsreform, speziell der Schaffung größerer und leistungsfähiger Verwaltungseinheiten auf unterer Ebene (Gemeinden und Kreise), die Regionalplanung als Aufgabe in den allgemeinen Verwaltungsaufbau einzugliedern. Ausgehend von der Feststellung, daß die institutionelle Trennung von Planung und Vollzug der Regionalpläne mit *Koordinationshemmnissen* verbunden ist und sich daher nicht bewährt hat, wird im Denkmodell betont, daß es ein vorrangiges Ziel der Verwaltungsreform sei, „Regionalplanung und planausführende Verwaltung in eine unmittelbare Verbindung zu bringen, also eine Einheit von Verwaltungs- und Planungsraum herbeizuführen"[5]. Es wird daher im Denkmodell vorgeschlagen, die Regionalplanung den Landkreisen als Aufgabe zu übertragen, die im Zuge einer allgemeinen Kreisreform — unter der Voraussetzung,

---

[2] Vgl. *E. Schill*, a.a.O., S. 4 ff.; und die Ausführungen über die Neuorganisation der Planungsgemeinschaft Breisgau S. 47 dieser Arbeit.

[3] Der Leiter der Geschäftsstelle der Kommunalen Arbeitsgemeinschaft Rhein-Neckar hat sich schon 1965 für einen Ausbau der Planungsgemeinschaften zu Planungsverbänden als öffentlich-rechtliche Körperschaften ausgesprochen, die verbindliche Regionalpläne aufstellen können. Vgl. *K. Becker-Marx*: Die Regionalplanung, a.a.O., S. 67.

[4] Vgl. *W. Krause*: Referat gehalten auf der 9. Regionalplanertagung am 22. Mai 1967 in Kirchheim unter Teck, a.a.O., S. 10.

[5] Innenministerium Baden-Württemberg: Denkmodell zur Kreisreform, a.a.O., S. 9.

4. Teil: Würdigung und Ansatzpunkte zur Reform

daß parallel dazu eine Zusammenlegung von Gemeinden erfolgt — in ihrer Zahl von 63 auf 25 verringert und in ihrem Gebietszuschnitt entsprechend vergrößert werden sollen. Die leistungsfähigeren neuen Landkreise sollen regionale Planungs- und Entwicklungsaufgaben auf sich konzentrieren, neben der Regionalplanung sollen sie Maßnahmen zur Strukturförderung planen und durchführen, eine aktive Infrastrukturpolitik betreiben und Träger öffentlicher Versorgungseinrichtungen sein[6].

Zur Lösung des Stadt-Umland-Problems in den großen Ballungs- und Verdichtungsgebieten in Baden-Württemberg, wo das Prinzip der Einheit von Planungs-, Verwaltungs- und Investitionsraum, d. h. die Übertragung der Regionalplanung auf die Landkreise, nicht zu realisieren ist, sieht das Denkmodell die Gründung von vier sondergesetzlichen Regionalverbänden (Mittlerer Neckarraum, Rhein-Neckar-Gebiet, Mittlerer Oberrhein, Raum Breisgau-Hochschwarzwald) vor, die primär die Aufgabe der Regionalplanung übernehmen sollen. Den Bedürfnissen des jeweiligen Raumes entsprechend können jedoch weitere Aufgaben von regionaler Bedeutung, die zur Verwirklichung des Regionalplans erforderlich sind, auf diese Regionalverbände übertragen werden[7, 8].

Das Prinzip der *Einheit von Planungs- und Verwaltungsraum*, das dem Denkmodell zugrunde liegt, muß allgemein bejaht werden, da es für die Willensbildung bei der Planaufstellung und noch mehr für die Planverwirklichung von großer Bedeutung ist. Gegen das Konzept des Denkmodells können allerdings unter zwei Aspekten Bedenken erhoben werden: Einerseits sind die 16 außerhalb der Regionalverbände vorgesehenen Landkreise für die Regionalplanung zu klein — sie liegen in ihrer Größe (Bevölkerung und Fläche) unter der der heutigen regionalen Planungsgemeinschaften —; optimal für die Abgrenzung von Regionen als Gebietseinheiten für die Regionalplanung wäre der Verflechtungsbereich der Oberzentren[9]. Als weiterer Mangel des im Denk-

---

[6] Vgl. Innenministerium Baden-Württemberg: Denkmodell zur Kreisreform, a.a.O., S. 9.

[7] Vgl. ebenda, S. 16 ff.

[8] Zum Größenzuschnitt der Landkreise und der Regionalverbände des Denkmodells zur Kreisreform siehe die Karte 2 im Anhang dieser Arbeit.

[9] Im Denkmodell wird dieses Argument anerkannt und darauf hingewiesen, daß der Vorschlag, 25 Landkreise zu bilden, als ein Kompromiß anzusehen ist zwischen der optimalen Größe des Planungsraumes auf regionaler Ebene und der Erfüllung der sonstigen Verwaltungsaufgaben durch die Landkreise. „Eine Konzeption, die für die Größe der Landkreise ausschließlich auf die optimale Erfüllung der Regionalplanung abstellen würde, müßte die Bildung von 10—12 Großkreisen (Regionalkreisen) vorschlagen". Innenministerium Baden-Württemberg: Denkmodell zur Kreisreform, a.a.O., S. 9.

II. Reformvorstellungen

modell vorgeschlagenen Konzepts ist anzusehen, daß es nebeneinander Landkreise und Regionalverbände nach Sondergesetz als Träger der Regionalplanung vorsieht, was u. a. insofern bedenklich ist, da so die Regionalplanung in Ballungs- und Verdichtungsgebieten und in ländlichen Gebieten von *unterschiedlichen* Instanzen getragen würde[10].

Die Diskussion im Anschluß an die Veröffentlichung des Denkmodells zur Kreisreform hat eine Vielzahl von Modellvorstellungen hervorgebracht, die sich im wesentlichen durch die Anzahl der Landkreise voneinander unterscheiden; aus diesem Rahmen fällt der Vorschlag der Regierungspräsidien, die Regionalplanung nicht den Landkreisen zu übertragen, sondern auf die Ebene der Regierungsbezirke anzuheben und so eine Eingliederung der Regionalplanung in die staatliche Verwaltung vorzunehmen[11].

Auf starken politischen Widerstand ist das Denkmodell zur Kreisreform vor allem wegen der Zielsetzung einer drastischen Verringerung der Zahl der Landkreise und dem damit notwendigerweise verbundenen Zusammenschluß der Gemeinden zu Großgemeinden gestoßen, so daß sich die Landesregierung zu einem *Kompromiß* gezwungen sah, der kleinere Landkreise als das Denkmodell vorsieht, dafür aber die im Denkmodell nur für 4 Ballungs- und Verdichtungsgebiete vorgeschlagene „*Regionalverbandslösung*" auf das ganze Land überträgt[12].

Das Erste Gesetz zur Verwaltungsreform (Kreisreformgesetz)[13] und das Zweite Gesetz zur Verwaltungsreform (Regionalverbandsgesetz)[14] vom 26. Juli 1971 sehen in Anlehnung an einen Neugliederungsvorschlag

---

[10] Eine ausführliche Begründung dieser Kritikpunkte findet sich im Gutachten zur Kreisreform, erstellt von der Kommission für die Reform der staatlichen Verwaltung Baden-Württemberg und der Kommission für Fragen der kommunalen Verwaltungsreform Baden-Württemberg, Sonderbeilage des Staatsanzeigers für Baden-Württemberg, Juli 1970, S. 10 ff.

[11] Dieser Vorschlag wird auch in einem Minderheitsvotum zum Gutachten zur Kreisreform der Kommission für die Reform der staatlichen Verwaltung vertreten. Vgl. Gutachten zur Kreisreform, a.a.O., S. 40. Die Problematik dieses Vorschlags ergibt sich besonders unter dem Aspekt, daß bei 4 Regierungspräsidien in Baden-Württemberg auf dieser Ebene kaum konkrete Ziele als Anhaltspunkte für die kommunale Planung formuliert werden können, zum anderen würde der Charakter der Regionalplanung als „Mittler" zwischen Staat und Gemeinden nicht aufrechtzuerhalten sein.

[12] Vgl. Schreiben des Ministerpräsidenten betr. Konzeption der Landesregierung für die Verwaltungsreform in Baden-Württemberg, Landtag-Drucksache V—3300, 5. Wahlperiode, S. 9—11.

[13] Vgl. Erstes Gesetz zur Verwaltungsreform (Kreisreformgesetz) vom 26. Juli 1971, Gesetzblatt für Baden-Württemberg, Nr. 10, 20. August 1971, S. 314 ff.

[14] Vgl. Zweites Gesetz zur Verwaltungsreform (Regionalverbandsgesetz) vom 26. Juli 1971, Gesetzblatt für Baden-Württemberg, Nr. 10, 20. August 1971, S. 336 ff.

der Kommission für die Reform der staatlichen Verwaltung nur eine Verringerung der bestehenden 63 Landkreise auf 35 Landkreise und eine Zusammenlegung der bestehenden 20 regionalen Planungsgemeinschaften zu 12 Regionalverbänden vor. Da die „Regionalverbandslösung" konkrete Gestalt in Form eines Gesetzes angenommen hat, soll dieses Konzept abschließend dargestellt und gewürdigt werden.

2. Darstellung und Würdigung der Regionalverbandskonzeption

Das Regionalverbandsgesetz bestimmt, daß die Regionalplanung mit Inkrafttreten der Kreisreform am 1. Januar 1973 auf demokratisch legitimierte, außerhalb der allgemeinen Verwaltung stehende Regionalverbände übertragen wird. Es teilt das Landesgebiet in 12 Regionen ein und legt die rechtlich-organisatorische Struktur der Regionalverbände und ihre Aufgaben und Kompetenzen fest. Die Regionalpläne der neuen Regionalverbände sollen die Regionalpläne der Planungsgemeinschaften und die staatlichen Gebietsentwicklungspläne ersetzen; sie beseitigen damit den *Dualismus* zwischen staatlicher und kommunaler „regionaler" Planung in Baden-Württemberg.

Im Gegensatz zu den privatrechtlich organisierten Planungsgemeinschaften sind die Regionalverbände Körperschaften des öffentlichen Rechts, die als Träger der Regionalplanung *verbindliche* Pläne aufstellen können[15]. Neben der Zuständigkeit für die Regionalplanung besteht die Möglichkeit, daß die Regionalverbände auch weisungsfreie Aufgaben der Selbstverwaltung freiwillig übernehmen, „wenn dies für die Entwicklung oder Versorgung des Verbandsbereichs oder eines größeren Teils des Verbandsbereichs förderlich ist und die Aufgabe durch den Regionalverband wirtschaftlicher und zweckmäßiger erfüllt werden kann"[16].

Die institutionellen Regelungen sehen vor, daß die Regionalverbände nicht wie im Denkmodell zur Kreisreform vorgesehen, als Zweckverbände ausgestaltet werden, sondern als weitgehend selbständige Kommunalverbände, was ihnen bei ihrer Planungstätigkeit eine größere Unabhängigkeit von den Mitgliedern sichern dürfte. Hauptorgan des Regionalverbands ist die Verbandsversammlung, deren Mitglieder von den Kreistagen und den Gemeinderäten der Stadtkreise gewählt werden[17]. Durch diese Regelung, d. h. die indirekte Vertretung der Bevöl-

---

[15] Die von der obersten Landesplanungsbehörde für verbindlich erklärten Ziele eines Regionalplans sind Ziele der Raumordnung und Landesplanung, die für alle öffentlichen Planungsträger verbindlich sind. Vgl. Zweites Gesetz zur Verwaltungsreform (Regionalverbandsgesetz), a.a.O., § 20 Abs 2, S. 343.
[16] Vgl. ebenda, § 7 b Abs. 2, S. 337.
[17] Vgl. ebenda, § 7 e Abs. 2, S. 338.

II. Reformvorstellungen

kerung der Region in der Verbandsversammlung, ist eine *demokratische Legitimation* und *Kontrolle* gegeben, die bei Regionalplänen, die politische Entscheidungen enthalten, erforderlich ist.

Die Finanzierung der Regionalverbände soll wie bei den Planungsgemeischaften über Zuschüsse des Landes und eine Umlage von den Stadt- und Landkreisen erfolgen[18], eine Finanzierungskompetenz zur Durchsetzung regional bedeutsamer Projekte ist *nicht* vorgesehen.

Bei der Einteilung des Landes Baden-Württemberg in 12 Regionen (Regionalverbände) ist man von den Verflechtungsbereichen bestehender oder anzustrebender Oberzentren ausgegangen, was gegenüber der oft *zufallsbedingten* Abgrenzung der regionalen Planungsgemeinschaften eine wesentliche Verbesserung bedeutet. Besonders die Zusammenfassung der drei Planungsgemeinschaften Württemberg-Mitte, Neckar-Fils und Rems-Murr und der Stadt Stuttgart zum Regionalverband Mittlerer Neckar ist für eine effektive Regionalplanung in diesem Ballungs- und Verdichtungsgebiet unumgänglich. Wenig befriedigen kann allerdings die Abgrenzung einzelner Regionalverbände. So ist z. B. der Regionalverband Ostwürttemberg mit 398 000 Einwohnern relativ klein — dem gegenüber steht der Regionalverband Mittlerer Neckar mit mehr als 2,2 Mio. Einwohnern[19] —; es ist daher fraglich, ob dieser Raum an der Landesgrenze zur Ausbildung eines eigenen leistungsfähigen Oberzentrums groß genug ist.

Eine wesentliche Verbesserung gegenüber der heutigen Situation ist insofern gegeben, als das Regionalverbandsgesetz vorsieht, daß das Land Weisungen über den Planungszeitraum, Form und Inhalt des Regionalplans[20] und die Grundzüge der Planung (soweit zur „Ausformung" des Landesentwicklungsplans erforderlich) erteilen kann[21]. Durch

---

[18] Der Landeszuschuß wird im Regionalverbandsgesetz mit 0,30 DM je Einwohner und 50 DM je Quadratkilometer festgelegt. Es ist allerdings fraglich, ob es sinnvoll ist, die Höhe der staatlichen Zuschüsse in einem Gesetz festzulegen, da Änderungen der Zuschüsse dann eine Novellierung des Gesetzes erforderlich machen.

[19] Bezüglich der Größe nach Fläche und Einwohnerzahl weisen die Regionalverbände insgesamt weniger große Unterschiede auf als die regionalen Planungsgemeinschaften. Siehe dazu die Tabellen 3 und 6 im Anhang dieser Arbeit.

[20] Hinsichtlich des Inhalts der Regionalpläne wird im Regionalverbandsgesetz festgelegt, daß ein Regionalplan u. a.:
(1) Die zentralen Orte der unteren Stufe (Kleinzentren) und ihre Verflechtungsbereiche, (2) die regionalen Entwicklungsachsen mit ihren vorrangigen Entwicklungsaufgaben in einzelnen Bereichen, (3) die anzustrebende Verteilung der Wohn- und Arbeitsstätten nach Nahbereichen und (4) die Verteilung der Einrichtungen der Versorgung und Entsorgung, des Verkehrs und der Erholung enthalten muß. Vgl. Zweites Gesetz zur Verwaltungsreform, a.a.O., § 18 Abs. 1, S. 342.

[21] Vgl. ebenda, § 17 Abs. 1, S. 341.

diese Regelung dürfte die Vergleichbarkeit der Regionalpläne untereinander gesichert sein und eine Koordination zwischen Landesplanung und Regionalplanung erleichtert werden. Wenn die Bestimmung, daß das Land Weisungen für die Grundzüge der Planung erteilen kann, auch einen breiten Interpretationsspielraum enthält, dürfte dadurch doch die Möglichkeit gegeben sein, einen Zwang zur Anpassung der regionalen Ziele an die Ziele des Landesentwicklungsplans und zu deren Konkretisierung auszuüben.

Die zentrale Frage bei der Beurteilung des Regionalverbandskonzepts ist, ob die neuen Regionalverbände eine konsistente Raumordnungspolitik auf regionaler Ebene gewährleisten. Diese Frage muß — unter Vorbehalten, da noch nicht geklärt ist, welche Aufgaben den Regionalverbänden neben der Regionalplanung übertragen werden sollen — verneint werden. Entscheidende Koordinationshemmnisse und Konflikte dürften sich daraus ergeben, daß Planung und Durchführung, d. h. die Aufstellung der regionalen Ziele und der zu ihrer Verwirklichung erforderlichen Aktionsprogramme, weiterhin organisatorisch getrennt sind. Den Regionalverbänden stehen leistungsfähigere Kreise gegenüber, die die Kompetenz zur Aufstellung von *Entwicklungsprogrammen* erhalten, in denen „die Maßnahmen des Kreises, der kreisangehörigen Gemeinden und anderer Träger gemeindlicher Aufgaben, die zur Verwirklichung der in den Regionalplänen festgelegten Ziele der Raumordnung und Landesplanung erforderlich sind, nach ihrer Dringlichkeit und unter Angabe des voraussichtlichen Finanzbedarfs zusammenfassend dargestellt werden"[22]. Die Landkreise sollen nicht nur die Entwicklungsprogramme aufstellen und als Koordinationsinstanzen für raumwirksame Maßnahmen ausgebaut werden, sondern auch Planungen für überörtliche Investitionen (Krankenhausplanung, Altenheimplanung, Müll- und Abwasserplanung u. a.) und Investitionshilfen übernehmen[23].

Da den Regionalverbänden keine *organisatorisch gesicherte* Einflußnahme auf die Entwicklungsprogramme der Landkreise gewährt wird, besteht die Gefahr, daß das Siedlungskonzept zwar von dem Regionalverband erstellt wird, die konkreten Investitionspläne und -entscheidungen jedoch nicht unter regionalem Aspekt, sondern aus der Sicht der einzelnen Landkreise aufgestellt bzw. getroffen werden. Sinnvoller wäre es gewesen, den Regionalverbänden nicht nur die Aufstellung der langfristigen räumlichen Zielsetzungen, sondern auch die Aufstellung von Aktionsprogrammen und die räumliche und zeitliche

---

[22] Zweites Gesetz zur Verwaltungsreform (Regionalverbandsgesetz), a.a.O., § 20 a, S. 343.
[23] Vgl. Schreiben des Ministerpräsidenten betr. Konzeption der Landesregierung für die Verwaltungsreform in Baden-Württemberg, a.a.O., S. 5.

II. Reformvorstellungen

Koordination der Entwicklungsmaßnahmen der Landkreise und der Gemeinden zu übertragen[24]. Für die Aufgaben der regionalen Strukturförderung, der Krankenhausplanung, der Versorgungs- und Entsorgungsplanung und der Straßenplanung dürften die 35 Kreise des Kreisreformgesetzes zu klein sein; die vorteilhaftere Lösung ist in einer Übertragung dieser Aufgaben auf die Regionalverbände zu sehen[25]. Da regionale Infrastrukturplanungen nicht sinnvoll sind ohne regionale Finanzierung, müßten die Regionalverbände auch mit einer (begrenzten) *Finanzierungskompetenz* zur Realisierung regional bedeutsamer Projekte ausgestattet werden[26], zumindest jedoch ein gesichertes Mitspracherecht bei der Vergabe staatlicher Förderungsmittel für kommunale Projekte (Infrastrukturausbau, Industrieansiedlung) haben[27].

Einen Fortschritt im Hinblick auf die Durchsetzung der Regionalpläne gegenüber der Bauleitplanung bedeutet die Regelung, daß die von den Regionalverbänden aufgestellten regionalen Ziele für verbindlich erklärt werden sollen. Es ist jedoch fraglich, ob diese Regelung ausreicht, um einen hinreichend großen Steuerungseffekt zu erzielen, da konkrete regionale Ziele zwar bestimmte kommunale Planungen verhindern können, etwa die Ausweisung von Industriegelände in einem Naherholungsgebiet, jedoch keine zur Realisierung der regionalen Ziele erforderlichen Aktionen der Gemeinden erzwingen. Die Erfahrung mit den Planungsgemeinschaften hat gezeigt, daß es zweckmäßig ist, wenn die Institutionen der Regionalplanung zugleich Geneh-

---

[24] Im Innenministerium wurde die Möglichkeit erwogen, den Regionalverbänden ein Vorschlagsrecht für die Investitionsprogramme des Landes zu geben und damit die Investitionsplanungen zumindest teilweise zu regionalisieren. Aus politischen und verwaltungstechnischen Gründen hat man davon jedoch Abstand genommen. Nach einer Auskunft des Innenministeriums Baden-Württemberg.

[25] Das Denkmodell zur Kreisreform enthielt den Vorschlag, den Regionalverbänden in den Ballungs- und Verdichtungsgebieten durch Gesetz Zuständigkeiten auf dem Gebiete des Nahverkehrs, der regionalen Strukturförderung, der Krankenhausplanung, der Reinhaltung der Luft, des Gewässerschutzes und der Sicherung von Grünflächen zu übertragen. Vgl. Innenministerium Baden-Württemberg: Denkmodell zur Kreisreform, a.a.O., S. 22.

[26] Eine gute Zusammenfassung der Meinungen in der Literatur zum Problem der Ausgestaltung der regionalen Instanzen mit Durchführungs- und Finanzierungskompetenzen findet sich bei K. *Lange*, a.a.O., S. 45—52.

[27] Hingewiesen sei auf den Diskussionsbeitrag von R. Jochimsen und P. Treuner, Landesaufbaugesellschaften als Träger der regionalen Strukturpolitik zu gründen. Diese außerhalb der allgemeinen Verwaltung stehenden und mit den Regionalverbänden vergleichbaren Institutionen sollen neben Auftragsaufgaben (z. B. die direkte Förderung von Industrie- und Gewerbebetrieben und die Förderung von Entwicklungsinvestitionen von Gemeinde- und Gemeindeverbänden) eigene Aufgaben (regionale Planungen, Information und Werbung, Finanzierung und Durchführung von Maßnahmen — etwa Erschließung von Gewerbegebieten, Errichtung von Gewerbeparks und Bodenbevorratung —) erfüllen. Vgl. R. *Jochimsen* und P. *Treuner*, a.a.O., S. 48.

migungsinstanzen für die Flächennutzungspläne der Gemeinden sind oder zumindest institutionell gesichert in das Genehmigungsverfahren einbezogen werden. Das Zweite Gesetz zur Verwaltungsreform (Regionalverbandsgesetz) macht darüber jedoch *keine* Aussagen.

Pointiert — und vielleicht etwas überspitzt — läßt sich sagen, daß das Regierungskonzept zur Verwaltungsreform, das wesentliche *partielle* Verbesserungen enthält, die Probleme der Raumordnungspolitik, speziell die Koordination der Pläne und Entscheidungen der Gemeinden, der Kreise und der staatlichen Fachplanungsträger im Rahmen eines regionalen Gesamtkonzepts, durch die Vergrößerung der Landkreise und Gemeinden und die Aufstockung der regionalen Planungsgemeinschaften zu Regionalverbänden mit Planungskompetenz nur verschiebt; *es übernimmt letztlich die grundsätzlichen Schwächen des bisherigen Systems,* die sich u. a. aus der Trennung von regionaler Planung und Durchführung ergeben[28]. Der Wirkungsgrad der Raumordnungspolitik hängt entscheidend von der Entfernung der Träger der Planung von der allgemeinen Verwaltung bzw. der Entscheidung über die Durchführungsmaßnahmen ab, die ist jedoch durch das Regionalverbandskonzept kaum geringer geworden. Es wird sich als notwendig erweisen, Regionalplanung und Vollzug der Pläne organisatorisch enger zu verbinden und den Regionalverbänden Durchführungskompetenzen für einzelne regionale Aufgaben zu übertragen[29]. Eine Möglichkeit zur Übertragung staatlicher Aufgaben ist mit der für das Jahr 1977 geplanten Auflösung der Regierungspräsidien gegeben[30].

Als *langfristig* bessere — aber heute nicht realisierbare — Lösung dürfte eine Verwaltungsstruktur anzusehen sein, die nur noch aus

---

[28] Unter diesem entscheidenden Aspekt wäre das Konzept des Denkmodells zur Kreisreform, das die Regionalplanung als Aufgabe den Landkreisen übertragen wollte und damit Planung und Planverwirklichung weitgehend in einer Hand vereinigen, die bessere Lösung gewesen.

[29] Von dem CDU-Fraktionsführer im Stuttgarter Landtag wurde in der Debatte zur Ersten Lesung der Gesetze zur Verwaltungsreform gefordert, die Regionalverbände über die Regierungsvorlage hinaus mit Verwaltungsaufgaben auszustatten. Vgl. Ohne Verfasserangabe: Lebhafte Debatte über die Kreisreform, Stuttgarter Zeitung, 17. Februar 1971, S. 1.

[30] Die von der Regierung eingesetzte Kommission für die Reform der staatlichen Aufgaben (Reschke-Kommission) hat ermittelt, daß nur 10 % der Aufgaben der heutigen Regierungspräsidien auf die nachgeordneten Verwaltungsbehörden — im wesentlichen die nach dem Gesetzentwurf zur Kreisreform vergrößerten Landkreise — delegiert werden können, jedoch 90 % auf Verwaltungseinheiten auf Regionsebene. Vgl. *E. Konnerth:* Auf die Regierungspräsidien verzichten? — Überraschendes Ergebnis der Kommission für die Reform der staatlichen Aufgaben —, Badische Zeitung, Nr. 55, 19. März 1971, S. 2. Daraus ergibt sich die Notwendigkeit, bei der geplanten Auflösung der Regierungspräsidien die Regionalverbände zu Verwaltungsbehörden auszubauen (wie von der CDU beabsichtigt) oder zentrale Landesverwaltungsämter nach der Vorstellung der SPD zu errichten.

II. Reformvorstellungen

Großgemeinden, Regionalkreisen und den Ministerien besteht; an die Stelle der 35 Landkreise und der Regierungspräsidien könnten Verwaltungsregionen oder Regionalkreise mit dem räumlichen Zuschnitt der Regionalverbände treten. Vor dem Hintergrund der — auch von der Wissenschaft geforderten — Entwicklung der Region zur Verwaltungsstufe[31] ist das Regionalverbandskonzept genauso als *Zwischenlösung* anzusehen, wie die regionalen Planungsgemeinschaften es sind bzw. waren.

---

[31] Vgl. dazu u. a. *U. Scheuner:* Stellung und Aufgaben kommunaler Regionalverbände, in: Die Verwaltungsregion. Aufgaben und Verfassung einer neuen Verwaltungseinheit, (Bericht über ein internationales Kolloquium), Schriftenreihe des Vereins für Kommunalwissenschaften e. V. Berlin, Band 16, Stuttgart, Berlin, Köln, Mainz, 1967, S. 30 ff.

Anhang

Tabelle 1
Zusammenfassende Übersicht über die Planungsgemeinschaften in Baden-Württemberg in der Reihenfolge ihrer Gründung

Planungsgemeinschaft	Gründungsjahr
(1) Kommunale Arbeitsgemeinschaft Rhein-Neckar GmbH[a]	1951
(2) Odenwald	1956
(3) Hochrhein	1956
(4) Westlicher Bodensee-Linzgau-Hegau	1957
(5) Neckar-Alb	1958
(6) Breisgau	1958
(7) Württemberg-Mitte e. V.	1959
(8) Schwarzwald-Baar-Heuberg	1960
(9) Östlicher Bodensee-Allgäu	1961
(10) Neckar-Fils	1961
(11) Schwarzwald-Mitte	1962
(12) Nördlicher Schwarzwald e. V.	1962
(13) Mittelbaden	1962
(14) Rems-Murr e. V.	1962
(15) Württembergisches Unterland e. V.	1963
(16) Hohenlohe	1964
(17) Donau-Riß	1965
(18) Donau-Iller-Blau e. V.[b]	1965
(19) Württemberg-Ost e. V.	1966
(20) Zentrales Oberrheingebiet	1969

a) Im Jahre 1968 wurde im baden-württembergischen Gebietsteil der Kommunalen Arbeitsgemeinschaft Rhein-Neckar die Planungsgemeinschaft Unterer Neckar gegründet, die Kommunale Arbeitsgemeinschaft wurde 1970 durch den grenzüberschreitenden Raumordnungsverband Rhein-Neckar abgelöst.

b) Der grenzüberschreitenden Planungsgemeinschaft Donau-Iller-Blau gehören auch bayerische Landkreise als Mitglieder an.

c) Neben den 20 anerkannten regionalen Planungsgemeinschaften bestehen noch die beiden Planungsverbände Oberschwaben und Mittlerer Neckarraum, die das Planungsgebiet mehrerer Planungsgemeinschaften umfassen. Im Planungsverband Mittlerer Neckarraum ist neben den Planungsgemeinschaften Württemberg-Mitte, Rems-Murr und Neckar-Fils auch die Stadt Stuttgart Mitglied.

Quelle: eigene Erhebungen.

Anhang

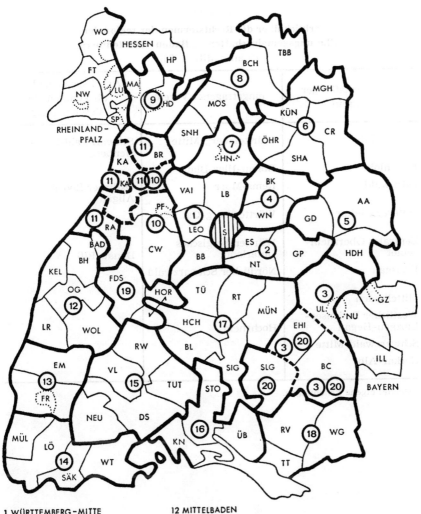

1 WÜRTTEMBERG-MITTE
2 NECKAR-FILS
3 DONAU-ILLER-BLAU
4 REMS-MURR
5 WÜRTTEMBERG-OST
6 HOHENLOHE
7 WÜRTTEMBERG. UNTERLAND
8 ODENWALD
9 UNTERER NECKAR
10 NÖRDLICHER SCHWARZWALD
11 ZENTRALES OBERRHEINGEBIET
12 MITTELBADEN
13 BREISGAU
14 HOCHRHEIN
15 SCHWARZWALD-BAAR-HEUBERG
16 WESTL. BODENSEE-LINZGAU-HEGAU
17 NECKAR-ALB
18 ÖSTLICHER BODENSEE-ÄLLGAU
19 SCHWARZWALD-MITTE
20 DONAU-RISS

Karte 1. Größe und räumliche Verteilung der regionalen Planungsgemeinschaften in Baden-Württemberg

Quelle: Innenministerium Baden-Württemberg (Hrsg.), o. O., 1969.

Tabelle 2
Überblick über die Rechtsformen der regionalen Planungsgemeinschaften in Baden-Württemberg
(Stand: Mitte 1970)

nicht rechtsfähiger Verein	eingetragener Verein	Arbeitsgemeinschaft als kommunale Vereinbarung
Neckar-Fils	Württemberg-Mitte	Schwarzwald-Baar-Heuberg
Hohenlohe	Donau-Iller-Blau	
Odenwald	Rems-Murr	Östlicher Bodensee-Allgäu
Unterer Neckar	Württemberg-Ost	
Zentrales Oberrheingebiet	Württembergisches Unterland	Donau-Riß
Breisgau	Nördlicher Schwarzwald	
Mittelbaden		
Westlicher Bodensee-Linzgau-Hegau	Hochrhein	
Schwarzwald-Mitte		
Neckar-Alb		

Quelle: eigene Erhebungen.

Anhang

Tabelle 3

Fläche und Wohnbevölkerung der regionalen Planungsgemeinschaften in Baden-Württemberg
(Stand: 30. 6. 1967)

Planungsgemeinschaft	Fläche in qkm	Wohnbevölkerung in 1 000
Neckar-Alb	3 244	582
Schwarzwald-Baar-Heuberg	2 947	437
Odenwald	2 587	308
Hohenlohe	2 548	253
Donau-Iller-Blau	2 443	342
Mittelbaden	2 334	439
Donau-Riß	2 274	230
Württemberg-Ost	2 162	383
Hochrhein	2 037	353
Nördlicher Schwarzwald	1 799	490
Östlicher Bodensee-Allgäu	1 710	279
Zentrales Oberrheingebiet	1 705	714
Westlicher Bodensee-Linzgau-Hegau	1 700	304
Württemberg-Mitte	1 550	684
Breisgau	1 404	363
Neckar-Fils	1 244	595
Unterer Neckar	1 040	802
Rems-Murr	1 023	332
Schwarzwald-Mitte	971	111
Württembergisches Unterland	937	280

a) Baden-Württemberg hat eine Fläche von 35 750 qkm und eine Wohnbevölkerung von 8 548 000 Einwohnern; die aufsummierten Werte stimmen nicht mit denen von Baden-Württemberg überein, da Stuttgart nicht Mitglied einer Planungsgemeinschaft ist und einige Landkreise Doppelmitgliedschaft haben.

Quelle: Statistisches Jahrbuch für die Bundesrepublik Deutschland, Stuttgart, Mainz 1968, S. 28 f.; eigene Berechnungen.

Tabelle 4
Zusammenfassende Übersicht über die Mitglieder der regionalen Planungsgemeinschaften
(Stand: Frühjahr 1970)

Planungsgemeinschaft	Kreise	Gemeinden
(1) Württemberg-Mitte	4 Landkreise	5 große Kreisstädte und 148 von 158 kreisangehörigen Gemeinden
(2) Neckar-Fils	3 Landkreise	5 große Kreisstädte und weitere 128 von 140 kreisangehörigen Gemeinden
(3) Donau-Iller-Blau	1 Stadtkreis, 3 Landkreise (außerdem in Bayern 3 Landkreise)	in Baden-Württemberg 100 von 231 kreisangehörigen Gemeinden (in Bayern 2 kreisfreie Städte sowie 102 kreisangehörige Gemeinden)
(4) Rems-Murr	2 Landkreise	3 große Kreisstädte und weitere 109 von 110 kreisangehörigen Gemeinden
(5) Württemberg-Ost	3 Landkreise	3 große Kreisstädte und weitere 117 von 140 kreisangehörigen Gemeinden
(6) Hohenlohe	5 Landkreise	1 große Kreisstadt und alle 246 kreisangehörigen Gemeinden
(7) Württembergisches Unterland	1 Stadt- und 1 Landkreis	94 von 99 kreisangehörigen Gemeinden
(8) Odenwald	4 Landkreise	52 von 276 Gemeinden[a]
(9) Unterer Neckar	2 Stadt- und Landkreise	—
(10) Nördlicher Schwarzwald	1 Stadtkreis und 3 Landkreise	118 von 196 kreisangehörigen Gemeinden
(11) Zentrales Oberrheingebiet	1 Stadtkreis und 4 Landkreise	3 große Kreisstädte und 103 von 141 kreisangehörigen Gemeinden
(12) Mittelbaden	1 Stadtkreis und 5 Landkreise	2 große Kreisstädte und weitere 177 von 192 kreisangehörigen Gemeinden
(13) Breisgau	1 Stadtkreis und 2 Landkreise	132 von 135 kreisangehörigen Gemeinden
(14) Hochrhein	4 Landkreise	1 große Kreisstadt und weitere 159 von 266 Gemeinden
(15) Schwarzwald-Baar-Heuberg	5 Landkreise	—

Planungs-gemeinschaft	Kreise	Gemeinden
(16) Westlicher Bodensee-Linzgau-Hegau	3 Landkreise	2 große Kreisstädte und weitere 29 von 191 kreisangehörigen Gemeinden
(17) Neckar-Alb	6 Landkreise	3 große Kreisstädte und weitere 55 von 316 kreisangehörigen Gemeinden
(18) Östlicher Bodensee-Allgäu	3 Landkreise	—
(19) Schwarzwald-Mitte	2 Landkreise	80 von 99 kreisangehörigen Gemeinden
(20) Donau-Riß	3 Landkreise	—

a) In der Planungsgemeinschaft Odenwald sind neben Gemeinden und Kreisen die im Planungsraum gewählten Abgeordneten des Bundestags und des Landtags, in der Planungsgemeinschaft Hochrhein die Industrie- und Handelskammer Hochrhein, einige privatwirtschaftliche Unternehmen und die Planungsverbände nach § 4 BBauG, in der Planungsgemeinschaft Westlicher Bodensee die Industrie- und Handelskammer Konstanz und der DGB-Kreisvorstand Konstanz Mitglied.

Quellen: E. D. Rasch: Das Landesplanungsgesetz für Baden-Württemberg, a.a.O., S. 23 ff.; eigene Erhebungen.

Tabelle 5

Übersicht über die Regionalpläne der regionalen Planungsgemeinschaften in Baden-Württemberg
(Stand: Mitte 1970)

Planungsgemeinschaft	Unbedenklichkeitserklärung ist erfolgt	im Aufstellungsverfahren	Entwurf der Planungsstlelle liegt vor
Württemberg-Mitte			1969
Neckar-Fils		1969	
Donau-Iller-Blau			
Rems-Murr			1969
Württemberg-Ost			
Hohenlohe			
Württembergisches Unterland			
Odenwald			
Unterer Neckar		1962	
Nördlicher Schwarzwald			
Zentrales Oberrheingebiet			
Mittelbaden			
Breisgau	1964		
Hochrhein		1966	
Schwarzwald-Baar-Heuberg		1964*	
Westlicher Bodensee-Linzgau-Hegau		1961*	
Neckar-Alb		1969	
Östlicher Bodensee-Allgäu		1964*	
Schwarzwald-Mitte			
Donau-Riß			

a) Die Jahreszahlen geben das Jahr der Fertigstellung der Entwürfe wieder.

b) Die mit einem Stern gekennzeichneten Planungsgemeinschaften überarbeiten den alten Plan bzw. schreiben ihn fort, und wollen die Unbedenklichkeitserklärung in Kürze beantragen.

Quelle: eigene Erhebungen.

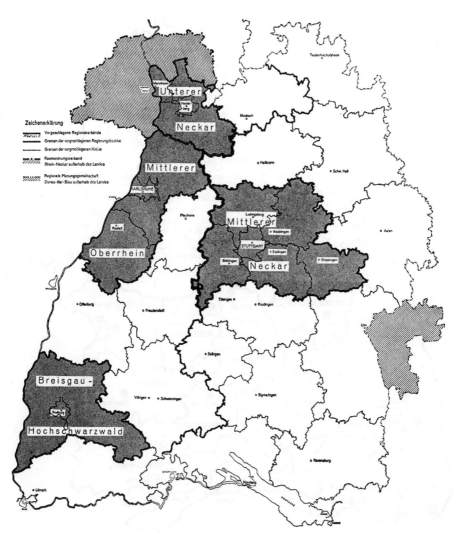

Karte 2. Vorschlag für die Bildung von Regionalverbänden
in Baden-Württemberg

Quelle: Innenministerium Baden-Württemberg: Denkmodell der Landesregierung zur Kreisreform in Baden-Württemberg, a.a.O., S. 17.

Regionalverbände:
① Unterer Neckar ② Franken ③ Mittlerer Oberrhein ④ Mittlerer Neckar ⑤ Ostwürttemberg
⑥ Nordschwarzwald ⑦ Neckar-Alb ⑧ Donau-Iller ⑨ Südlicher Oberrhein ⑩ Schwarzwald-Baar-Heuberg ⑪ Hochrhein ⑫ Bodensee-Oberschwaben

Karte 3. Neugliederung der Landkreise und Abgrenzung von Regionen in Baden-Württemberg (Beschluß des Landtags von Baden-Württemberg vom 23. Juli 1971)

Quelle: Die neuen Kreise und Regionalverbände in Baden-Württemberg, Sonderbericht 2 (Verwaltungsreform), 10. August 1971, hrsg. vom Statistischen Landesamt Baden-Württemberg, ohne Seitenangabe.

Tabelle 6

Bevölkerung, Fläche, Bevölkerungsdichte, Anzahl der Stadt- und Landkreise und Gemeinden der Regionalverbände

Regionalverband	Wohn-bevölkerung in 1 000	Fläche in qkm	Bevölkerungs-dichte (Einw./qkm)	Zahl der Stadt- und Landkreise	Zahl der Gemeinden (Stand: 1.7.1971)
		Stand: 31. März 1970			
(1) Unterer Neckar	1 010,6	2 427	416	4	218
(2) Franken	698,5	4 762	146	5	442
(3) Mittlerer Oberrhein	857,9	2 136	402	4	159
(4) Mittlerer Neckar	2 286,0	3 647	627	6	352
(5) Ostwürttemberg	398,0	2 155	185	2	123
(6) Nordschwarzwald	476,9	2 367	201	4	228
(7) Neckar-Alb	549,4	2 502	220	3	217
(8) Donau-Iller[a]	394,8	2 882	137	3	272
(9) Südlicher Oberrhein	817,0	4 059	201	4	335
(10) Schwarzwald-Baar-Heuberg	434,4	2 536	171	3	199
(11) Hochrhein	555,2	2 769	200	3	325
(12) Bodensee-Oberschwaben	480,8	3 508	137	3	279
Land Baden-Württemberg	8 959,7	35 750	251	44	3 149

a) Für den Raum Donau-Iller ist eine staatsvertragliche Regelung der grenzüberschreitenden Regionalplanung vorgesehen.
b) Differenzen der Summen durch Runden der Zahlen.
Quelle: Die neuen Kreise und Regionalverbände in Baden-Württemberg, Sonderbericht 2 (Verwaltungsreform), 10. August 1971, hrsg. vom Statistischen Landesamt Baden-Württemberg, ohne Seitenangabe.

Literatur- und Quellenverzeichnis

I. Bücher, Zeitschriftenaufsätze, Vorträge

Alexander, Ch.: The coordination of the urban rule system, in: Schriften der Regio 3, Tagungsbericht über die internationale Tagung für Stadt- und Regionalplanung im September 1965 in Basel, Arbeitsgruppe Regio Basiliensis (Hrsg.), Basel 1965, S. 168—178.

Becker-Marx, K.: „Aufgaben grenzüberschreitender Raumordnung im Rhein-Neckar-Gebiet", in: Methoden und Praxis der Regionalplanung in großstädtischen Verdichtungsräumen, Veröffentlichungen der Akademie für Raumforschung und Landesplanung, Forschungs- und Sitzungsberichte, Band 54, Hannover 1969, S. 43—54.

— Die Regionalplanung, in: Verfassungs- und Verwaltungsprobleme der Raumordnung und Landesplanung, Schriftenreihe der Hochschule Speyer, Band 27, Berlin 1965, S. 54—68.

— Die Region — ein Instrument zur Ordnung und Entwicklung der modernen Wirtschaftsräume? Die Öffentliche Verwaltung, 16. Jahrgang (1963), Heft 9, S. 328—331.

— Grenzüberschreitende Regionen, in: Raumordnung und Verwaltungsreform, Tagungsbericht, hrsg. vom Institut für Raumordnung, Bad Godesberg 1968, S. 109—121.

Bertram, J.: Staatspolitik und Kommunalpolitik, Notwendigkeit und Grenzen ihrer Koordinierung, Schriftenreihe des Vereins für Kommunalwissenschaften e. V. Berlin, Band 15, Stuttgart, Berlin, Köln, Mainz 1967.

Bischoff, O.: Die Planungsgemeinschaft Hochrhein, ihre Aufgaben und Ziele, (Referat), in: Die Gemeinden als Träger von Aufgaben der Landesplanung und Raumordnung, Heft 3 der Planungsgemeinschaft Hochrhein, Säckingen 1958, S. 8—14.

Boesler, F.: Zur Theorie und Praxis regionaler Raumordnungspläne. Ein kritischer Erfahrungsbericht, Raumforschung und Raumordnung, 24. Jahrgang (1966), Heft 4, S. 145—155.

Bopp, S.: Regionale Krankenhausplanung. Versuch ihrer theoretischen Erfassung und Untersuchung der Praxis in der Bundesrepublik, in den USA und in England, Schriften zu Regional- und Verkehrsproblemen in Industrie- und Entwicklungsländern, Band 6, Berlin 1970.

Borries, H. W. v.: Regionale und interkommunale Planungsgemeinschaften in der Bundesrepublik Deutschland. Bericht über die Bewährung und die Erfahrungen von Planungsgemeinschaften auf dem Gebiet der regionalen und interkommunalen Planung, Schriften des Verbandes für Wohnungswesen, Städtebau und Raumplanung, Heft 39, Köln 1959.

Boustedt, O.: „Allgemeine systematisch-synoptische Übersicht der Planungsräume, rechtlichen Grundlagen, Planungsgrundsätze und Planungskonzeptionen der regionalen Planungsverbände", in: Methoden und Praxis der Regionalplanung in großstädtischen Verdichtungsräumen, Veröffentlichungen der Akademie für Raumforschung und Landesplanung, Forschungs- und Sitzungsberichte, Band 54, Hannover 1969, S. 79—100.

Boustedt, O., *Ranz*, H.: Regionale Struktur- und Wirtschaftsforschung — Aufgaben und Methoden, Bremen-Horn 1957.

Brenken, G.: Organisation der Regionalplanung, insbesondere in territorialer Hinsicht, in: Veröffentlichungen der Akademie für Raumforschung und Landesplanung, Abhandlungen, Band 54, Hannover 1968, S. 1—13.

Carl, D.: Die Koordination von städtischer und regionaler Verkehrsplanung, Anlaß, Organisation und ökonomische Bedeutung, Hamburger Diss. 1966.

Detroz, A.: Regionale Aktionsgremien, Regional- und wirtschaftspolitische Studienreihe, 1. Die industrielle Umstellung in Europa, VI, Hrsg.: Europäische Gemeinschaft für Kohle und Stahl, Hohe Behörde, Freudenstadt 1966.

Diebold: Kreisplanungsgemeinschaft Waiblingen, Vortrag gehalten bei einer Besprechung beim Innenministerium am 15. Mai 1957, als Manuskript vervielfältigt.

Dietrichs, B.: Regionalpolitische Konzeptionen, Informationsbriefe für Raumordnung, Hrsg.: Der Bundesminister des Innern, (R. 3.1.6), Stuttgart 1969.

Drewe, P.: Ein Beitrag der Sozialforschung zur Regional- und Stadtplanung, Kölner Beiträge zur Sozialforschung und angewandten Soziologie, Hrsg.: R. König und K. Scheuch, Band 7, Meisenheim am Glan 1968.

Eberle, R.: Aufgaben und Arbeitsmethoden in der Regionalplanung, dargestellt am Beispiel der Planungsgemeinschaft Hochrhein, Informationen des Instituts für Raumforschung, 1959, Heft 9, S. 369—376.

Egner, E.: Artikel „Raumwirtschaftspolitik", in: Handwörterbuch der Sozialwissenschaften, Band 8, Stuttgart, Tübingen, Göttingen 1964, S. 694—704.

Ehrenberg, H.: Konzentration auf Schwerpunkte. Mittelfristige Projektion sämtlicher Förderungsmaßnahmen verbessert die Übersicht, Der Volkswirt, 22. Jahrgang, Nr. 45, 8. Oktober 1968, S. 46—47.

Ellwein, Th.: Politik und Planung, Stuttgart 1968.

Ernst, W.: Raumordnung als Aufgabe der planenden Gesetzgebung und Verwaltung, in: J. H. Kaiser (Hrsg.): Planung III, Mittel und Methoden planender Verwaltung, Baden-Baden 1968, S. 129—172.

Evers, H.: Zwischengemeindliche Zusammenarbeit im Raum Freiburg, Kommunalwirtschaft, 1967, Heft 2, S. 52—56.

Filbinger, H.: Die Regionalplanung aus der Sicht des Landes Baden-Württemberg unter besonderer Berücksichtigung des südlichen Oberrheingebietes, in: Schriften der Regio 3, Tagungsbericht über die internationale Tagung für Stadt- und Regionalplanung im September 1965 in Basel, Arbeitsgruppe Regio Basilensis (Hrsg.), Basel 1965, S. 119—129.

Literatur- und Quellenverzeichnis

Freisitzer, K.: Soziologische Elemente in der Raumordnung. Zum Anwendungsbereich der empirischen Sozialforschung in Raumordnung, Raumforschung und Raumplanung, Grazer Rechts- und Staatswissenschaftliche Studien, Band 14, Graz 1965.

Fuchs, W.: Die Bedeutung aktiver Planungsgemeinschaften für die Landesentwicklung, Vortrag gehalten auf der Tagung „Landesentwicklung als Aufgabe von Verwaltung und Wirtschaft" vom 27. bis 29. Mai 1969 in der Evangelischen Akademie Bad Boll, Zusammenfassung in: Protokolldienst Nr. 14 (1969) der Evangelischen Akademie Bad Boll, S. 56—66.

— Methoden zur Analyse und Prognose der sozialökonomischen Wandlung in ländlichen Gemeinden, (Referat), in: Städtebauliche Beiträge 2/1967, Orts- und Regionalplanung im ländlichen Raum, Hrsg.: Institut für Städtebau und Wohnungswesen der Deutschen Akademie für Städtebau und Landesplanung München, München 1967.

Funck, R.: Instrumente der Regionalpolitik, in: H. K. Schneider (Hrsg.): Beiträge zur Regionalpolitik, Schriften des Vereins für Socialpolitik, NF Band 41, Berlin 1968, S. 111—125.

Gerber, H.: Aus den Erfahrungen eines Regionalplaners, Informationen des Instituts für Raumforschung, 12. Jahrgang (1962), Nr. 4, S. 90—100.

Gerfin, H.: Langfristige Wirtschaftsprognose, Tübingen, Zürich 1964.

— Wirtschaftliche und demographische Grundlagen der Regionalplanung, Der Städtetag, 15. Jahrgang (1962), Nr. 12, S. 626—629.

Giersch, H.: Allgemeine Wirtschaftspolitik. Grundlagen, Wiesbaden 1961.

— Das ökonomische Grundproblem der Regionalpolitik, in: H. Jürgensen (Hrsg.): Gestaltungsprobleme der Weltwirtschaft, Festschrift für A. Predöhl, Göttingen 1964, S. 386—400.

Groeben, K. von der: Beispiele staatlicher Planung im Flächenstaat, in: J. H. Kaiser (Hrsg.): Planung III, Mittel und Methoden planender Verwaltung, Baden-Baden 1968, S. 173—192.

— Regionalplanung mit und ohne Verwaltungs- und Finanzverfassungsreform, in: Polis und Regio — von der Stadt- zur Regionalplanung —, Veröffentlichungen der List-Gesellschaft e. V., Band 57, Basel, Tübingen 1967, S. 97—105.

Gutbier, R.: Die Flächennutzungsplanung und der Verstädterungsprozeß im ländlichen Raum, in: Raumordnung und Bauleitplanung im ländlichen Raum, Schriften des Instituts für Städtebau und Raumordnung Stuttgart, Band 1, Stuttgart 1967, S. 73—92.

Haas, H.: Auf dem Wege zur Fränkischen Region, Jahrbücher für Statistik und Landeskunde von Baden-Württemberg, 13. Jahrgang (1968), S. 57—75.

Hahn, J.: Material zum Thema Regionalplanung, Regionen und Verwaltungsreform, in: Polis und Regio — von der Stadt- zur Regionalplanung —, Veröffentlichungen der List-Gesellschaft e. V., Band 57, Basel, Tübingen 1967, S. 359—374.

Halstenberg, F.: Bund und Raumordnung, in: Verfassungs- und Verwaltungsprobleme der Raumordnung und Landesplanung, Schriftenreihe der Hochschule Speyer, Band 27, Berlin 1965, S. 25—38.

Halstenberg, F.: Die Planung und ihre Träger, in: Stadtplanung, Landesplanung, Raumordnung, hrsg. von der Landesgruppe Nordrhein-Westfalen der Deutschen Akademie für Städtebau und Landesplanung, Köln, Opladen 1962, S. 46—64.

— Kommunale Planungsgemeinschaften als Träger der Regionalplanung, Der Städtetag, 13. Jahrgang (1960), Nr. 12, S. 625—630.

— Leistungssteigerung durch Regionalplanung, in: Heft 93 der Arbeitsgemeinschaft für Rationalisierung des Landes Nordrhein-Westfalen, Dortmund 1967, S. 9—16.

— Regionalplanung im Verhältnis zu Bund, Ländern und Gemeinden, (Vortrag), Vierteljahresbericht der Planungsgemeinschaft Breisgau, 1962/4, S. 7—16.

Hank, D.: Die Stellung der regionalen Planungsgemeinschaften im Rahmen der Landes- und Regionalplanung, Wirtschaft in Südbaden, Hrsg.: Industrie- und Handelskammer Baden-Baden, 20. Jahrgang (August 1966), Heft 15, S. 547—549.

— Landesplanung und regionale Planungsgemeinschaften in Baden-Württemberg. Kritische Bemerkungen zur Organisation der Landes- und Regionalplanung, Wirtschaft in Südbaden, Hrsg.: Industrie- und Handelskammer Baden-Baden, 21. Jahrgang (1967), Heft 7, S. 236—241.

Hansmeyer, K.: Ziele und Träger regionaler Wirtschaftspolitik, in: H. K. Schneider (Hrsg.): Beiträge zur Regionalpolitik, Schriften des Vereins für Socialpolitik, NF Band 41, Berlin 1968, S. 36—60.

Hax, H.: Artikel „Koordination", in: Handbuch der Organisation, Stuttgart 1969, Sp. 893—899.

— Die Koordination von Entscheidungen. Ein Beitrag zur betriebswirtschaftlichen Organisationslehre, Köln, Berlin, Bonn, München 1965.

Heide, H.-J. von der: Die Verwaltungsregion — Realität oder Utopie? Die Öffentliche Verwaltung, 19. Jahrgang (1966), Heft 22, S. 774—779.

Heppner, K.: Die regionalen Planungsgemeinschaften in Baden-Württemberg, in: Polis und Regio — von der Stadt- zur Regionalplanung —, Frankfurter Gespräch der List-Gesellschaft vom 4. bis 10. Mai 1967, Veröffentlichungen der List-Gesellschaft e. V., Band 67, Basel, Tübingen, S. 156—162.

Herzner, E.: Artikel „Gemeindliche Raumordnung", in: Handwörterbuch der Raumforschung und Raumordnung, Hannover 1966, Sp. 582—596.

Hesler, A. von: „Die Regionale Planungsgemeinschaft Untermain", in: Methoden und Praxis der Regionalplanung in großstädtischen Verdichtungsräumen, Veröffentlichungen der Akademie für Raumforschung und Landesplanung, Forschungs- und Sitzungsberichte, Band 54, Hannover 1969, S. 33—41.

Hessing, F.-J.: Regionalplanung, in: Raumordnung und Bauleitplanung im ländlichen Raum, Schriften des Instituts für Städtebau und Raumordnung Stuttgart, Band 1, Stuttgart 1967, S. 104—120.

Hübler, K.-H.: Der Vollzug der Raumordnung in ländlichen Gebieten. Überlegungen zu möglichen Organisationsformen, Informationen des Instituts für Raumforschung, 17. Jahrgang (1967), Nr. 14, S. 483—502.

Isard, W.: Regional Science, The Concept of Region and Regional Structure, Papers and Proceedings of the Regional Science Association, Vol. II, 1956, S. 13—26.

Isbary, G.: Der Entwicklungs- und Raumordnungsplan der Planungsgemeinschaft Westlicher Bodensee-Linzgau-Hegau (Besprechung), Informationen des Instituts für Raumforschung, 12. Jahrgang (1962), Nr. 8, S. 197—200.

— Regionale Probleme der Raumordnung, Gutachten, hrsg. vom Landkreis Saarbrücken, o. O., 1963.

— Zentrale Orte und Versorgungsnahbereiche. Zur Quantifizierung der Zentralen Orte in der Bundesrepublik Deutschland, Hrsg.: Institut für Raumforschung in der Bundesanstalt für Landeskunde und Raumforschung, Bad Godesberg 1965.

— Zur Gliederung des Bundesgebiets in Planungsräume, Die Öffentliche Verwaltung, 16. Jahrgang (1963), Heft 21/22, S. 793—797.

Isenberg, G.: Maßnahmen und Diagnoseprobleme der Raumordnung, Informationen des Instituts für Raumforschung, 17. Jahrgang (1967), Nr. 1, S. 1—18.

Jakob, J.: Zweckverbände als Instrument der Regionalplanung, in: Regionalplanung, Probleme und Lösungsvorschläge, Zürich, St. Gallen 1967, S. 18—32.

Jansen, P. G.: Infrastrukturinvestitionen als Mittel der Regionalpolitik, Beiträge zur Regionalpolitik, hrsg. vom Zentralinstitut für Raumplanung an der Universität Münster, Band 3, Gütersloh 1967.

Jochimsen, R.: Strategie der wirtschaftspolitischen Entscheidung, Weltwirtschaftliches Archiv, 1967/ II, S. 52—76.

— Theorie der Infrastruktur. Grundlagen der marktwirtschaftlichen Entwicklung, Tübingen 1966.

Jochimsen, R., *Treuner*, P.: Entwicklungsstrategie für das flache Land. Ein Beitrag zur Diskussion in der Bundesrepublik, Der Volkswirt, 22. Jahrgang, Nr. 32, 9. August 1968, S. 27—30.

— — Strategie am Scheideweg, Der Volkswirt, 24. Jahrgang, Nr. 15, 10. April 1970, S. 46—49.

Jonak, G.: Rechtsfragen der Regionalplanung, Referat gehalten auf der Regionalplanertagung am 14. Juli 1964 in Obermarchtal, vervielfältigtes Manuskript.

Jürgensen, H.: Antinomien in der Regionalpolitik, in: derselbe (Hrsg.): Gestaltungsprobleme der Weltwirtschaft, Festschrift für A. Predöhl, Göttingen 1964, S. 401—413.

— Lohnwert — Wohnwert — Freizeitwert, Optimierungsparameter einer produktivitätsorientierten Regionalpolitik, Schriftenreihe der Gesellschaft für Wohnungs- und Städtebau e. V., Vereinigung zur Förderung von Strukturforschungen, Städtebau und Raumordnung, Hamburg 1966.

Klemmer, P.: Zwischen Wunsch und Wirklichkeit. Die Entscheider brauchen konkrete Ziele — Wachstum durch Ballung, Der Volkswirt, 22. Jahrgang, Nr. 30, 26. Juli 1968, S. 29—31.

Klemmer, P., *Strassert*, G.: Der Entwurf des Gebietsentwicklungsplanes für das Südliche Oberrheingebiet aus wissenschaftlicher Sicht, Wirtschaft in Südbaden, Hrsg.: Industrie- und Handelskammer Baden-Baden, 21. Jahrgang (1967), Heft 24, S. 891—893.

Kloten, N.: Alternative Konzeptionen der Regionalpolitik, in: H. K. Schneider (Hrsg.): Beiträge zur Regionalpolitik, Schriften des Vereins für Socialpolitik, NF Band 41, Berlin 1968, S. 19—35.

Kloten, N., *Müller*, J. H. und Mitarbeiter: Regionale Strukturpolitik und wirtschaftliches Wachstum in der Marktwirtschaft, Tübingen, Freiburg 1965, vervielfältigtes Manuskript.

Klotz, E., *Bielenberg*, W.: Zuständigkeiten der kommunalen Selbstverwaltungskörperschaften in der Regionalplanung, Die Öffentliche Verwaltung, 20. Jahrgang (1967), Heft 6, S. 184—192.

Koch, H.: Koordinierungsprobleme der Planung im ländlichen Raum, in: Orts- und Regionalplanung im ländlichen Raum, Städtebauliche Beiträge 2/1967, hrsg. vom Institut für Städtebau und Wohnungswesen der Deutschen Akademie für Städtebau und Landesplanung München, München 1967.

Kommunale Gemeinschaftsstelle für Verwaltungsvereinfachung (Hrsg.): Zwischengemeindliche Zusammenarbeit II, Köln 1966.

Krause, W.: Der Landesentwicklungsplan — ein landespolitisches Leitbild, Vortrag gehalten auf der Tagung „Landesentwicklung als Aufgabe von Verwaltung und Wirtschaft" vom 27. bis 29. Mai 1969 in der Evangelischen Akademie Bad Boll, in: Protokolldienst der Evangelischen Akademie Bad Boll, Nr. 14, 1969, S. 13—23.

— Referat, gehalten auf der 9. Regionalplanertagung am 22. Mai 1967 in Kirchheim unter Teck, Innenministerium Baden-Württemberg (Hrsg.): Rundbrief Nr. 5 für die Landesplanung in Baden-Württemberg, S. 5—12, Hektographie.

Krüger, R.: Das wirtschaftspolitische Instrumentarium. Einteilungsmerkmale und Systematisierung, Berlin 1967.

— Die Koordination von gesamtwirtschaftlicher, regionaler und lokaler Planung. Gedanken zur Einordnung regionaler Planung und Politik in die nationale Wirtschaftspolitik, Volkswirtschaftliche Schriften, Heft 134, Berlin 1969.

Kunze, R.: Kooperativer Föderalismus in der Bundesrepublik. Zur Staatspraxis der Koordinierung von Bund und Ländern, Sozialwissenschaftliche Studien, Schriftenreihe des Seminars für Sozialwissenschaften der Universität Hamburg, Heft 12, Stuttgart 1968.

Lange, K.: Die Organisation der Region, Göttinger Diss. 1968.

Lengelsen, B., *Müller*, J. H., *Niens*, F.: Strukturänderungen und Entwicklungstendenzen der mittelbadischen Wirtschaft bis 1980, Forschungsauftrag der Planungsgemeinschaft Mittelbaden, Freiburg i. Br. 1969, vervielfältigtes Manuskript.

Lenort, N. J.: Entwicklungsplanung in Stadtregionen, Köln - Opladen 1961.

Ley, N.: Artikel „Raumordnung und Landesplanung in der Bundesrepublik Deutschland", in: Handwörterbuch der Raumforschung und Raumordnung, Hannover 1966, Sp. 1508—1529.

Lossnitzer, H.: Grenzen und Möglichkeiten der Regionalplanung, Die Verwaltungspraxis, 34. Jahrgang (1968), Heft 4, S. 83—86.

Malchus, V. v.: Planungsgemeinschaft Breisgau, o. O., September 1968, maschinengeschriebenes Manuskript.

— Sozialökonomische Aspekte der Regionalplanung, Innere Kolonisation, 15. Jahrgang (1966), Heft 8, S. 199—201.

— Zehn Jahre Planungsgemeinschaft Breisgau, Freiburg i. Br., den 3. November 1969, maschinengeschriebenes Manuskript.

Marx, D.: Wachstumsorientierte Regionalpolitik, Göttingen 1966.

Maurer, J.: Zur Technik der Planung räumlicher Ordnungen, in: Neue Methoden in der Raumordnung, Schriften des Instituts für Städtebau und Raumordnung Stuttgart, Band 3, Stuttgart 1968, S. 19—27.

Mayntz, R.: Artikel „Organisationsziel", in: Handbuch der Organisation, Stuttgart 1969, Sp. 1255—1261.

— Soziologie der Organisation, Reinbek 1963.

Müller, G.: Möglichkeiten der Realisierung von regionalen Entwicklungs- und Raumordnungsplänen, Informationsbriefe für Raumordnung, (R. 0.1.2), Hrsg.: Der Bundesminister des Innern, Stuttgart 1969.

— Regionalplanung — Standort, Aufgaben und Organisation, in: Regionalplanung, Beiträge und Untersuchungen des Instituts für Siedlungs- und Wohnungswesen der Universität Münster, Band 63, Köln 1966, S. 9—28.

Müller, J. H.: Die Bedeutung der Planungsgemeinschaften für die Regionalpolitik, Vortrag gehalten auf der 6. Mitgliederversammlung der Planungsgemeinschaft Mittelbaden am 14. März 1967 in Achern, Niederschrift der Planungsgemeinschaft Mittelbaden, Offenburg, April 1967, S. 1—13, vervielfältigtes Manuskript.

— Neuere Methoden der Regionalanalyse und ihre Anwendbarkeit auf kleinere Räume, in: H. K. Schneider (Hrsg.): Beiträge zur Regionalpolitik, Schriften des Vereins für Socialpolitik, NF Band 41, Berlin 1968, S. 86—107.

— Wirtschaftliche Grundprobleme der Raumordnungspolitik, Berlin 1969.

Müller, J. H., *Klemmer,* P.: Baden-Württembergs verwässerte Raumstrategien. Der Entwurf des Landesentwicklungsplans läßt viele Fragen offen, Der Volkswirt, 22. Jahrgang, Nr. 41, 11. Oktober 1968, S. 39—42.

— — Neuere Methoden der Regionalforschung. Ihre Anwendungsmöglichkeiten durch die verschiedenen Regionalplanungsträger, Der Landkreis, 35. Jahrgang (1965), Heft 10, S. 366—368.

Nährlich, W.: Praktische Erfahrungen in der Regionalplanung, Die Verwaltungspraxis, 34. Jahrgang (1968), Heft 4, S. 77—83.

— Regionalplanung Nordschwarzwald, Jahresbericht 1968 der Planungsstelle, o. O., als Manuskript vervielfältigt.

Niemeier, H., *Müller,* G.: Raumplanung als Verwaltungsaufgabe, Hannover 1964.

Ohm, H.: Allgemeine Volkswirtschaftspolitik, Band I: Systematisch-theoretische Grundlegung, Berlin 1962.

Ohne Verfasserangabe: Regionale Planungsgemeinschaften, Schriften des Deutschen Verbandes für Wohnungswesen, Städtebau und Raumplanung, Heft 58, Köln 1964.

Olsen, K. H.: Die raumordnungspolitischen Mittel, Raumforschung und Raumordnung, 22. Jahrgang (1964), S. 230—234.

Prognos AG: Strukturen und Motive der Wanderungsbewegungen in der Bundesrepublik Deutschland, unter besonderer Berücksichtigung der kleinräumigen Mobilität, Untersuchung im Auftrag des Bundesministers des Innern, Basel 1968.

Rasch, E. D.: Das Landesplanungsgesetz für Baden-Württemberg vom 19. Dezember 1962, in: Praxis der Gemeindeverwaltung, 71. Lieferung Baden-Württemberg, Wiesbaden, April—Juni 1968, S. 1—54.

— Rechtsfragen der Regionalplanung, Die Verwaltungspraxis, 34. Jahrgang (1968), Heft 4, S. 73—77.

Reiff, H.: Methodik, Inhalt und Durchführung staatlicher Entwicklungspläne, dargestellt am Beispiel des Entwurfs des Gebietsentwicklungsplans für das Südliche Oberrheingebiet, Vortrag gehalten auf der Regionalplanertagung für den Regierungsbezirk Südbaden am 28. November 1966 in Kirchzarten (gekürzt), Innenministerium Baden-Württemberg (Hrsg.): Rundbrief Nr. 3 für die Landesplanung in Baden-Württemberg, 1. März 1967, S. 17—32, Hektographie.

— Methodik und Inhalt der Regionalpläne als Voraussetzung für die Unbedenklichkeitserklärung, Vortrag gehalten auf der Regionalplanertagung für den Regierungsbezirk Südbaden am 28. November 1966 in Kirchzarten (gekürzt), Rundbrief Nr. 3 für die Landesplanung in Baden-Württemberg, a.a.O., S. 32—37.

— Regionale Planungsgemeinschaften, Vortrag gehalten auf der 7. Tagung der Regionalplaner des Landes Baden-Württemberg in Eberbach am 22. Juni 1965, Innenministerium Baden-Württemberg (Hrsg.), o. O., o. J., Hektographie.

— Zentralörtliche Gliederung und Nahbereiche in Baden-Württemberg. Auswahl der zentralen Orte in der landesplanerischen Praxis, in: Nahbereiche und zentrale Orte, Schriften des Deutschen Gemeindetags 6, hrsg. vom Deutschen Gemeindetag, Bad Godesberg 1966, S. 69—84.

Romus, P.: Zur Bestimmung des Begriffs Region, Raumforschung und Raumordnung, 22. Jahrgang (1964), Heft 3/4, S. 234—239.

Sachverständigenausschuß für Raumordnung: Die Raumordnung in der Bundesrepublik Deutschland, Gutachten, Stuttgart 1961.

Sander, H.: Regionale Planungsgemeinschaft Untermain, Kommunalwirtschaft, 1968, Heft 4, S. 120—124.

Schefer, A. G.: Die neun Regionen in Rheinland-Pfalz, Informationen des Instituts für Raumforschung, 17. Jahrgang (1967), Nr. 8, S. 271—284.

Scheuner, U.: Stellung und Aufgaben kommunaler Regionalverbände, in: Die Verwaltungsregion. Aufgaben und Verfassung einer neuen Verwaltungseinheit, (Bericht über ein internationales Kolloquium), Schriftenreihe des Vereins für Kommunalwissenschaften e. V. Berlin, Band 16, Stuttgart, Berlin, Köln, Mainz 1967, S. 11—34.

Scheuch, E. K.: Das Interview in der Sozialforschung, in: Handbuch der empirischen Sozialforschung, hrsg. von R. König, Band I, Stuttgart 1962, S. 136—196.

Schiess: Erfahrungen bei der regionalen Zusammenarbeit im westlichen Bodenseegebiet, 3. Tagung der Regionalplaner des Landes Baden-Württemberg in Weinheim/Bergstraße am 9. und 10. Juni 1960, Hrsg.: Landesplanungsstelle beim Innenministerium Baden-Württemberg, o. O., o. J., Hektographie.

Schill, E.: Neuorganisation der Planungsgemeinschaft Breisgau, Freiburg den 31. Oktober 1969, maschinengeschriebenes Manuskript.

Schliebe, K.: Zentrale Orte in Baden-Württemberg, Informationen des Instituts für Raumordnung, 19. Jahrgang (1968), Nr. 23, S. 677—686.

Schneider, H. K.: Modelle für die Regionalpolitik, in: derselbe (Hrsg.): Beiträge zur Regionalpolitik, Schriften des Vereins für Socialpolitik, NF Band 41, Berlin 1968, S. 63—86.

— Plankoordinierung in der Regionalpolitik, in: derselbe (Hrsg.): Rationale Wirtschaftspolitik und Planung in der Wirtschaft von heute, Schriften des Vereins für Socialpolitik, NF Band 45, Berlin 1967, S. 239—275.

— Über einige Probleme und Methoden regionaler Analyse und Prognose, in: derselbe (Hrsg.): Regionalplanung, Köln 1966, S. 95—111.

Schröder, D.: Was leisten Regionalprognosen? Der Volkswirt, Nr. 22, 31. Mai 1968, S. 38—40.

Schütte, W.: Erfahrungs- und Tätigkeitsbericht der Planungsgemeinschaft Breisgau 1959—1966, Halbjahresbericht der Planungsgemeinschaft Breisgau, 1966/I—II, S. 64—68.

— Gedanken zur Situation der Regionalplanung in Baden-Württemberg, Rundbrief Nr. 11 für die Landesplanung in Baden-Württemberg, Innenministerium Baden-Württemberg (Hrsg.), Januar 1970, S. 4—11, Hektographie.

— Regionalplanung im Breisgau, Doppelter Halbjahresbericht der Planungsgemeinschaft Breisgau, 1964/I—II, S. 1—6.

— Regionalplanung im Breisgau. Ein Bericht aus der Praxis, Jahrbuch für Sozialwissenschaft, 1967, Band 18, S. 123—128.

— Regional- und Ortsplanung im Breisgau, Vierteljahresbericht der Planungsgemeinschaft Breisgau, 1959/3, S. 5—22.

Schwan, A.: Die Planungsgemeinschaft Odenwald, Aufbau, Arbeit, Erfahrungen, o. O., o. J., vervielfältigtes Manuskript.

Seeger, R.: Regionalpolitik — Aufgabe der Gesellschaftspolitik, Aktuelle Gespräche, Berichte und Kommentare der Evangelischen Akademie Bad Boll, Heft 5/6, 1968, S. 5—7.

Seidenfus, H. St.: Koordinierungsprobleme und aktuelle Hemmnisse der Regionalpolitik, in: H. K. Schneider (Hrsg.): Beiträge zur Regionalpolitik, Schriften des Vereins für Socialpolitik, NF Band 41, Berlin 1968, S. 126 bis 147.

Seiterich: Verwirklichung des Entwicklungs- und Raumordnungsplans der Regionalen Planungsgemeinschaft Westlicher Bodensee-Linzgau-Hegau, Vortrag gehalten auf der 5. Tagung der Regionalplaner des Landes Baden-Württemberg am 24. und 25. Mai 1962 in Überlingen, o. O., o. J., maschinengeschriebenes Manuskript.

Sonnenberg: Der Entwurf zum Gebietsentwicklungsplan für den Mittleren Neckarraum, (Referat), Niederschrift der Verbandsversammlung der Planungsgemeinschaft Württemberg-Mitte am 26. Februar 1969 in Illingen, o. O., o. J., maschinengeschriebenes Manuskript.

Stepper, G.: Vergleichende Darstellung der räumlichen und organisatorischen Gegebenheiten der Planungsverbände sowie deren planerischen Grundsätze und Ziele, in: Methoden und Praxis der Regionalplanung in großstädtischen Verdichtungsräumen, Veröffentlichungen der Akademie für Raumforschung und Landesplanung, Forschungs- und Sitzungsberichte, Band 54, Hannover 1969, S. 101—140.

Streif, J. W.: Erfahrungsbericht der Planungsgemeinschaft Odenwald, Vortrag gehalten auf der 7. Tagung der Regionalplaner des Landes Baden-Württemberg in Eberbach am 22. Januar 1965, o. O., o. J., als Manuskript vervielfältigt.

Terhalle, W.: Regionalplanung im Schnittpunkt zwischen Bauleitplanung und Landesplanung, (Zusammenfassung eines Referats), in: Beiträge zur Regionalplanung, Städtebauliche Beiträge 2/1966, hrsg. vom Institut für Städtebau und Wohnungswesen der Deutschen Akademie für Städtebau und Landesplanung München, München 1966.

Umlauf, J.: Öffentliche Vorleistungen als Instrument der Raumordnungspolitik, Veröffentlichungen der Akademie für Raumforschung und Landesplanung, Abhandlungen, Band 55, Hannover 1968.

Weber, W.: Raumordnung und Raumplanung, Die Öffentliche Verwaltung, 16. Jahrgang (1963), Heft 21/22, S. 785—788.

Wehrle, K.: Die Durchführung des Regionalplans und die Bildung von Planungsverbänden, Halbjahresbericht der Planungsgemeinschaft Breisgau, 1965/I, S. 23—30.

Weyl, H., *Kappert,* G., *Richels,* E.: „Der Großraum Hannover", in: Methoden und Praxis der Regionalplanung in großstädtischen Verdichtungsräumen, Veröffentlichungen der Akademie für Raumforschung und Landesplanung, Forschungs- und Sitzungsberichte, Band 54, Hannover 1969, S. 15 bis 31.

Wurzer, R.: Aufstellung und Inhalt rechtswirksamer regionaler Entwicklungsprogramme. Versuch einer Methode, Raumforschung und Raumordnung, 22. Jahrgang (1964), Heft 3/4, S. 278—294.

Ziegler, G.: Artikel „Regionale Planungsgemeinschaften", in: Handwörterbuch der Raumforschung und Raumordnung, Hannover 1966, Sp. 1654 bis 1663.

— Die Harmonisierung der Planungen verschiedener Stufen und der verschiedenen Fachplanungen gleicher Stufen. Methodik und Bedeutung der von der Landesplanungsstelle aufgestellten „Planungshinweise für die langfristige Planung", Vortrag gehalten auf der 3. Tagung der Regionalplaner des Landes Baden-Württemberg in Weinheim/Bergstraße am 9. Juni 1960, hrsg. von der Landesplanungsstelle beim Innenministerium Baden-Württemberg, Stuttgart 1960, Hektographie.

— Die kommunale Planung in der Landesplanung, in: Städtebauliche Beiträge, 2/1963, hrsg. vom Institut für Städtebau und Wohnungswesen der Deutschen Akademie für Städtebau und Landesplanung München, München 1963.

Ziegler, G.: Raumordnung im regionalen Rahmen (Referat), in: Die Gemeinden als Träger von Aufgaben der Landesplanung und Raumordnung, Heft 3 der Planungsgemeinschaft Hochrhein, Säckingen 1958, S. 1—8.
— Regionale Planungsgemeinschaften, eine Notwendigkeit, Informationen des Instituts für Raumforschung, 9. Jahrgang (1959), Nr. 10, S. 195—202.
— Regionalplanung, Planungsgemeinschaften und Bauleitplanung, in: Bauleitplanung, Württembergische Verwaltungs- und Wirtschaftsakademie (Hrsg.), Stuttgart 1964, S. 45—54.
— Zweck und Aufgaben von regionalen Planungsgemeinschaften, Vortrag zur Gründung einer Regionalen Planungsgemeinschaft Württembergisches Unterland e. V. am 12. Juli 1963 in Heilbronn, als Manuskript vervielfältigt.

II. Amtliche Veröffentlichungen, Pläne, Strukturuntersuchungen, Gutachten, Geschäftsberichte, Zeitungsartikel

Antrag der Abg. Weyrosta und Gen. betr. Zuschüsse zu regionalen Planungsgemeinschaften, Landtag-Drucksache V—1806, 5. Wahlperiode.

Bezirksplanungsverband Stuttgart (Hrsg.): Der Bezirksplanungsverband Stuttgart e. V. 1931—1937. Ein Abschlußbericht, o. O., Mai 1937.

Evers, H.: Wirtschaftliche Tragfähigkeitsberechnung für das Gebiet der regionalen Planungsgemeinschaft Breisgau im Rahmen der Bundesrepublik und der EWG, Vierteljahresbericht der Planungsgemeinschaft Breisgau, 1961, Nr. 1, S. 13—19; Nr. 2, S. 3—64; Nr. 3, S. 16—28.

Fuchs, W.: Bevölkerungsentwicklung und Bevölkerungsprognose, Planungsgemeinschaft Donau-Riß (Hrsg.), Ehingen 1968, Hektographie.

Gutachten über die Mitgliedschaft in den Planungsgemeinschaften im Auftrage des Landesplanungsrats, Inneministerium Baden-Württemberg (Hrsg.), Rundbrief Nr. 4 für die Landesplanung in Baden-Württemberg, April 1967, S. 13, Hektographie.

Gutachten zur Kreisreform, erstellt von der Kommission für die Reform der staatlichen Verwaltung Baden-Württemberg und der Kommission für Fragen der kommunalen Verwaltungsreform Baden-Württemberg, Sonderbeilage des Staatsanzeigers für Baden-Württemberg, Juli 1970.

Innenministerium Baden-Württemberg: Denkmodell der Landesregierung zur Kreisreform in Baden-Württemberg, Sonderbeilage des Staatsanzeigers für Baden-Württemberg, Nr. 101 vom 20. Dezember 1969.

Innenministerium Baden-Württemberg (Hrsg.): Entwurf des Gebietsentwicklungsplans für den Mittleren Neckarraum, o. O., Stand: Oktober 1968.

Innenministerium Baden-Württemberg (Hrsg.): Entwurf des Gebietsentwicklungsplans für das Südliche Oberrheingebiet, o. O., Stand: Juli 1965.

Innenministerium Baden-Württemberg (Hrsg.): Entwurf des Landesentwicklungsplans Baden-Württemberg, (Stand: 5. Dezember 1967), Band I und II, Stuttgart 1968.

Innenministerium Baden-Württemberg (Hrsg.): Entwurf einer Denkschrift über Zentrale Orte und Verflechtungsbereiche in Baden-Württemberg, (Stand: 2. April 1968), Karlsruhe 1968.

Innenministerium Baden-Württemberg: Ergebnisprotokoll über die Regionalplanertagungen des Innenministeriums für die Regierungsbezirke Nordwürttemberg am 21. Mai 1968 in Sindelfingen; Nordbaden am 19. Juni 1968 in Obrigheim; Südbaden am 29. Mai 1968 in Bad Dürrheim; Südwürttemberg-Hohenzollern am 13. Mai 1968 in Hechingen, Hektographie.

Innenministerium Baden-Württemberg (Hrsg.): Raumordnungsbericht der Landesregierung von Baden-Württemberg, Stuttgart 1966.

Isbary, G.: Strukturen und Prozesse im Planungsraum Breisgau, Gutachten im Auftrage der Planungsgemeinschaft Breisgau, Vierteljahresbericht der Planungsgemeinschaft Breisgau, 1962/II, S. 1—72.

Kommission für Fragen der kommunalen Verwaltungsreform Baden-Württemberg: Teilgutachten A, Stärkung der Verwaltungskraft kleinerer Gemeinden, Sonderbeilage des Staatsanzeigers für Baden-Württemberg, Oktober 1969.

Kommunale Arbeitsgemeinschaft Rhein-Neckar GmbH (Hrsg.): Regionaler Raumordnungsplan Rhein-Neckar, Mannheim 1962.

Kommunale Arbeitsgemeinschaft Rhein-Neckar (Hrsg.): Regionaler Verkehrsplan, Der regionale Straßenverkehr, Mannheim 1967.

Konnerth, E.: Auf die Regierungspräsidien verzichten? — Überraschendes Ergebnis der Kommission für die Reform der staatlichen Aufgaben, Badische Zeitung, Nr. 65, 19. März 1971.

— Regionen — gebündelte Instanzen der Zukunft. Filbinger zur Auflösung der Regierungspräsidien — Freiburg wird nicht an politischem Rang verlieren, Badische Zeitung, 28. Juli 1970.

Malchus, V. Frhr. v.: Bettenbedarfsanalyse für die Krankenhäuser des Breisgaus, Doppelter Halbjahresbericht der Planungsgemeinschaft Breisgau, 1967/I—II, S. 33—60.

— Ungünstige Randlage Freiburgs, Badische Zeitung, Nr. 53, 5. März 1971.

Ohne Verfasserangabe: Das Land in zwölf Regionalverbände eingeteilt. Drei weitere Gesetzentwürfe zur Verwaltungsreform — Zuerst Anhörung, dann vor dem Landtag, Badische Zeitung, 29. Oktober 1970.

Ohne Verfasserangabe: Der volksnahen Verwaltung einen Schritt näher. Der Landesplanungsrat begrüßt den Regierungsentwurf des Regionalverbandsgesetzes, Badische Zeitung, 19. Januar 1971.

Ohne Verfasserangabe: Die Aufgaben der Planungsgemeinschaften, Stuttgarter Zeitung, Nr. 122, 30. Mai 1969.

Ohne Verfasserangabe: Die Regio-Koordination kann anlaufen. Für die Gesamtplanung im Raum der Regio Basiliensis eingerichtet, Badische Zeitung, 3. Juni 1971.

Ohne Verfasserangabe: Lebhafte Debatte über die Kreisreform, Stuttgarter Zeitung, 12. Februar 1971.

Ohne Verfasserangabe: Planung zwischen Mannheim und Aalen. Arbeitsgemeinschaft dreier Planungsgemeinschaften — Fraktionsbildung gegen Heilbronn, Stuttgarter Zeitung, Nr. 108, 10. Mai 1968.

Ohne Verfasserangabe: Raumordnung über die Landesgrenzen hinweg. Staatsvertrag ermöglicht einheitliche Planung im Rhein-Neckar-Gebiet, Staatsanzeiger für Baden-Württemberg, Nr. 19, 1969, S. 1.

Literatur- und Quellenverzeichnis

Ohne Verfasserangabe: Überall Regionale Planungsgemeinschaften, Staatsanzeiger für Baden-Württemberg, Nr. 19, 1969, S. 2.

Planungsgemeinschaft Breisgau: Planungsziele des Regionalplans Breisgau 1964, (Stand: 19. Oktober 1967), Freiburg i. Br. 1967, Hektographie.

Planungsgemeinschaft Breisgau: Regionalplan 1964, Band I und II, Teningen/ Baden, o. J.

Planungsgemeinschaft Breisgau: Strukturatlas, Freiburg i. Br., 1960.

Planungsgemeinschaft Hochrhein (Hrsg.): Beiträge zur Raumordnung und Landesentwicklung, Südliches Oberrheingebiet, Säckingen 1966.

Planungsgemeinschaft Hochrhein: Stellungnahmen zu den Entwürfen des Landesentwicklungsplans und der Zentrale-Orte-Denkschrift, Informationsblätter, Heft 1, Säckingen 1969.

Planungsgemeinschaft Mittelbaden: Bestandsaufnahme, Beurteilung, Planungsaufgaben, Offenburg 1965.

Planungsgemeinschaft Mittelbaden (Hrsg.): Pendlerverkehr der Berufstätigen, Informationen, Studien, Planungen, Offenburg, Oktober 1968.

Planungsgemeinschaft Mittelbaden: Niederschrift über die 7. Mitgliederversammlung vom 30. April 1968 in Offenburg, Hektographie.

Planungsgemeinschaft Neckar-Fils: Strukturuntersuchung, Reichenbach an der Fils, Mai 1966.

Planungsgemeinschaft Nördlicher Schwarzwald: Entwicklungskonzeption der Regionalkonzeption 1968, o. O., unveröffentlichte Karte.

Planungsgemeinschaft Östlicher Bodensee-Allgäu: Bestandsaufnahme, Strukturdiagnose, Planungshinweise, München 1963.

Planungsgemeinschaft Östlicher Bodensee-Allgäu: Entwicklungs- und Raumordnungsplan für die Gebiete der Landkreise Tettnang, Ravensburg und Wangen, 1. Fassung 1963/64, München 1964.

Planungsgemeinschaft Rems-Murr: Entwurf des Regionalplans Rems-Murr, Waiblingen 1969, Hektographie.

Planungsgemeinschaft Schwarzwald-Baar-Heuberg: Bestandsaufnahme, Beurteilung, Planungsaufgaben — Beschreibung und Darstellungen —, München, o. J.

Planungsgemeinschaft Schwarzwald-Baar-Heuberg: Entwicklungs- und Raumordnungsplan — Beschreibung und Darstellungen —, 1. Fassung, München 1964.

Planungsgemeinschaft Westlicher Bodensee-Linzgau-Hegau: Entwicklungs- und Raumordnungsplan, München 1961.

Planungsgemeinschaft Westlicher Bodensee-Linzgau-Hegau: Materialien zum Entwicklungs- und Raumordnungsplan, Heft 1, Kartenband, o. O., April 1959; Heft 2, Text zur Bestandsaufnahme, o. O., Dezember 1959; Heft 3, Strukturdiagnose, o. O., Dezember 1959.

Planungsgemeinschaft Württemberg-Mitte: Geschäftsbericht 1968, o. O., vervielfältigtes Manuskript.

Raumordnungsbericht 1968 der Bundesregierung, Bundestag-Drucksache V/3958, Bonn, 12. März 1969.

Regierungspräsidium Südbaden: Niederschrift über die Behördenbesprechung zur Aufstellung eines Raumordnungsplans für den Freiburger Raum und für die Bildung einer Planungsgemeinschaft vom 25. April 1956 in Freiburg, Nr. VII/6601/30.

Planungsgemeinschaft Donau-Iller-Blau: Niederschrift der Sitzung der Mitgliederversammlung am 17. Dezember 1968 in Schelklingen, Hektographie.

Regionale Planungsgemeinschaft Donau-Iller-Blau (Hrsg.): Region Donau-Iller-Blau — Raumordnungsbericht, Ulm 1969.

Regionale Planungsgemeinschaft Hohenlohe: Tätigkeitsbericht für das Jahr 1967, gegeben von Dr. Ansel auf der Mitgliederversammlung am 24. Juni 1968 in Herbsthausen, maschinengeschriebenes Manuskript.

Regionale Planungsgemeinschaft Hohenlohe und Odenwald: Denkschrift über die Strukturmängel in den Fördergebieten Hohenlohe und Odenwald, o. O., November 1967.

Regionale Planungsgemeinschaft Neckar-Alb (Hrsg.): Entwurf 1967 zum Regionalplan Neckar-Alb, o. O., 1967.

Regionale Planungsgemeinschaft Neckar-Alb (Hrsg.): Entwurf 1969 zum Regionalplan Neckar-Alb, o. O., 1969.

Regionale Planungsgemeinschaft Neckar-Alb: Jahresbericht 1967 und 1968 der Planungsstelle, vervielfältigtes Manuskript.

Regionale Planungsgemeinschaft Neckar-Fils (Hrsg.): Entwurf des Regionalplans (Entwicklungs- und Raumordnungsplan) für das Gebiet der Planungsgemeinschaft Neckar-Fils, o. J., o. O., Hektographie.

Regionale Planungsgemeinschaft Nördlicher Schwarzwald e. V.: Regionaler Entwicklungsplan, (Bevölkerungsprognose Januar 1970), Pforzheim 1969/70, unveröffentlichtes Manuskript.

Regionale Planungsgemeinschaft Rems-Murr e. V.: Strukturuntersuchung, Bergen-Enkheim 1964.

Regionale Planungsgemeinschaft Württemberg-Mitte e. V.: Entwurf zum Bereichsplan „Oberes Gäu", (Stand: Januar 1970), vervielfältigtes Manuskript.

Regionale Planungsgemeinschaft Württemberg-Mitte: Entwurf zum Regionalplan, o. O., Stand: Dezember 1969.

Regionale Planungsgemeinschaft Württemberg-Ost e. V.: Stellungnahme zum Entwurf des Landesentwicklungsplanes Baden-Württemberg und zum Entwurf einer Denkschrift des Innenministeriums über Zentrale Orte und Verflechtungsbereiche in Baden-Württemberg vom 9. Dezember 1968, maschinengeschriebenes Manuskript.

Regionale Planungsgemeinschaft Württemberg-Ost e. V.: Geschäftsbericht des Geschäftsführers Manz auf der Mitgliederversammlung am 16. Februar 1968, vervielfältigtes Manuskript.

Schreiben des Ministerpräsidenten betr. Konzeption der Landesregierung für die Verwaltungsreform in Baden-Württemberg, Landtag-Drucksache V—3300, 5. Wahlperiode.

Sonderbericht 2 (Verwaltungsreform), Die neuen Kreise und Regionalverbände in Baden-Württemberg, hrsg. vom Statistischen Landesamt Baden-Württemberg, 10. August 1971.

Statistisches Jahrbuch für die Bundesrepublik Deutschland, Stuttgart, Mainz 1968.

III. Gesetzestexte und Satzungen

Entwurf eines Dritten Gesetzes zur Verwaltungsreform (Regionalverbandsgesetz), Stand: 27. Oktober 1970, Hektographie.

Erstes Gesetz zur Verwaltungsreform (Kreisreformgesetz) vom 26. Juli 1971, Gesetzblatt für Baden-Württemberg, Nr. 10, 20. August 1971.

Gemeindeordnung für Baden-Württemberg vom 25. 7. 1955 (Gesetzblatt, S. 129) mit Änderung durch das Gesetz zur Stärkung der Verwaltungskraft kleinerer Gemeinden vom 26. 3. 1968 (Gesetzblatt, S. 114).

Landesgesetz über die Einteilung des Landes in Regionen (Regionengesetz) vom 19. 3. 1967, Gesetzes- und Verwaltungsblatt für das Land Rheinland-Pfalz, 1967/8, S. 68—69.

Landesplanungsgesetz Baden-Württemberg vom 19. 12. 1962, Gesetzblatt für Baden-Württemberg, 1963, Nr. 1, S. 94—98.

Landesplanungsgesetz von Rheinland-Pfalz vom 14. 6. 1966, Gesetzes- und Verwaltungsblatt, S. 117.

Raumordnungsgesetz des Bundes vom 8. April 1965, Bundesgesetzblatt, Teil I, Nr. 16, S. 89—93.

Satzung der Kommunalen Arbeitsgemeinschaft Rhein-Neckar GmbH, Stand: 1. Juli 1964, Mannheim, Hektographie.

Satzung der Planungsgemeinschaft Breisgau, o. O., 1. Januar 1969.

Satzung der Planungsgemeinschaft Donau-Iller-Blau, o. O., o. J.

Satzung der Planungsgemeinschaft Hochrhein e. V. vom 8. Oktober 1956 in der Fassung vom 3. Dezember 1968, Säckingen, Hektographie.

Satzung der Planungsgemeinschaft Mittelbaden vom 1. Juli 1962 in der Fassung vom 14. März 1967, o. O., Hektographie.

Satzung der Planungsgemeinschaft Neckar-Fils vom 20. September 1961, o. O., Hektographie.

Satzung der Regionalen Planungsgemeinschaft Württembergisches Unterland e. V. vom 28. November 1963 in der Fassung vom 23. November 1967, o. O., Hektographie.

Satzung der Regionalen Planungsgemeinschaft „Zentrales Oberrheingebiet" vom 6. März 1969, o. O., Hektographie.

Satzung des Raumordnungsverbandes Rhein-Neckar vom 30. April 1970, o. O., Hektographie.

Satzung der Regionalen Planungsgemeinschaft „Neckar-Alb", Tübingen, o. J., Hektographie.

Satzung der Regionalen Planungsgemeinschaft Unterer Neckar, o. O., o. J., Hektographie.

Staatsvertrag zwischen den Ländern Baden-Württemberg, Hessen und Rheinland-Pfalz über die Zusammenarbeit bei der Raumordnung im Rhein-Neckar-Gebiet, Ludwigshafen, den 3. März 1969, Hektographie.

Zweites Gesetz zur Verwaltungsreform (Regionalverbandsgesetz), vom 26. Juli 1971, Gesetzblatt für Baden-Württemberg, Nr. 10, 20. August 1971.

Neben den aufgeführten Regionalplänen, Strukturuntersuchungen u. a. m. wurden örtliche und fachliche Teilpläne, Protokolle von Mitgliederversammlungen und Sitzungen der Planungsgremien der regionalen Planungsgemeinschaften, Geschäftsberichte und Stellungnahmen herangezogen, die hier nicht einzeln aufgeführt werden können.

Wirtschaftliche Grundprobleme der Raumordnungspolitik. Von J. H. Müller. 146 S. 1969. DM 18,60.

Ziele in der Regionalpolitik und in der Raumordnungspolitik. Zielforschung und Probleme der Realisierung von Zielen. Von U. Brösse. 181 S. 1972. DM 38,60.

Raum und Raumordnung. Von A. E. Pöschl. 286 S. 1965. Lw. DM 44,60.

Beiträge zur Regionalpolitik. Hrsg. von H. K. Schneider. VII, 181 S. 1968. DM 28,60.

Produktivitätsorientierte Regionalpolitik. Wirtschaftswissenschaftliche Tagung der Adolf-Weber-Stiftung 16. Oktober 1964. 88 S. 1965. DM 8,—.

Theorie der regionalen Verkehrsplanung. Ein Beitrag zur Analyse ihrer wirtschaftlichen Problematik. Von F. Voigt. 263 S. 1964. DM 38,60.

Probleme des räumlichen Gleichgewichts in der Wirtschaftswissenschaft. Verhandlungen auf der Tagung des Vereins für Socialpolitik aus Anlaß der 175. Wiederkehr des Geburtstages von J. H. v. Thünen, Göttingen 1958. Hrsg. von W. G. Hoffmann. 151 S. 1959. DM 16,60.

Die wirtschaftliche Problematik der Raumordnung. Eine Untersuchung über Notwendigkeit, Ziele und Mittel der Raumordnung im System der Marktwirtschaft. Von D. Storbek. 201 S. 1959. DM 22,60.

Adaptive Verkehrsplanung. Ein Versuch zur Berücksichtigung gesamtwirtschaftlicher Gesichtspunkte und des Unsicherheitsmoments in einem Teilbereich der Infrastrukturplanung. Von J. Grevsmähl. 219 S. 1971. DM 48,—.

Rahmenplanung des Städtebaues. Politische Siedlungskontrolle und das Problem der Intervention. Von K. Wittkau. 133 S. 1971. DM 26,—.

Wachstums- und Wohlstandseffekte als Entscheidungskriterien bei öffentlichen Straßenbauinvestitionen. Von P. Spary. 266 S. 1968. DM 36,60.

Bestimmungsfaktoren industrieller Standorte. Eine empirische Untersuchung. Von H. Brede. 193 S. 1971. DM 48,—.

Die Theorie der Standortwahl. Entwicklung, Inhalt und wirtschaftliche Behandlung des Standortproblems. Von W. Meyer. 298 S. 1960. DM 33,60.

Der Standort industrieller Unternehmungen als betriebswirtschaftliches Problem. Versuch einer betriebswirtschaftlichen Standortlehre. Von H. Rüschenpöhler. 198 S. 1958. DM 22,60.

Probleme der Sozialgeographie. Von W. Maas. 205 S. 1961. DM 24,80.

DUNCKER & HUMBLOT / BERLIN

Die Konzentration in der Wirtschaft. On Economic Concentration. Hrsg. von Prof. Dr. H. Arndt unter redaktioneller Mitarbeit von H.-J. Scheler. 2., völlig neubearbeitete Aufl. 1971. Bd. I: XVIII, 966 S. Lw. DM 89,—; Bd. II: VI, 740 S. Lw. DM 78,—.

Theorie und Praxis der Infrastrukturpolitik. Hrsg. von Prof. Dr. R. Jochimsen und Dr. U. E. Simonis. XVI, 846 S. u. 22 S. Abb. 1970. DM 79,80; Ln. DM 89,80.

Grundfragen der Infrastrukturplanung für wachsende Wirtschaften. Verhandlungen auf der Tagung des Vereins für Socialpolitik in Innsbruck 1970. Hrsg. von Prof. Dr. H. Arndt und Dr. D. Swatek. XII, 738 S. 1971. Ln. DM 88,60.

Rationale Wirtschaftspolitik und Planung in der Wirtschaft von heute. Verhandlungen auf der Tagung des Vereins für Socialpolitik, Gesellschaft für Wirtschafts- und Sozialwissenschaften in Hannover 1966. Hrsg. von Prof. Dr. E. Schneider. VI, 567 S. 1967. Ln. DM 76,80

Grundsatzprobleme wirtschaftspolitischer Beratung. Das Beispiel der Stabilisierungspolitik. Verhandlungen auf der Tagung des Vereins für Socialpolitik, Gesellschaft für Wirtschafts- und Sozialwissenschaften in Baden-Baden 1967. Hrsg. von Prof. Dr. H. K. Schneider. VIII, 473 S. 1968. DM 69,60.

Strukturwandlungen einer wachsenden Wirtschaft. Verhandlungen auf der Arbeitstagung des Vereins für Socialpolitik in Luzern 1962. Hrsg. von Prof. Dr. F. Neumark. Erster Halbbd.: VIII, S. 1—526. 1964. Ln. DM 69,80. Zweiter Halbbd.: VI, S. 527—1118 mit 12 Ausschlagtabellen 1964. Ln. DM 88,60.

Diagnose und Prognose als wirtschaftswissenschaftliche Methodenprobleme. Verhandlungen auf der Arbeitstagung des Vereins für Socialpolitik, Gesellschaft für Wirtschafts- und Sozialwissenschaften in Garmisch-Partenkirchen 1961. Hrsg. von Prof. Dr. H. Giersch und Prof. Dr. K. Borchardt. XV, 593 S. 1962. Ln. DM 66,60.

Probleme der normativen Ökonomik und der wirtschaftspolitischen Beratung. Verhandlungen auf der Arbeitstagung des Vereins für Socialpolitik. Gesellschaft für Wirtschafts- und Sozialwissenschaften in Bad Homburg 1962. Hrsg. von Prof. Dr. E. von Beckerath und Prof. Dr. H. Giersch in Verbindung mit Prof. Dr. H. Lampert. XV, 614 S. 1963. Ln. DM 78,60.

Beiträge zur Wachstumspolitik. Hrsg. von Prof. Dr. H. K. Schneider. VII, 262 S. 1970. DM 48,60.

Theoretische und institutionelle Grundlagen der Wirtschaftspolitik. Theodor Wessels zum 65. Geburtstag. Hrsg. von Prof. Dr. H. Besters. XIV, 464 S. 1967. Brosch. DM 65,—; Ln. DM 69,—.

International vergleichende Wirtschaftspolitik. Versuch einer empirischen Grundlegung. Von E. S. Kirschen, J. Benard. H. Besters, F. Blackaby, O. Eckstein, J. Faaland, F. Hartog, L. Morissens und E. Tosco. Aus dem Engl. übertr. von B. Steinmann und G. Steinmann. XXI, 518 S. mit 7 Ausschlagtaf. und 90 Tab. 1967. DM 66,—.

DUNCKER & HUMBLOT / BERLIN